기독교와 세계

| 전면개정판 |

| 전면개정판 |

기독교와 세계

기독교와세계 편찬위원회 지음

이화여자대학교출판문화원

<<일러두기>>

이 책에 나오는 성서 구절의 인용 및 각 권의 명칭은 기본적으로
대한성서공회에서 발행한 『성경전서 표준새번역』(2002)을 따랐음.

머리말

19세기 말, 신분과 성별에 따른 차별이 한국 사회에 넘을 수 없는 벽처럼 막아서 있을 때 이화는 단 한 명의 여학생을 교육하는 것에서 출발했다. 이후 100년이 넘는 시간 동안 수많은 벽들을 넘어서고 깨부수는 용기를 발휘하며 이화는 숱한 최초의 역사를 써왔다. 지금 이 순간에도 이화여자대학교의 졸업생들은 전 세계 곳곳에서 빛과 소금으로서 자신의 몫을 다하고 있다. 이제 오늘날 21세기 한국 여성 교육의 전당이 어디인지 묻는다면 그 대답은 명실공히 '이화여자대학교'일 것이다.

이화여자대학교의 교육 정신은 기독교적 세계관에 바탕을 둔다. 기독교는 '사랑'의 종교로, 여기서의 사랑은 우리가 흔히 알고 있는 정서적 개념으로서의 그것 외에 정의와 공의와 헌신의 감정을 포함하는 다차원적 개념이기도 하다. 이 기독교의 포괄적 사랑의 개념이 이제까지의 이화여자대학교를 있게 했고, 지금도 있게 하고 있다. 따라서 이화여자대학교는 단순한 입신양명의 '수단'으로서의 교육이 아닌 한 사람 한 사람을 온전히 인격적으로 성숙하고 독립적인 존재로 만드는 '과정'으로서의 교육을 지향하며, 이러한 교육을 통해 이웃과 나라를 사랑하는 자, 정의와 공의가 흐르는 나라를 세우는 자, 자신이 있는 곳 어디에서나 헌신하는 자들을 배출하는 산실로서 기능하고 있는 것이다.

이화여자대학교에 입학하는 학생이라면 누구나 필수 교양 과목인 '기독교와 세계'를 통해 이화 정신의 근본인 기독교적 세계관을 접하고, 기독교에 학문적 자세로 접근해보는 기회를 갖게 된다. 『기독교와 세계』는 이때의 안내서로서 기획되었는데, 이번 전면개정판에서는 기독교가 생소하고 익숙하지 않은 독자들에게 기독교의 종교로서의 자리부터 기독교 경전과 역사, 현대 사회에서 제기되는 여러 이슈들에 이르기까지 다양한 각도와 깊이에서 기독교라는 종교를 이해할 수 있도록 알기 쉽게 제시하고자 했다. 특히 인공지능으로 대표되는 제4차 산업 혁명의 도래와 관련해 그 부작용으로 정신적 · 영적 결핍과 갈등의 증폭이 예견되는 가운데, 시대적 사명을 좇아 기독교를 정신건강이라는 측면에서 심층 탐구할 기회를 제시하고, 오늘날 그 연장선상에서 제기되고 있는 관련 문제들을 더욱 다양하게 다루고자 했다.

이 책은 총 4부로 구성되어 있다. 우선 제1부에서는 '종교란 무엇인가'를 주제로 기독교를 종교적 현상과 관점에서 고찰한다. 즉 종교 그 자체를 다각도로 살펴보는 한편 종교와 정신건강의 관계를 살펴보고, 다종교 사회로서의 우리나라와 전 세계 다양한 종교들의 존재를 인식하는 것으로 관점의 폭을 넓힌다. 제2부 '기독교 경전의 이해'에서는 기독교 정신의 핵심을 담고 있는 기독교의 경전인 성서를 살펴본다. 성서에 대한 일반적 설명을 필두로, 성서의 두 부분을 구성하는 구약과 신약에 대해 알아보는 등 성서 전반을 이해함으로써 세계 지성사의 한 축이 되어온 기독교 사상을 제고해본다. 제3부 '기독교가 걸어온 길'에서는 기독교의 역사를 세계사적 관점에서, 또 한국사적 관점에서 살펴보고, 나아가 이화여자대학교의 역사 안에서 찾아본다. 이렇게 기독교 역사를 돌아보며 과거가 현재로 이어지고, 또 미래를 열게 한다는 것을 실감해본다. 마지막으로 제4부 '기독교와 현대 사회'에서는 과학, 생태, 페미니즘, 정치 · 경제의 문제를 기독교적 세계관에 비추어 살펴보고, 현재 화두가 되고 있는 논의의 주제들을 구체적으로 탐색함으로써 기독교적 세계관의 편만함과 아울러 현재 우리 사회에서 일어나고 있는 다양한 현상들이 단순한 현상이 아닌 해석과 세계관의 문제임을 파악해본다.

이 책이 이화여자대학교에서 '기독교와 세계' 과목을 수강하는 학생들뿐만 아니라, 일반 독자들이 기독교의 본질에 조금이나마 더 다가서고, 세상을 변혁해온 기독교 세계관에 대해 이해할 수 있게 하는 계기가 되기를 바란다. 이 책의 집필을 맡아주신 김수연, 김희선, 박경미, 박인희, 박지은, 백소영, 서명삼, 양현혜, 윤소정, 이숙진, 이윤경, 이은애, 장정은, 최순양 선생님(가나다순)께 진심으로 감사드리며, 이번 전면개정판을 출간할 수 있도록 도와주신 이화여자대학교출판문화원에도 감사의 마음을 전한다.

2020년

기독교와세계 편찬위원회

차례

제2부 기독교 경전의 이해

제3부 기독교가 걸어온 길

제4부 기독교와 현대 사회

제1부

종교란 무엇인가

제1장

종교의 이해

1. 종교 이해의 어려움

종교의 다양한 이미지

종교란 무엇인가? 이런 질문에 사람들은 종교에 대해 제각기 다른 다양한 이미지를 떠올리게 된다. 어떤 이는 장독대 위에 정화수를 떠놓고 복을 빌거나, 절에 가서 불공을 드리며 자녀들의 성공을 비는 모습을 떠올린다. 마음을 차분하게 해주는 산사의 독경 소리나 성당의 오르간 연주 소리가 종교를 대표하는 이미지로 떠오르는 경우도 있다. 신전을 향해 절하며 기도하는 사람들, 식사 전 가족들과 함께 손을 잡고 신께 기도를 드리는 사람들처럼 신심을 가진 종교인이 가장 먼저 떠오를 수도 있다. 성당의 색 유리창을 통과하여 내리쬐는 햇볕, 따스하게 안아줄 것 같은 부처상과 마리아상의 포근한 이미지가 생각나기도 한다.

한편 종교에 대해 의혹의 시선을 보이며 부정적인 이미지를 떠올리는 사람도 있다. 어떤 사람은 '예수천당 불신지옥'이라는 팻말을 들고 다니거나, 지나가는 사람을 붙잡고 "도를 아십니까?" 질문하며 포교 행위를 하는 사람을 떠올릴지도 모른다. 자신의 종교를 믿지 않는 사람들에게 저주를 하거나 위협을 가하는 사람들, 종교의 힘을 빌려 부정행위를 일삼고 사리사욕을 챙기는 사람들의 이미지를 떠올리며 종교에 대해 냉소적인 반응을 보이기도 한다.

종교 이해의 애매모호함

그렇다면 이렇게 다양한 종교의 이미지들을 통합적으로 이해하고 설명할 수 있는 보편적인 종교의 개념을 정의할 수 있을까? 이런 질문에 답하기 위해 다양한 영역의 학자들이 종교에 대해 연구했으며, 그들 나름대로 종교에 대해 일정한 정의를 내리고자 시도했다. 물론 그런 시도가 종교를 이해하고 파악하는 데 도움을 준 것은 사실이다. 하지만 종교에 대한 어떤 정의는 그것으로 설명할 수 없는 종교 경험과 현상들이 존재한다는 것이 밝혀짐으로써 부분적인 이해에 불과하다는 비판을 받기도 했다. 무언가를 두고 종교에 대한 보편적이고 객관적인 정의라고 누군가 주장한다면, 종교에 대한 다양한 생각과 견해가 존재하는 오늘날의 상황에서 오히려 그것은 독단적인 것으로 비치기 쉽다. 모든 사람에게 만족스러운 객관적이고 보편적인 종교에 대한 정의를 제공하는 것은 불가능한 일처럼 보인다.

이 장에서는 그동안 제기되었던 종교에 대한 다양한 이해를 네 가지 관점에서 분류하여 살펴본다. 더불어 종교를 이해하려는 그런 관점들이 갖는 장점은 무엇이고, 그것들이 포착하지 못하는 종교 경험과 현상의 측면은 무엇인지 설명한다. 이 네 가지 관점은 구체적 대상으로서의 종교, 내면적 동기로서의 종교, 현상으로서의 종교, 포스트모더니즘의 종교 이해다. 이 장의 중심적인 목표는 명쾌하게 답변을 내리기 어려울지라도 종교에 대한 전체적인 이해와 조망을 할 수 있도록 돕는 것이다. 이런 전체적인 이해를 통해 오늘 우리 시대에 적절한 종교 정의가 무엇일지, 그리고 우리 자신은 종교를 어떻게 정의할 수 있을지 생각해보는 것은 흥미로운 일이 될 것이다.

2. 구체적 대상으로서의 종교

눈에 보이는 것에서 시작하기

'종교란 무엇인가?'라는 질문을 받게 되면 일반적으로 모스크나 교회, 성당, 사원과 같은 종교 공동체의 의례 장소, 혹은 성서, 꾸란과 같은 종교의 경전, 십자가나 마리아상 혹은 불상과 같은 구체적인 상징물을 떠올린다. 이렇게 사람들은 일상에서 외형적으로 관찰되는 것으로 종교를 이해하려는 경향이 있다. 이처럼 어떤 현상을 이해하고자 할 때 눈에 가장 먼저 띄는 것부터 살펴보는 것은 합리적이고 분명할 수 있다.

눈에 보이는 외형적 측면에서 종교를 이해하려는 경향은 그동안 종교를 연구해온 다양한 학자들의 관점이기도 했다. 구체적인 대상으로 종교를 이해하려는 이런 관점은 일정한 거리를 두고 관찰자의 입장에서 종교에 접근하는 것으로 이해될 수 있다. 그것은 다시 종교의 구성 요소에 관심을 갖는 경험과학적 접근, 종교에 대한 진화론적 접근, 종교에 대한 역사적 접근 등으로 나누어 살펴볼 수 있다.

종교는 무엇으로 이루어져 있는가?

구체적인 대상으로서 종교를 이해하는 관점의 접근은 종교의 구성 요소에 관심을 갖는다. 이런 관점은 종교의 믿음 체계, 종교적 의례, 공동체 등에 초점을 두고 종교를 이해하려 한다. 체계화된 경전, 기도와 예배의 형식, 예배가 행해지는 공동체와 장소 등 일정한 요소를 갖추고 있으면 종교로 간주하면서 그런 구성 요소들을 통해 종교를 이해하려는 태도가 경험과학적 입장이다.

영국 종교학계를 이끌었던 랭카스터 학파의 종교학자 니니안 스마트(Ninian Smart)는 종교를 7개의 차원으로 분류하여 이해하려 했다. 그는 종교를 단일한 현상으로 이해하는 태도에 반대하고 다양한 차원으로 스스로를 드러내는 복합적인 현상으로 이해하려 했다. 그렇기에 그는 종교를 7개의 차원으로 나눠 설명했다. 그에 따르면 종교는 인식할 수 있는 요소들로 이뤄져 있으며, 개별 종교 전통에서 강조되는 요소가 존재할 수 있다.

그 7개의 차원은 의례, 서사, 경험(정서), 사회(기관), 교리(철학), 윤리, 물질이다. 이때 의례는 예배의 형식이나 순서와 관련된 차원이고, 서사는 우주나 인간에 대한 궁극적 질문과 관련된 이야기를 다루는 종교의 차원, 경험은 종교인들의 헌신이나 경외감과 같은 정서적 차원, 사회는 같은 종교를 믿는 구성원으로 이뤄지는 공동체의 차원, 교리는 종교적 가르침에 대한 지적이고 체계적인 형식과 관련된 차원이며, 윤리는 선과 악의 판단 기준과 어떻게 살아야 하는지의 행동 방식과 관련된 윤리적 · 율법적 차원이고, 물질은 종교의 건축 및 예술 영역과 관련된 차원이다. 이렇게 복합적인 현상으로서의 종교를 다차원적으로 이해하려는 스마트의 접근은 눈에 보이는 관찰 가능한 종교의 영역에 초점을 둔, 경험과학적 입장으로 평가할 수 있다.

종교는 진화한다

종교에 대한 이해와 연구가 활발하게 진행되던 19세기 말에 도입된 진화론적 관점의 접근 또한 종교를 관찰 가능한 구체적인 대상으로 바라보는 연구라 할 수 있다. 이런 진화론적 입장은 인류학과 깊은 관련을 맺었다. 그 기본적인 전제는 사회가 낮은 형태에서 높은 형태로 발전한다는 것이었다. 이런 전제에 바탕을 두고, 진화론적 관점은 '원시적인(primitive)' 인류가 세상을 주술과 비인격적 힘으로 이해하면서 나무, 돌, 산에 영혼이 산다고 믿었다고 보았다. 동물들은 종족의 상징으로 숭배되었으며, 탁월한 족장들의 영혼 또한 경외의 대상이 되었다. 이렇게 자연은 경외의 대상이 되었고 다양한 신들이 이 자연에서 비롯되었는데, 결국 그것이 고대의 다신교를 이루게 되었다. 진화론적 관점을 받아들인 학자들은 이렇게 종교가 애니미즘에서 토테미즘을 거쳐 다신교로 발전했고, 결국엔 단 하나의 신에 대한 유일신 전통으로 이어지게 되었다고 주장했다.

영국의 사회인류학자인 제임스 프레이저(James G. Frazer)가 1890년 신화와 종교를 주제로 저술한 『황금가지(*The Golden Bough: A Study in Magic and Religion*)』 또한 이런 진화적 관점을 채택하여 종교를 이해하려 했다. 그는 진화하는 발전 노선을 주술, 종교, 과학이라는 단계들로 묘사했다. 주술은 유사성(similarity)과 접촉(contact)이라는 두 법칙에 의해 작동된다. 그런데 그에 따르면 이것은 자연 법칙의 잘못된 체계이며, 오류를 가진 행동 지침으로 잘못된 과학이다. 이어서 그는 초자연적인 힘을 가진 존재를 회유하고 또 그 존재와 화해하려는 시도를 종교라고 보았다. 이는 주술과는 반대되지만, 이 또한 잘못된 생각의 연상이며 결코 과학이 될 수 없다고 그는 주장했다. 결국 프레이저는 인간과 자연에 대한 종교의 이론을 이성적이고 합리적인 과학으로 대체하려 했다.

물론 이런 진화적 관점은 오래가지 못했다. 왜냐하면 그 발전 노선이 지나치게 간단하여 다양한 변이와 복합성을 담아내기 어려웠기 때문이다. 게다가 유일신을 숭배하는, 당시 '원시적'으로 간주되었던 종족들의 출현은 이런 진화론적 종교 발전 이론을 더 이상 주장하기 어렵게 만들었다. 또한 제1차, 제2차 세계대전의 경험은 사람들로 하여금 인류와 사회의 발전 노선에 대해 의구심을 갖게 했다.

역사 속의 종교

종교에 대해 역사적으로 접근하려는 관점 또한 종교에 일정한 거리를 유지하고 그것을 구체적인 대상으로 여긴다. 이러한 관점은 실제로 무엇이 일어났고, 그것이 역사적으로 어떤 의미를 갖는지 해석하려고 한다. 역사적으로 종교에 접근하는 데 있어 중요한 일차적인 자료는 종교 현상과 관련된 문학적이고 고고학적인 자료다. 19세기 말 네덜란드 신학자인 코르넬리스 틸레(Cornelis P. Tiele), 샹트피 드 라 소세(Chantepie de la Saussaye) 등에 의해 이러한 역사적인 종교 접근 관점이 채택되었는데, 그들은 역사적인 자료를 바탕으로 종교들 사이의 유사성과 차이점을 관찰하고 이를 통해 종교의 의미를 해석하려 했다.

그들은 어느 한 종교가 다른 종교보다 우월하다고 생각하지 않으며, 진리의 문제에 관심을 갖지 않는다. 진리와 가치의 문제는 철학자나 신학자들의 몫으로 남겨놓는다. 이런 종교 자료에 대한 비교 고찰은 눈으로 관찰 가능한 종교의 가시적 측면을 확연하게 보여준다는 점에서 장점을 갖는다. 그들 또한 자신의 방법이 객관적이고 과학적이라고 주장한다. 나아가 학자들의 과학적인 정신은 종교적인 사실들을 통합시킬 수 있는 이론을 찾게 될 것이라고 보았다. 그러나 그들은 자신이 연구하는 종교 현상에 대한 자료들이 종교를 믿는 사람들의 주관적인 경험과 반응에 의해 표현된 것이라는 사실에 주목하지 못했다.

눈에 보이는 것이 전부는 아니다

이렇듯 구체적 대상으로 종교를 이해하려는 접근들은 종교를 추상적인 어떤 이미지나 현상으로 이해하지 않고, 눈에 보이는 구체적 대상으로 이해하려 한다는 점에서 큰 장점을 갖는다. 종교에 대한 지나치게 사변화되고 형이상학적인 논의는 종교적 경험과 현상에 대해 이해하는 것을 어렵게 만들 수 있다. 반면 눈에 보이는 구체적인 무엇으로 종교를 이해하고 접근했을 때 종교는 보다 파악하기 쉬운 현상으로 다가온다. 하지만 눈에 보이는 자료에 초점을 둔 접근은 종교를 경험하는 당사자에게서 일어나는 실제적인 종교 경험과 내적인 고백에는 접근하기 어렵다는 단점이 있다.

이렇게 구체적인 대상으로 종교를 이해하면서 체계화된 경전, 눈에 보이는 교회 · 성당 · 사찰, 종교인들의 공동체와 그 속에서 일어나는 기도 · 의례를 관찰한다면 실제 그것이 종교인들의 삶에 어떤 영향을 주는 것인지 이해하기 어려울 수 있다. 종교를 단지 관찰 가능한 것으로 바꾸려는 시도에 의해 종교는 삶과 유리되어 있는 딱딱하고 차가운 관찰 대상으로 비칠 수밖에 없게 된다. 다시 말해 구체적 대상으로 종교를 이해하려는 접근은 종교인들의 내면에서 실제로 일어나고 있는 깊은 내적 동기에 대해 묘사하기 어려우므로 무미건조한 설명으로 끝나기 쉽다는 단점을 지닌다.

3. 내면적 동기로서의 종교

생생하게 종교 이해하기

종교 경험에 대해 설명하면서 그것이 갖고 있는, 사람들의 내면적 동기와 그 심층적인 의미를 밝히는 데 초점을 둔 학자들이 있었다. 그들은 종교에 대해 가시적 측면에서 접근하지 않았을 뿐만 아니라, 그것을 고상하고 심오한 사변 체계 내지는 이론으로도 이해하지 않았다. 그들은 일반인의 인식 능력을 벗어나 있는 종교의 교리나 복잡한 체계보다는 일반적으로 사람들이 종교에 대해 느끼고 경험하는 심리적 측면에 더 중요한 의미를 부여했다.

곧 그들은 종교적 현상과 경험이 갖고 있는 정서적이고 무의식적인 동기와 함축에 관심을 갖고 종교를 이해하려 했다. 이러한 내면적 동기로서의 종교 이해가 인간의 종교적 경험과 행동에 대한 심층적 이해를 가능하게 했다. 이처럼 종교 경험의 심리적 의미에 초점을 둔 종교 이해는 종교의 정서적 근원이나 심리적 동기를 설명하여, 종교를 경험하는 사람들의 생생한 관점에서 종교를 이해하려 한다는 점에서 의의를 지닌다.

황홀과 신비 그리고 의존

내면적 동기로서의 종교를 보다 구체적으로 묘사하기 시작한 학자를 꼽으라면 독일의 신학자인 프리드리히 슐라이어마허(Friedrich Schleiermacher)가 있다. 그는 종교를 절대적 의존의 감정으로 정의하는 심리적 관점을 제시했다. 절대적 의존의 감정은 사람들이 자신보다 더 큰 어떤 것을 마주했을 때 경험하는 감정이다. 이렇게 그는 종교를 한 개인의 내면 세계에서 일어나고 있는 역동적인 어떤 것이라는 의미로서 이해하려고 했다.

이후 독일 신학자인 루돌프 오토(Rudolf Otto)는 이런 슐라이어마허의 관점을 이어받아 종교의 본질을 '누미노제(Numinose)', 곧 다른 무엇으로 대체하여 설명할 수 없는 독특한 주관적 경험에서 찾으려고 했다. 이 누미노제 경험은 인간의 인식과 자아의 범주에서 벗어나 있는 선험적인 경험으로, 개인에게 엄습해오는 황홀하고 신비로운 감동의 경험을 일컫기 위해 그가 사용한 개념이다. 그는 한편으로 종교의 절대적인 신비에 대해 언급하면서도, 다른 한편 그것을 주관적인 경험에 내재되어 있는 것으로 이해했다.

종교인은 심리적으로 아기다

인간이 인식하지 못하는 무의식의 심리 영역을 가정하는 정신분석적 접근에서는 종교의 동기를 무의식에서 찾는다. 인간 내면에 숨겨진 영역인 무의식의 중심 동기는 어린 시절 해결하지 못한 과제를 반복하여 지금 여기에서 해결해보려는 데 있다. 이때 미완으로 남겨진 과거의 과제는 양육자와의 갈등 또는 의존과 관련되어 있다.

정신분석적 접근에 따르면 유아는 양육자를 향한 사랑과 적대적 감정을 동시에 가지며, 사랑하는 대상에게 증오의 감정을 갖는 것은 갈등과 죄책감을 유발한다. 따라서 사랑과 증오의 양가감정을 해결하는 것은 발달상 중요한 과제가 된다. 한편 초기 발달단계에서 어린 시절 유아는 육체적으로나 심리적으로 양육자에게 의존되어 있어, 양육자에 의존하여 문제를 해결하고 심리적 불안과 두려움을 해결하려 한다.

결국 종교는 이런 유년기의 미해결 과제를 지금 여기에서 재현하여 다루려는 내적 동기와 관련되어 있다. 곧 종교는 해소되지 못한 무의식적 갈등과 소원이 표현되어 나타난 것으로, 양육자를 향한 사랑과 증오의 양가감정에서 비롯된 갈등과 죄책감을 완화시키도록 돕는다. 또한 종교는 어린 시절 부모의 힘에 의존하여 전능적 성취를 이루려는 시도이기도 하다. 그렇기에 정신분석적 접근에서는 종교를 일종의 퇴행 현상이며 환상에 불과하다고 보는 것이 지배적인 시각이다.

토닥토닥 안아주는 종교

종교는 미해결 과제를 돕는다고 주장하는 정신분석학자들이 있다. 예를 들어 에릭 에릭슨(Erik Erikson)은 종교가 실존적인 정체성을 확립하도록 돕고 이를 통해 사회적 정체성을 확립하도록 돕는다고 이야기했다. 인간은 죽음 앞에서 특정한 의미를 추구할 수밖에 없는 존재들인데, 따라서 이들에게 궁극적 세계와 존재에 대해 이야기하는 종교는 실존적 정체성의 위기를 극복하고 확립하도록 도움을 준다. 이는 나아가 한 개인이 사회 속에서 건강하게 형성해야 할 자기 자신에 대한 느낌과 정체성을 확립하는 데 긍정적인 영향을 끼친다.

영국의 정신분석학자 도널드 위니컷(Donald Winnicott)은 자신이 만든 독특한 개념인 '중간대상(transitional object)'에 종교를 연결 지었다. 중간대상은 본질적으로 돌봄의 부재를 대체하는 대상을 의미한다. 무한한 돌봄과 애정을 갈구하는 유아는 부모의 현실적 제한으로 의해 돌봄의 부재나 지연을 일정 부분 경험할 수밖에 없다. 이때 유아는 이 부재와 결핍을 보완하는 대상을 만들어내는데, 이것이 바로 중간대상이다. 위니컷에게 있어 종교는 일종의 중간대상이다. 종교는 차갑고 딱딱한 현실 앞에서 일종의 안식처로서 기능하기 때문이다. 즉 그것은 돌봄과 위로를 구하는 인간의 내적 욕구와 냉혹하고 차가운 객관적 현실세계 사이에서 생겨나는 인간 활동의 중간 영역인 것이다.

정신분석적 자기심리학자인 하인츠 코헛(Heinz Kohut)은 인간의 심리를 '자기감(a sense of self)'의 관점에서 설명했다. 인간에게 전체로서의 자기에 대한 감각과 느낌은 정신건강에 중요하다. 자기 자신에 대해 좋은 느낌을 갖게 되면 건강하게 살아갈 수 있다. 하지만 이런 긍정적인 자기감은 항상 외부대상의 인정과 확인, 그리고 그 대상의 안정성에 의존되어 있다. 코헛은 그 외부대상을 '자기대상(selfobject)'이라고 불렀다. 그는 종교의 본질을 이 자기대상 개념에서 찾았다. 즉 인간은 자신의 특별함을 알아주고 확인시켜줄 대상, 자신이 의지하고 기댈 만한 완벽한 대상에 대한 내적인 욕구가 항상 존재하는데, 종교의 신이 그런 자기대상 역할을 한다는 것이다.

종교는 심리 현상인가?

이렇게 내면적 동기에 초점을 맞춰 종교를 이해하려는 태도들은 종교라 불리는 독특하고 다차원적인 현상을 심리내적 동기라는 단면적 의미로 환원시킨다는 비판을 받을 수 있다. 물론 종교를 내면적 동기로 이해하는 것은 생생한 종교 이해에 도움을 준다. 하지만 종교나 종교성으로 불리는 현상과 경험을 지나치게 내면적 동기로 이해하는 순간 종교는 일종의 심리 현상에 불과한 것으로 단정 지어질 위험이 있다. 그리고 이런 환원적 이해에 의해 종교가 스스로 자신을 무엇이라고 이해하고 밝히는지를 충분히 고려할 여지가 줄어들게 된다. 왜냐하면 종교를 이해하는 판단의 척도를 종교 스스로가 자신에 대해 주장하는 어떤 것에 두지 않고, 내면적이고 심리적인 것에 두게 되기 때문이다.

그렇다고 종교가 스스로에 대해 펼치는 자기주장이 종교를 이해하는 유일한 길이 될 수 없는 것 또한 분명하다. 오늘날 수많은 종교가 공존하고 있는 현실에서 특정 종교의 교리나 의례가 단 하나의 종교 현상이며 경험이라고 말하는 것은 오히려 종교에 대한 올바른 이해를 가로막는다. 유일신의 개념을 기반으로 하며, 그 신과의 관계 경험을 종교라고 부르고, 그것이 참된 종교라고 가정해보자. 그렇다면 유일신 개념을 갖고 있지 않거나 나아가 신에 대한 개념이 희박한 종교 현상에 대해서는 종교라 이름 부르기 어렵게 된다.

그렇기에 종교에 대한 전체적이고 통합적인 이해를 위해서는 이런 환원적이고 독단적인 종교 이해를 넘어서야 한다고 주장하는 학자들이 존재할 수밖에 없다. 이런 종교에 대한 접근을 현상으로서의 종교 이해의 관점에서 찾을 수 있다.

4. 현상으로서의 종교

현상으로 종교 바라보기

종교를 하나의 현상으로 이해하는 것은 종교를 그 자체로 이해하려는 시도라고 볼 수 있다. 종교의 신념 체계나 종교 행위와 경험들, 그 공동체를 특정 이론에 의해 판단하거나 재단하지 않고 있는 그대로 파악하고 서술하는 것이 이 접근의 목적이다. '현상학적 종교 이해'라고도 부를 수 있는 이런 종교 이해의 태도는 독일의 현대 철학자 에드문트 후설(Edmund Husserl)의 현상학 개념으로부터 큰 영향을 받았다. 후설은 19세기 말과 20세기 초 객관적 사실을 강조하는 과학적 실증주의와 심리적 경험에 치중하던 심리학적 태도에 반기를 들고, 객관과 주관의 이분법이 아닌 대상과의 관계 속에서 '사태 그 자체(Zu den Sachen selbst)'로 되돌아가려는 현상학적 방법론을 발전시켰다.

후설의 현상학적 방법은 보고 싶은 것만을 보려는 자기중심적 태도를 배제하는 '판단정지(epoche, 에포케)'와, 본질을 추론이 아닌 직관으로 파악하는 '본질직관(eidetic vision)'으로 요약할 수 있다. 이는 모든 가설과 전이해, 선입견에서 벗어나 현실 세계와 자연스럽게 관계를 맺고 지향하는 인간의 의식을 가정한다. 곧 상호주관적 관점으로 현상과 사물을 있는 그대로 포착하려는 것이라 볼 수 있다.

종교는 힘이다

후설의 현상학적 방법을 종교에 적용한 대표적인 학자 중 한 사람이 바로 네덜란드의 신학자이자 종교 현상학자인 헤라르뒤스 판 데르 레이우(Gerardus van der Leeuw)다. 그는 종교를 그 자체로 이해하기 위해 현상학적 방법을 사용했다. 그에게 있어 현상은 단순한 사물이 아니라 이미 존재하는 것이 드러나는 것이며, 주체와 관련된 객체이고 객체와 관련된 주체다. 그것은 객관적인 실재도 아니고 인간의 주관적 삶도 아니다.

현상은 주체 개인의 주관적 경험에 의존해서 만들어지는 것이 아니다. 그것은 그 본질이 특정한 누군가에게 드러날 때에 묘사될 수 있는 것이다. 이렇게 판 데르 레이우는 현상을 주체와 객체의 상호작용 속에서 이해했다. 이런 현상학적 방법을 동원하여 종교를 이해하기 위해서는 무엇보다 관찰 가능한 충분한 자료가 확보되어야 한다. 종교에 대한 다양한 문헌학과 고고학, 역사학적 사실들이 의식에 주어진다면 현상의 구조와 의미가 드러나게 된다고 그는 보았다.

이런 현상학적 방법을 동원하여 판 데르 레이우는 종교의 본질을 힘(power)과 연관시켰고, 그 힘이 신과 인간 그리고 세계에 드러나고 관계 맺는 방식에 따라 종교의 유형을 다섯 가지로 분류했다. 첫째, 그는 신의 개념을 힘이 드러나는 방식에 따라 다양하게 서술할 수 있다고 보았으며, 그는 기독교의 전지전능한 신부터 주물과 자연물, 비가시적 존재에 이르기까지 다양한 신관을 제시했다. 둘째, 그는 힘이 인간에게 현현되는 방식을 그 대상이 개인인지 공동체인지에 따라 두 하부 영역으로 분류하여 제시했다. 왕, 무의(巫醫), 샤먼, 예언자, 귀신들린 인간은 힘이 개인에게 현현된 유형들이며, 결혼, 가족, 친족, 부족, 교회, 국가는 힘이 공동체에 현현된 유형들이다. 셋째, 그는 신과 인간의 상호적인 관계에서 힘이 드러나는 유형들이 존재하며, 이는 내적인 혹은 외부적인 행위에 따라 달리 묘사된다고 보았다. 정화, 제사, 성례, 금기 등이 외부적인 행위와 관련된다면, 종교 경험, 탈아, 회심, 신비주의는 내적인 행위와 관련된다. 넷째, 힘이 세계에 드러나는 구조를 그는 세계관이라 불렀으며, 주술, 제의, 이론, 신학 등으로 그 유형을 분류했다. 다섯째, 그는 이러한 종교적 요소들이 혼합의 과정을 거쳐 역사와 문화의 자리에서 구체적인 형태(forms)로 나타나는 것이 종교 전통이라고 했다.

유사한 면 추출하여 이름 붙이기

개별 종교가 종교의 본질적인 요소들을 모두 포함할 수는 없다. 개별 종교는 각기 다른 강조점을 갖고 있고, 눈에 보이는 외형 또한 상당한 차이를 갖고 있다. 이런 점에서 영국의 철학자 루트비히 비트겐슈타인(Ludwig Wittgenstein)의 '가족 유사성(family resemblance)' 개념을 종교 이해에 적용한 학자들이 있다. 한 범주 내 구성원들이 공유하는 공통 속성의 정도를 의미하는, 비트겐슈타인의 가족 유사성 개념은 서로 다른 양상을 보이는 개별 종교들이 공유하는 유사성에 대해 논의할 수 있는 토대를 마련해준다. 영국의 종교학자 존 힉(John Hick)이 그 대표적인 학자다.

존 힉은 종교가 정의될 수 없으며 다만 묘사되거나 서술될 수 있을 뿐이라고 결론지었다. 비록 수많은 종교가 존재하는 다원화된 종교 현실에서 종교의 본질을 찾는다는 것이 불가능한 일이지만, 그는 그 종교들이 가족 유사성을 공유하고 있으며, 그렇기에 그 종교들 사이에서 많은 유사점과 차이점을 발견할 수 있다고 주장했다. 그는 초월적 실재의 동일성을 요청하면서, 비록 기독교, 이슬람교, 힌두교, 불교가 각기 다른 종교 경험을 보인다고 해도 이는 현상적 경험일 뿐이라고 보았다. 곧 각기 다른 문화적 · 상황적 조건에 따른 경험이기에 다르게 인식될 뿐, 종교의 현상적 경험들은 동일한 초월적 실재에 의해 촉발되었다는 것이다.

성과 속을 살아가는 인간

20세기의 가장 위대한 종교학자 중 한 사람으로 평가받는 미르체아 엘리아데(Mircea Eliade) 역시 종교를 하나의 현상으로 인식한 학자였다. 그가 종교를 하나의 현상으로 이해하기 위해 도입한 방법론적인 범주는 '성(聖)'과 '속(俗)'이었다. 곧 그에게 있어 종교의 핵심은 성스러움의 경험과 깊은 관련이 있었다. 인간은 일상적인 시간과 공간 속에서 끊임없이 특별한 의미를 부여하려고 한다는 점에서 종교적일 수 있다. 하지만 성스러움의 본질은 인간이 특별한 의미를 전적으로 부여하는 데 있지 않으며, 그것이 나타난다는 점에 있다.

일상적이고 세속적인 것들에서 성스러움이 드러나고 특별한 의미를 가진 어떤 것으로 경험된다. 흔한 보리수나무가 부처의 득도 이후에 지혜의 장소와 상징이 되고 일상적인 나무가 초월적 실재성을 지닌 신수(神樹)가 되는 것이 성스러움의 드러남인데, 엘리아데는 이를 '성현(hierophany)'이라고 불렀다. 그는 인간이 성과 속이라는 두 범주 속에서 살고 있지만, 그 성스러움은 속에 기원을 두고 있으면서도 속과는 전혀 다른 성격과 성질을 띠게 되는 역의(reverse) 합일 과정으로 성현을 설명하려고 했다.

엘리아데의 관심은 비일상적이거나 초월적인 어떤 실재에 대해 설명하는 데 있지 않았다. 그는 성스러움 자체에 대해서나, 그 결과 나타난 신과 초월적 실재에 대해 묘사하는 데 관심을 갖고 있지 않았다. 그는 성과 속의 방법론적 범주, 성현 개념을 통해 그 성스러움이 어떻게 인간에게 경험되는가에 관심을 갖고 있었다. 그에 따르면 인간은 기독교, 불교, 이슬람교와 같은 특정 종교인이 되기에 앞서 무엇보다 성과 속의 범주 가운데 살아가는 존재들이다.

성스러움의 드러남은 모든 인간이 경험하는 하나의 현실이라는 점에서 원형적인 경험으로 이해할 수 있다. 이런 관점에서 엘리아데는 성현의 개념을 원형적 구조로 이해하며 자신의 논의를 전개했다. 곧 그는 다양한 종교 현상들에서 나타나는 성현의 원형적 구조를 제시하고자 했다. 그리고 이런 점에서 종교 현상은 인류에게서 사라질 수 없는 원형적인 것이고, 다만 의미와 가치의 상실 그리고 재발견의 과정을 거쳐 지속적인 변화를 겪게 된다고 보았다.

힘과 성스러움은 종교에만 있는가?

이처럼 종교를 하나의 현상으로 보는 관점은 교조적인 입장에서 종교를 이해하지 않는다. 특정 종교의 자기주장을 진리로 받아들이고 이를 증명하려는 입장을 취하지 않는다. 또한 종교의 초월적 실재 혹은 형이상학적 차원을 묘사하거나 설명하려는 데 초점을 두지 않는다. 한편 종교를 인간의 주관적 세계나 내면적 동기에서 찾으려고 하지도 않는다. 종교를 하나의 현상으로 본다는 것은 다양한 종교의 실재가 인간의 인식 세계 속에서 표현되고 드러나는 현상에 초점을 맞춰 종교를 설명하고자 한다는 것이다. 판 데르 레이우는 힘과의 만남으로, 엘리아데는 성스러움의 드러남으로 종교를 이해한 것이 이러한 태도를 잘 보여준다.

하지만 현상학적인 종교 이해의 관점은 종교를 분석할 수 있는 공통적이고 동질적인 틀과 개념을 제공해준다는 점에서 유익하지만, 종교 그 자체의 고유성과 다른 문화 양상의 특징을 구분하는 기준을 애매하게 할 수 있다는 단점을 지닌다. 즉 힘과의 만남, 성스러움의 드러남으로 종교의 본질을 이해하고자 했을 때, 스포츠, 음악, 예술과 같은 다양한 문화 속에서 마주하게 되는 힘과 성스러움은 종교와 어떻게 구분될 수 있는지에 대해 설명하기 어려운 지점이 있다.

5. 포스트모더니즘과 종교

종교는 창조되었다

미국의 종교학자 조너선 스미스(Jonathan Z. Smith)는 현상으로 종교를 이해하는 관점이 지나치게 동질성에 초점을 맞추고 있다는 것과, 종교가 학자들의 마음속에서 창조된 추상적인 개념이라는 사실을 놓치고 있다는 점을 지적했다. 그에게 있어 종교는 경험적으로 분류할 수 있는 것이 아닌, 인간 자신의 상황을 통제하고 조정하도록 해주는 힘에 대한 추구를 지칭하는 것이며, 그렇기에 곧 인간의 창조물이다. 종교를 창조함으로 인간은 의미 있게 살아갈 공간을 갖게 된다. 이와 동일한 관점에서 아메리카 원주민 종교를 연구했던 미국의 종교학자 샘 길(Sam Gill)은 종교를 신성이나 궁극적 관심으로 이해하려는 태도를 부인했다. 그는 종교를 신에 대한 믿음 혹은 그 자체로서 대단히 독특한 현상으로 이해하지 않았으며, 그것은 학문적인 연구의 창조물이라고 주장했다.

이렇게 종교 개념 자체가 학자들에 의해 창조된 것이라는 입장을 정치적 함축과 연결시켜 이해하려고 했던 학자는 다니엘 뒤뷔송(Daniel Dubuisson)이었다. 종교인류학자이자 사학자였던 그는 모든 문화적 형태들이 인간의 창조물이듯이, 종교 또한 인간에 의해 만들어졌음을 주장했다. 특별히 종교는 서구인들의 창조물인데, 이는 동양의 다른 종교들과 스스로를 구분하기 위해 만들어진 것이라고 그는 보았다. 서구 세계는 종교라는 개념을 창조함으로써 자신의 종교와 문화에 더 우월하고 권위 있는 위치를 부여하고, 다른 종교적 세계관과 교류하고자 했다는 것이다. 결국 종교 개념은 서구 중심적인 자민족중심주의(ethnocentrism)가 만들어낸 인간의 창조물이라고 보았다.

종교가 인간의 창조물이라는 이런 극단적인 주장은 종교에 대한 균형 잡힌 이해를 오히려 차단할 수 있다. 하지만 이를 통해 오늘날 종교 이해의 단면을 엿볼 수 있는데, 종교는 더 이상 보편적이고 원형적인 개념이 아니라는 것이다. 종교는 낯설고 익숙하지 않은 인간의 생각과 행위를 이해하기 위해 학자들이 사용하고 있는 가변적 개념이다. 이러한 시각은 포스트모더니즘적 종교 이해의 길을 여는 중요한 전환이었다.

포스트모더니즘과 해체주의

'포스트모더니즘(post-modernism)'이 무엇인지 정의하기는 어렵지만, 일반적으로 그것은 몇 가지의 특징을 갖고 있다. 포스트모더니즘은 차이, 과정, 우연성, 상대성, 불확정성 등을 강조한다. 따라서 포스트모더니즘의 학자들은 어떤 사물에 형이상학적 혹은 존재론적인 본질이나 의미를 부여하는 것에 반대한다. 왜냐하면 그들은 무시간적이고 보편적인 진리가 존재한다는 것에 대해 확신하지 않기 때문이다. 그들에 따르면 지식은 언제나 불완전하고, 부분적이며, 역사적이거나 문화적인 힘들에 의해 규정되거나 희생될 수밖에 없다.

이렇게 지식이 불완전하고 가변적일 수밖에 없는 것은, 그 지식을 생산해내는 개별적 인간이 항상 사회적이고 역사적인 맥락 속에서 이해될 수밖에 없으며, 또한 오류 내지는 한계를 가졌다는 특징을 갖고 있기 때문이다. 그렇기에 포스트모더니즘은 이성을 숭상하는 모더니즘과 계몽주의를 반대하지 않을 수 없다. 반면 포스트모더니즘은 불변의 어떤 개념과 현상에 대해 주장되는 것을 우상이라고 여기고, 인간 지식이 갖고 있는 단절, 균열, 불균형, 다원성의 개념을 언급하며, 혁명적이고 해체적인 경향을 갖는다.

종교는 유령이다

프랑스의 철학자 자크 데리다(Jacques Derrida)는 이런 포스트모더니즘의 해체적 성격을 바탕으로 종교를 이해했다. 그의 해체론에서 보면 고정된 본질은 존재하지 않고 다만 차이가 존재한다. 여기서 차이는 동질성에 선행하는 것으로, 데리다의 해체론에서 모든 인식과 실천의 근거다. 그는 플라톤 이후의 철학 전통을 해체하려고 했다. 서양 철학을 지배하던 이성주의는 이 세상에 정의 가능한 합리적인 본질이 있다고 생각하고 이를 밝히려는 데 주목했다. 이렇게 논리 정연하고 폐쇄적인 체계를 추구하는 이성주의는, 데리다에 의하면 이성과 진리라는 이름으로 억압과 배제를 일으켜 차이를 숨긴다. 해체란 이렇듯 이성과 진리의 이름으로 행해지는 억압과 배제를 드러내는 일이다.

사실상 정합적인 체계나 합리적인 로고스(logos)[1]는 부재하고, 다만 그

1 로고스(logos)란 사물의 존재를 규정하고 설명하는 법칙과 이를 분별하고 이해할 수 있는 합리적이고 논리적인 이성을 포괄하여 지칭하는 그리스어다.

것들에 선행하는 어떤 차이들이 존재한다. 그는 이것을 '흔적(trace)' 혹은 '유령(spectre)'으로 불렀다. 그 유령은 억압과 배제에 의해 희생된 타자에 대한 인식을 촉구하고, 진리라는 이름으로 행해지는 불의를 바로잡는 역할을 한다. 그렇게 그의 유령론은 실천적이고 윤리적인 성격을 갖게 된다.

이런 해체주의와 유령론의 관점에서 데리다는 종교에 대한 이해를 전개한다. 곧 종교는 일종의 흔적 혹은 유령으로 볼 수 있으며, 그렇기에 종교는 객관적 본질을 가진 무엇으로 식별하거나 포착할 수 있는 성질의 것이 아니다. 종교는 항상 애매모호하며 불확실한 것이다. 하지만 종교는 그의 유령론이 그러하듯 타자에 대해 책임감 있게 반응하거나 응답하는 것을 의미한다.

이렇듯 포스트모더니즘에서 종교는 어떤 고정된 본질이 있거나 신이 성서에서 말하듯 말씀으로서의 로고스로 이해되는 것이 아니라, 부재의 흔적이며 유령으로 볼 수 있다. 하지만 종교는 유령의 역할이 그러하듯, 타자에 대한 하나의 반응으로서 불의를 바로잡고 정의를 실현해야 할 윤리적이고 정치적인 책임을 수반한다. 그렇기에 데리다에 따르면, 종교는 고통당하는 자와 연대하여 자신의 책임성을 실천해야 한다. 그러므로 그에게 종교는 부재하는 어떤 것이며, 다만 실천적이고 윤리적 성격을 띠는 것으로 이해된다. 그럴 때에 종교는 의미를 부여하는 실천적 준거로 의미를 갖는다.

종교 없는 종교

미국 시라큐스대학교의 종교철학과 교수인 존 카푸토(John Caputo)는 데리다의 해체주의를 받아들여 '종교 없는 종교', '교리 없는 종교', '종교 이전의 종교'라는 개념을 제안했다. 그는 기성 종교의 체계는 신에 의해 만들어진 것이라기보다는 인간의 작품으로 이해될 수 있다고 말했다. 기성 종교는 데리다가 말하듯 진리라는 이름으로 억압과 배제를 일삼았다. 그렇기에 종교 이전의 종교성, 역사 속에 등장했던 종교적 형태보다 오래된 종교성으로부터 새롭게 주어지는 계시와 초월의 가능성을 열어둬야 한다고 그는 주장했다. 그에 따르면 종교는 종교적 진리를 암송하는 것이 아니라 몸으로 응답하는 것으로, 사랑의 실천과 정의의 실현으로 이해될 수 있다.

이러한 포스트모더니즘의 관점에서 종교를 연구한 대표적인 학자가 컬럼비아대학교의 종교학과 교수인 마크 테일러(Mark C. Taylor)였다. 그는 종교가 규정하기 힘든 성격을 갖고 있다고 주장했다. 종교는 그것이 인간에게 구체적으로 나타나고 드러나는 것으로부터 미끄러져 나가는 성격을 갖고 있기에 이해하기 어렵다. 반면 그렇게 끊임없이 이해를 벗어나 물러날 때, 역설적으로 엉뚱한 곳에서 그 모습을 드러낸다. 이는 종교가 인간이 느끼고 사고하고 행동하는 방식의 틀을 지워주는 인간 사회의 상징과 신화 그리고 의례 속에 깊이 스며들어가 있기 때문이다. 그렇기에 어떤 개별 종교 전통을 가리켜 '이것이 종교'라고 주장하기 어렵다. 종교는 인간 삶의 다양한 양식과 환경 속에서 작동되고 있는 무엇이기 때문이다. 종교는 어느 순간 인간의 의식 속에서 포착되고 드러나는 것이다.

해체가 불러온 억압과 배제

포스트모더니즘의 관점으로 종교를 이해하는 접근들의 공통점은 기성 종교에서 주장하는 진리와 자기주장을 부인하고 거부한다는 데 있다. 더불어 종교에 대한 기본적 이해의 틀이나 구조를 해체시킨다는 점에 있어서도 공통적이다. 종교에 대한 본질적 접근은 오히려 그 종교 현상에 선행하는 차이와 더 깊은 종교성을 배제시키는 원리로 작용하기 때문이다. 종교의 진리 주장은 해체의 대상이 되며, 그 과정을 통해 종교는 실천적이고 윤리적인 준거로 받아들여진다. 이는 곧 포스트모더니즘의 관점으로 종교를 이해하는 것이 윤리적이고 실천적인 환원의 성격을 갖고 있음을 의미한다. 그 이외의 다른 의미로 종교 현상과 경험을 묘사하는 것은 기능적 측면에서 의미를 가질지 모르지만, 실상 허상에 불과할 수 있다.

이런 과정을 통해서 포스트모더니즘의 관점으로 종교를 이해하는 것은 역설적이게도 또 다른 억압과 배제를 불가피하게 만들고 있음을 볼 수 있다. 다시 말해 포스트모더니즘의 종교 이해가 종교의 실천적 측면을 인식하도록 만들었다는 점에서는 그 가치를 부여할 수 있지만, 그것은 또한 종교를 전체적으로 이해하는 데 어려움을 초래할 수밖에 없다는 점에서 비판을 피하기 어렵다.

6. 삶과 유리되지 않는 소통 가능한 종교 이해

네 가지 접근

지금까지 '종교란 무엇인가?'라는 질문에 답하기 위해 종교를 이해하는 다양한 접근들을 네 가지로 분류하여 설명했다. 그것은 구체적 대상으로서의 종교, 내면적 동기로서의 종교, 현상으로서의 종교, 포스트모더니즘의 관점에서 본 종교다. 구체적 대상으로 종교를 이해하는 것은 눈에 보이는 종교의 외형적 측면에서 종교를 묘사하고 이해하는 분명하고 명료한 관점을 제공한다는 장점을 갖고 있다. 하지만 종교를 구체적 대상으로 이해하려고 했을 때, 실제로 그 객체화된 대상으로서의 종교가 종교를 믿는 개인들에게 어떤 영향과 의미를 주고 있는지를 파악하기 어렵게 된다.

반면에 종교를 실제 그것을 믿는 사람의 마음에서 일어나는 내면적 동기로 이해하려고 했을 때, 종교는 사람들의 마음에서 생생하게 존재하는 심리적 기능과 작용으로 볼 수 있다. 하지만 내면적 동기로 종교를 이해하는 것은 종교를 일종의 심리 현상으로 환원시켜 종교의 실재성을 잃어버리게 할 수 있다.

한편 현상으로서 종교를 이해하는 것은 모든 전이해와 선입견에서 벗어나 사물과 대상을 있는 그대로 파악하려는 자세로 종교를 대하는 접근이다. 이 접근은 종교를 특정한 이론이나 개념으로 환원시키지 않으려고 한다. 그렇기에 다양한 사실과 경험의 묘사를 통한 구조의 발견, 혹은 유사성과 차이점의 인식을 강조한다. 하지만 여전히 종교를 본질과 원형을 가진 개념으로 가정하며, 그로 인해 다른 문화 양상들과의 차이를 설명하기 어렵게 만든다는 한계를 갖는다.

오늘날 포스트모더니즘의 관점에서 종교의 본질이나 실재는 부인된다. 본질과 원형에 대한 전제는 그로 인해 억압과 배제가 불가피해진다. 포스트모더니즘의 학자들은 종교가 인간의 문화 현상을 이해하기 위해 학자들에 의해 고안된 개념이라고 보며, 포스트모더니즘의 해체적 관점에서 종교는 실천적이고 윤리적인 성격으로 전환되어 이해된다. 하지만 포스트모더니즘의 관점으로 종교를 이해하는 것은 종교를 전체적으로 조망하기 어렵게 만들어 또 다른 억압과 배제를 낳을 위험이 있다.

종교 이해로 겸손해지기

종교를 이해하는 접근들에 관한 논의는, 종교를 이해하고 관찰하는 자리는 무수히 많을 수밖에 없으며 '과연 종교에 대한 전체적인 이해가 실제로 가능한가?'라는 질문을 던지게 한다. 사람마다 종교에 대한 각기 다른 관점과 태도를 갖고 있는 것이 사실이다. 특정 종교를 믿는 사람은 자신이 믿는 종교의 신념에 따라 종교를 정의 내리려 할 것이며, 종교를 믿지 않지만 종교 자체에 관심을 가진 사람은 자신이 관찰하는 자리에서 종교를 설명하려 할 것이다. 그렇기에 무수히 많은 종교에 대한 이해와 정의가 존재할 수밖에 없다. 결국 종교에 대해 일관성을 지닌 총체적인 정의를 밝히고 묘사하는 것은 어쩌면 불가능한 일일지 모른다.

이를 통해 명확해지는 것은, 자신의 시각이 '종교 현상과 경험을 이해할 수 있는 유일한 이해'라고 주장할 수 없다는 사실이다. 그 정의들은 종교라 불리는 현상과 경험을 이해하는 하나의 관점이 될 수 있지만, 그것이 종교를 규정하는 유일한 단 하나의 관점이나 태도가 될 수는 없다. 이런 현실을 받아들이고 수용할 때 오히려 종교에 대한 이해는 풍성해질 수 있다.

다시 말해 종교를 이해하고자 할 때 중요한 자세는, 종교에 대한 보편적이고 규범적인 정의를 주장하기보다 그런 종교의 정의와 기술들이 얼마나 소통 가능한 것이며, 또한 소통 가능하게 하기 위해 노력하고 있는지를 성찰하는 자세이다. 또한 그런 종교에 대한 접근들이 역사적이고 문화적인 맥락과 위치에서 얼마나 적절하고 적합한지 성찰하고 돌아봐야 할 것이다. 이를 통해 오늘날 우리 삶의 자리와 유리되지 않은 적절한 종교 이해에 한 걸음 가까이 다가갈 수 있게 될 것이다.

제2장

종교와 정신건강

20대 대학생들에게 종교를 물어보면 70% 이상이 '종교가 없다'고 응답하고, '종교가 있다'고 답한 나머지 학생들도 자신이 과연 종교인인지 확실치 않다고 이야기한다. '나는 종교인이다', '나는 특정 종교를 믿는다'라는 말이 가진 이미지 혹은 고정관념 때문에 자신이 그 안에 속한 사람인지 아닌지 (혹은 속할지 말지) 고민하는 것이다.

나는 종교적인 사람인가? 종교인이라고 대답할 수는 있지만 과연 종교인다운 행동을 하고 살고 있는가? 진실한 종교인이란 무엇일까? 왜 사람들은 종교를 믿는 것일까? 건강한 종교와 병리적인 종교는 어떤 차이를 보이며 종교는 사람들의 심리에 어떤 영향을 미치는가? 성숙하고 건강한 종교 생활이라는 것은 과연 무엇인지 생각해보자.

1. 종교가 개인의 심리에 미치는 영향

전 세계 인구의 80% 이상이 종교인이라고 한다. 인류의 발생부터 지금까지도 수많은 종교가 생겨나고 사라지고 있다. 인간에게 종교는 무슨 의미인가? 인간은 시간과 공간의 한계 속에서 살아가는 유한한 존재임을 알기에 영원한 것을 갈망하고 추구한다. 일상적인 삶의 허무함을 경험할 때 인간은 영원한 것에 비추어 자신의 삶을 보고 싶어 하며 삶을 신성하게 여기게 해줄 수 있는 다른 경험을 갈망한다. 또한 인간은 자신이 이 세상에 우연히 던져진 불안하고 외로운 존재가 아니라, 비록 이 땅에서의 삶은 끝난다 해도 어떤 형태로라도 이 세상에서 기억되길 바라고, 또 가능하다면 다른 세상에서 그 존재를 이어가고 싶어 하는 존재다. 그래서 인간은 궁극적인 것에 관심을 가지게 되었다. 이것을 인간의 '종교성'으로 볼 수 있다. 즉 인간은 종교성을 가진 존재다.

종교는 개인과 사회에 중요한 영향력을 발휘한다. 종교적 신념에 의해 국가 간에 전쟁이 일어나기도 하고, 사람들은 자신의 종교적 신념에 따라 죽음을 불사하기도 한다. 종교를 이해하려면 우선 종교 행위를 하는 인간을 관찰해야 한다. 종교에 심리학적으로 접근한다는 것은 무엇일까? '종교심리학'은 종교 자체에 대한 심리학이 아니라 종교적인 현상에 대한 다양한 심리학적인 접근을 말한다. 여기서의 종교적 현상은 종교적인 감정, 신념, 행동이나 태도 등을 말한다. 심리학이 인간의 행동과 정신을 연구하는 과학적 학문이라면, 종교심리학은 종교 현상을 심리학이라는 틀에 비추어 연구하는 학문이며 연구의 초점은 '종교가 인간의 삶에 어떤 역할을 하고 있는가'에 둔다. 즉 '종교가 개인의 삶에서 어떤 역할을 하는가?'라는 질문을 가지고 깊은 탐색을 하는 것이 종교심리학이다.

종교성에 영향을 미치는 요인들

종교심리학 연구는 종교성이 발달 시기, 성, 사회 계층에 따라 차이가 있음을 보여준다. 발달 시기에 따라서는 종교를 수용하는 방식에 차이를 보인다. 아동기에는 가족의 신앙을 비교적 쉽게 수용하고, 청소년기는 반항적이지만 종교적 회심에 적합한 시기라는 특징을 갖는다. 종교성에는 성차도 존재하는데, (단정적으로 말할 수는 없지만) 비교적 여성이 더 종교적이고, 종교 활동도 활발하다고 보고된다. 또한 많은 경우 중산층이 보다 전통적이고 보수적인 종교심을 가지고 있는 것으로 나타난다.

'주관적' 경험으로서의 종교 경험

인간의 영혼은 자기보다 크고 위대한 존재와 하나가 되고 싶어 하는 갈망을 갖는다. 이것이 종교적 감정인데, 종교 경험이라는 것은 설명할 수 없는 '비합리적인' 경험이면서 타인에게 이해시킬 수 없는 '주관적인' 경험이다. 종교성과 종교 경험에 대해 심리학자들은 어떤 분석을 할까? 1900년대 초 종교심리학에 대한 연구가 시작될 무렵, 동시대 심리학자인 프로이트와 융은 종교와 종교 경험에 대해 서로 다른 의견을 보였다.

2. 심리학자들의 종교 이해

프로이트의 종교 이해

지그문트 프로이트(Sigmund Freud)는 종교를 부정적으로 평가했다. 프로이트는 종교적 의식을 신경증적 강박 행위와 연관시키며 무의식적 동기와 종교적 행위의 근원을 추적, 종교를 비합리적이고 미성숙함을 표상하는 것으로 환원하려 했다.

① 집단적 강박 신경증으로서의 종교

종교에 대한 프로이트의 최초의 저술은 「강박 행동과 종교 행위(Obsessive actions and religious practices)」(1907)라는 논문인데, 여기서 그는 종교에 대해 매우 공격적이고 부정적인 견해를 보였다. 주로 신경증 환자를 치료하던 프로이트는 신경증 환자들의 강박적 행위와 종교인들이 신앙 생활에서 보이는 집착 및 강박적 증세가 서로 유사하다는 것을 발견한다. 강박증 환자의 강박 행동처럼, 신의 징벌에 대한 공포 형태의 불안을 씻기 위한 종교인들의 종교 의식과 종교 행위를 '치료받아야 할 병리적인 것'으로 보면서 그는 종교 자체를 집단적인 강박 신경증으로 진단했다. 즉 인간이 심한 불안에서 벗어나기 위해 보이는 의식화된 강박 행동들을 종교 행위라고 본 것이다. 그에 따르면 불안을 제거할 목적으로서의 종교는 개인적 신경증을 제거하기 위한 집단적 노이로제에 불과하다. 시험을 준비하느라 매주 빠짐없이 드리던 종교 의례에 참석하지 못했을 때 불안하고 왠지 안 좋은 일이 생길 것 같은 막연한 공포를 느끼며, 그 후 시험 결과가 좋지 않을 때 이것을 신의 처벌이라고 생각하게 된다면 그 사람은 종교를 신경증으로 보는 프로이트의 관점을 눈여겨볼 필요가 있다.

② 인간 결핍의 투사로서의 종교

또한 프로이트는 종교를 인간 결핍의 투사이자 환상으로 보았다. 그는 『환상의 미래(*Future of an Illusion*)』(1927), 『문명 속의 불만(*Civilization and Its Discontents*)』(1929)에서 종교는 아버지의 이미지를 신격화하고 숭배하는 것이고, 종교적 대상은 인간의 결핍된 부분을 채우는 환상에 불과하다고 주장했다. 인간의 고통과 불행은 어디에서 오는가? 프로이트는 자연의 힘, 죽음의 충격, 반사회적이고 이기적인 인간 본성에 의해서 고통과 불안이 생겨난다고 보았다. 인간은 이러한 고통과 불안 속에서 자기를 안전하게 해주는 상상 안으로 도피하려는 소망을 가지고 있다는 것이다. 따라서 어린아이는 무력감 때문에 아버지로부터 사랑과 보호를 받고 싶은 욕구를 가지나, 자신의 아버지가 전능하지 않다는 것을 알게 될 때 그를 대신하는 일종의 대리자, 자신에게 보호와 안전을 보증해줄 천상적 아버지의 존재를 상상한다. 그러나 천상의 아버지는 유아적 소망의 환상적 투사일 뿐이다.

③ 오류나 망상이 아닌 환상으로서의 종교

종교가 인간을 괴롭히는 이러한 고통과 불안으로부터 인간을 지켜주거나 해결의 길을 제시한다고 믿도록 하는 것은 하나의 환상이라는 것이 프로이트의 의견이다. 여기서 종교가 환상이라고 할 때 프로이트는 환상이 오류도, 현실과 모순되는 망상도 아니라고 구분 짓는다. 종교는 위로에 대한 소망의 투사이고 실제 안에서는 확인될 수 없기 때문에 환상인 것이다. 이렇듯 어릴 적 보호자였던 아버지 같은 존재를 그리워하게 하는 투사적 존재로서 신은 실재가 아니라 환상이며, 결핍된 것이 모두 투사된 전능한 존재를 상상하는 잠시 동안 그 상상은 그 사람에게 위로를 준다. 프로이트는 이처럼 종교가 심리적으로 미성숙하고 나약한 사람들이 불안을 극복하기 위해 의지하는 버팀목과 같은 기능을 한다고 보았다.

④ 종교와 과학에 대한 프로이트의 견해

유아가 성인이 되면 더 이상 환상적 상태에 머물지 않고 과학적으로 실제를 해석하게 된다. 프로이트에 의하면 종교가 일시적인 행복을 보장하는 것 같이 보일지라도, 그것은 인간이 유아적 사고 상태에 머무는 동안일 뿐이고 차차 그 가면이 벗겨지게 된다. 유아 신경증이 대부분 성장 과정에서 극복되듯이, 프로이트는 종교가 환상이기 때문에 성숙한 성인이 되면 종교를 떠나게 될 것이라고 생각했다. 그는 정신분석을 통해 강박증이 치유될 수 있는 것처럼 병리적인 종교성도 치유될 수 있다고 믿었는데, 그 방법은 종교인들에게 종교가 사실은 집단적 신경 정신증이라는 무의식적 동기에서 비롯되었음을 알리는 것이라고 주장했다. 프로이트는 인간이 본능을 다스릴 수 있는 유일한 수단은 종교가 아닌 오직 지성이라고 주장하며 종교는 환상이지만 과학은 환상이 아니라고 강조했다.

융의 종교 이해: 성숙한 자기실현의 과정

카를 융(Carl G. Jung) 역시 교리와 의식을 가진 제도화된 종교에 대해서는 양가적인 시각을 가지고 있었지만, 프로이트와 다르게 종교가 인간 심리의 건강과 성숙을 위해 긍정적 역할을 한다고 보았다. 융은 사람들이 기본적으로 신을 찾으려는 무의식적 욕구를 가지고 있다고 보고, 신을 찾는 동기는 인간 심리의 자연스러운 부분이라고 주장했다. 그는 처음에는 종교에 별 관심을 두지 않았으나, 제2차 세계대전을 겪은 후 종교적 상징주의에 대한 새로운 연구를 기초로 하여 '자기(self)'의 개념을 완성했다. 그리고 종교를 개인의 개성화 과정(자기실현)과 연결 지었고, 사람들의 삶에서 종교가 어떻게 작용하는지 연구하며 기독교뿐 아니라 세계 여러 민족의 신화와 경전을 공부했다.

① '전체성'을 가진 인간의 마음

인간의 마음을 원초아, 자아, 초자아로 분리해서 생각한 프로이트와는 달리 융은 인간의 본래적 전체성을 강조했다. 그는 인간의 마음이 태어날 때부터 하나의 전체이기 때문에 나이가 들어도 마음 본래의 전체성을 잃지 않도록 유지하는 것이 중요하다고 보았다. 그의 관점에서 마음이 병들었다는 것은 전체로서의 마음이 그 온전성을 상실함에 따라 인성의 구조가 괴리 상태에 빠졌음을 의미했다. 이런 면에서 종교는 '자신의 마음이 그 온전함을 찾는 데 필요한 요인'이 된다. 진정한 종교적 경험을 통하여 인간은 자신의 '자기'를 만나고 그 의미를 이해하게 되며, 그러한 경험은 분열된 인간의 마음을 온전하게 치유하고 유지하도록 돕는다. 개성화(자기실현) 과정 자체가 종교적 과정이며, 성숙을 향한 인생 여정에서 종교는 필수적인 요인으로 작용하게 되는 것이다.

개성화는 인간 안의 대극적 요소를 통일된 상태로 이루려는 과정인데, 그때 도움을 주는 것이 상징이다. 융은 그의 마지막 저서 『인간과 상징(*Man and His Symbols*)』(1964)에서 꿈, 신화, 종교적 체험, 미술 등에 나타난 무의식의 상징성을 통해 인간 내면의 넓고 풍부한 세계를 탐구했다. 상징과 은유는 인간의 감각과 지각을 넘어 근본적이고 본질적인 실체를 인식할 수 있는 방향을 제시한다. 인간은 의미 있는 일이라고 느끼면 믿기 어려운 정도의 고난도 참아내고 자신의 생명을 내어놓기도 한다. 종교적 상징은 인간의 삶에 의미를 부여한다. '모든 사람의 마음에 존재하며 개인의 경험이나 특정 문화와 관계없이 인류에게 보편적으로 공유되고 있는 집단 정신'의 내용물인 집단 무의식 안에 자리하고 있는 원형들을 만나고 의식화하는 것이 중요한데, 융은 이 종교적 원형들이 인류에게 유전되어 내려온다고 했다.

융이 관심을 갖는 종교 체험은 이성적이거나 도덕적인 차원을 뛰어넘는 두렵고 매혹적인 신비 체험이었으며, 세계 종교들에서 나타나는 이러한 보편적 신적 체험 현상은 집단 무의식 안의 원형을 체험하는 것을 기반으로 한다고 보았다. 또한 가장 강렬한 심리적 파장은 인간이 집단 무의식 속의 원형과 접촉할 때 일어난다고 보면서, 융은 인간 본성을 가장 높고 강력한 가치와 결합시켜주는 것이 종교라고 주장했다. 집단 무의식이 활성화될 때 종교적 경험이 생겨나므로 신 또는 하나님 역시 집단 무의식 안에서 경험된다.

② 종교성의 발현=성숙한 개성화 과정

융은 개인이 종교를 통해서 집단 무의식과 궁극적 관계를 맺을 수 있다고 보았다. 인간은 내면에 하나님과 관계 맺기를 할 수 있는 능력을 지니고 있다고 보면서 그런 만남과 소통이 집단 무의식 속에 존재하는 신 이미지의 원형과의 접촉으로 가능하다고 보았다. 또한 융은 종교가 치유적 기능을 할 때 심리적으로 유용한 가치를 지닌다고 보았다. 이때의 치유는 전체성/온전성의 회복을 의미하며, 종교 의례에의 참여를 통해서도 회복이 일어날 수 있다고 보았다. 종교의 형태와 내용이 집단 무의식의 원형들에 근접해갈수록 개인은 점차 성숙해진다. 융은 종교가 집단 무의식과 접촉함으로써 개인의 정신건강에 공헌할 수 있다고 보았고, 제도화된 종교가 화석화되어 본래의 의미를 상실할 때 그 교리와 상징들이 빛을 잃고 제도적인 장치로 전락할 수 있음을 경고했다.

융은 사람들이 가지고 있는 신 이미지와 종교 체험에 깊은 관심을 보였고, 그것이 정신질환이나 치료와 어떤 관계가 있는지 연구했다. 융의 관점에서 볼 때 정신 신경증 환자는 종교적 통합을 성취할 수 없는, 삶의 의미를 찾지 못한 사람이었으며, 개성화 과정, 그리고 집단 무의식과 접촉하는 경험을 통해 인간이 삶의 궁극적 의미와 목적을 찾을 수 있다고 강조했다. 그러나 융의 관심은 종교에 대한 가치 판단이 아니라 종교 현상과 종교 체험에서 발생하는 심리적인 일들에 대한 것이었고, 자기를 실현해가는 과정에서 기능하는 종교의 역할이었다.

인간의 가장 심원한 갈망은 행복에 대한 열망이며 인간은 본능적으로 종교적 욕구를 소유하고 있는 존재다. 인간이 마음의 건강과 안정을 유지하기 위해서는 이러한 종교적 본능과 욕구를 적절하게 표현해주어야 한다. 그리고 진정한 종교적 경험을 통하여 인간은 자신의 '자기'를 만나고 그 의미를 이해하게 되며, 분열된 인간 마음의 통합을 이끌 수도 있게 된다. 자기실현의 과정에서 종교가 필수적 요인으로 작용하게 되는 것이다.

③ 프로이트와 융의 종교 이해 비교

종교성의 발현과 추구는 프로이트의 입장에서는 유아적이고 미성숙한 성인의 표상이고, 융의 관점에서는 개성화를 이루어가는 성숙한 인간의 상징이다. 중요한 것은 융은 진리나 신 자체를 논하는 것이 아니라 신의 이미지에 관심을 가졌다는 것이다. 심리학적인 의미로 종교는 개인적 체험이며 주관적인 체험이 될 수밖에 없다. 따라서 융에게 종교는 신조나 교리가 아닌 경험이나 태도와 연관된 것이었다.

이와 같이 프로이트와 융의 종교 이해에 대해 알아보았다. 융은 프로이트처럼 종교를 부정적으로 보지 않고 오히려 무의식과 의식 사이의 상징적 의사소통의 수단으로 인식함으로써 종교가 인간의 심리적 건강에 중요한 요인으로 기능할 수 있다고 보았다. 그러나 프로이트의 시각처럼 종교가 인간의 정신건강을 훼손하고 퇴행시킨다고 보는 경우 역시 주변에서 심심치 않게 발견되는데, 예를 들면 '도를 아십니까?', '참 복이 많으시네요'와 같은 경험들이 종교에 대해 부정적인 생각을 갖게 하는 요인으로 작용하기도 한다. 종교가 인간의 정신건강에 미치는 긍정적인 기능과 부정적인 기능에 대해 좀 더 자세히 살펴보겠다.

3. 종교와 정신건강의 관계

종교적 정향

① 인간의 종교적 정향 연구: 외재적 정향과 내재적 정향

인간 성격의 독특한 특성을 관찰하면서 개인의 심리적 성숙과 종교적 성숙에 관해 연구한 심리학자 고든 올포트(Gordon Allport)는 인간의 종교적 정향(religious orientation)을 내재적 정향(intrinsic orientation)과 외재적 정향(extrinsic orientation) 두 가지로 분류했다. '종교를 향한 동기'라는 관점에서 볼 때 내재적 정향은 내면화된 종교성을 가지고 종교 자체를 목적으로 보는 경향성이고, 외재적 정향은 종교를 다른 목적을 위한 수단으로 보는 경향성으로 종교를 통해 다양한 목적을 달성하려고 한다. 일반적으로 내재적 종교 정향을 가진 종교인들이 타인에게 독실한 종교인으로 비치기 쉽고 외재적 종교 정향을 가진 이들은 종교 활동을 다른 목적으로 한다는 비판적인 평가를 받기 쉽기 때문에 이는 다분히 이분법적인 구분으로 보인다. 그러나 종교를 내적인 동기로 삼고 순수하게 추구하는 것과 종교를 수단적으로 사용하는 것을 뚜렷하게 구분한다는 것이 과연 가능할까? 이러한 구분은 어렵다고 본다. 왜냐하면 내재적 정향을 가진 사람들이 자신의 종교에 강박적으로 집착하고 맹목적으로 그 종교만을 강요하는 독단에 빠질 수도 있고, 또한 종교 생활을 하는 많은 사람들은 종교 자체만을 목적으로 종교 생활을 하지 않고, 마음의 평화, 건강과 재물의 축복 등 다소 외재적인 정향을 가지고 있기도 하기 때문이다. 올포트의 종교 정향 연구는 내재적-외재적인 이분법적 구분 때문에 결과적으로 전자를 높이 평가하고 후자를 절하하는 신앙적 편견을 불러올 수 있다. 따라서 이러한 종교에 대한 연구를 통해, 종교라는 것을 하나의 단일한 변수로 판단하고 생각해서는 안 된다는 것을 알 수 있다.

그럼에도 불구하고 올포트의 종교성 이해에 있어서 가장 중요한 것은 '동기의 기능적 자율성(functional autonomy)'이라는 개념이다. 인간 행동의 동기는 기본 욕구에서 시작하지만, 높은 수준의 욕구에 이르면 초기 욕구로부터 분리하여 순수하게 독립적으로 기능한다는 것이다. 이러한 동기의 자율성을 지닌 성숙한 인격은, 첫째, 확장되고 성숙한 자아, 둘째, 자기 객관화의 능력, 셋째, 통일적 인생관과 같은 특징을 보인다고 한다. 올포트는 인생을 포괄적이고 통합적으로 볼 수 있는 능력을 갖추는 데 성숙한 종교가 공헌한다고 분석하면서 성숙한 종교의 정서는 처음 그것이 유래된 곳으로부터 '기능적으로 독립적으로' 되는 것이라고 했다. 인간의 종교 생활의 동기가 불안과 공포 때문이라면, 혹은 축복을 소망하기 때문이라면 이것은 기본적 욕구가 되지만, 종교성이 성숙해지면 그러한 기본 욕구로부터 기능적으로 자유롭게 된다는 것이다. 즉 종교적 동기가 자율적으로 성숙함을 향해 가는 것이다. 그렇다면 성숙한 종교 생활을 한다는 것은 '개인이 그 종교 안에서 기능적 자율성의 특징을 가지고 있는가'와 연관된다.

② 세 번째 종교적 정향: 추구 정향

후대의 학자들은 올포트의 내재적-외재적인 종교적 정향 외에 세 번째 종교적 정향으로 '추구 정향(quest orientation)'을 제시한다. 추구 정향은 다음의 세 가지 특징을 지닌다. 첫째, 복잡한 문제에 직면해 그것을 조합하고 통합하려 하며, 둘째, 자기비판과 의심이 가능하고, 셋째, 시험을 통해 문제를 탐색하려 하고 종교를 이미 완성된 완료형이 아닌 진행형으로 보는 임시성의 정향이다. 추구 정향은 개방성 및 융통성을 포함한다. 왜냐하면 개인의 종교적인 의문과 의심, 미완성과 불확실성이 가치 있는 것이라고 보기 때문이다. 이처럼 보다 개방적이고 다양한 가능성에 대해 상호 대화를 추구한다는 점에서 학자들은 추구 정향을 '상호작용적 정향(interactional orientation)'이라고 부르기도 한다. 종교 정향에 대한 연구는 종교성이 개인마다 다르게 나타나는 이유를 심층적으로 설명하고, 종교가 한 개인이 가지고 있는 동기와 그 동기의 복잡한 상호작용에 따라 어떻게 전개되는지를 잘 설명한다.

종교의 내재성과 외재성 사이에서의 적절한 균형, 그리고 미완성, 의심과 불확실성을 두려워하지 않는 열린 태도가 성숙한 종교인의 특성을 나타낼 수 있다. 이러한 외재적 · 내재적 · 추구 정향은 각 개인이 가지고 있는 종교적 동기에 따라 종교에 대한 개인의 생각과 종교 생활의 형태가 다른 방식으로 나타날 수 있다는 것을 보여준다.

부정적이고 병리적인 종교 생활이 맹목적인 신앙에 사로잡힌 개인의 집단 분리와 인간관계 파괴 경향을 띤다고 한다면, 긍정적이고 성숙한 신앙은 신앙 생활과 소명에 충실한 종교 생활을 통해 자기 자신을 더 잘 알게 만들고, 자기 객관화 능력 및 다른 이들과 진정한 관계를 수립할 수 있는 능력을 발전시킬 수 있게 한다. 종교적으로 성숙한 사람의 체험 안에서는 신앙에 대한 확실성과 회의가 모순되지 않는다. 성숙한 종교심은 복합성과 풍요성을 가지고, 광신적이거나 강압적이 아닌 능동적인 자율성을 보장한다.

내적 평화와 감사하는 마음은 성숙한 종교 생활을 할 때 개인이 느끼는 주요한 정서가 된다. 종교가 인간의 정신건강과 관계가 있다는 연구들을 보면, 기독교인인 경우에는 하나님에 대한 인식이 개인의 행복과의 관계에 영향을 미침을 알 수 있다. 하나님을 사랑이 많고 관대하고 따뜻하다고 느끼는지, 아니면 엄격하고 두려운 처벌적 존재라고 보는지에 따라 종교 생활을 할 때 느끼는 정서가 다를 수 있다는 것이다. 가령 무서운 재판관보다는 자비로운 사랑의 이미지로 신을 인식할 때 개인이 좀 더 행복을 느낀다고 한다.

종교의 긍정적인 기능

종교가 개인의 심리에 미치는 긍정적인 기능과 영향에 대한 선행 연구를 요약하면 다음의 네 가지로 정리할 수 있다. 첫째, 종교는 인생의 의미와 목적을 제공한다. 제2차 세계대전 당시 유대인 강제 수용소에서 죽음의 문턱까지 갔던 오스트리아 출신 정신과 의사 빅토르 프랑클(Viktor Frankl)은 혹독한 환경 속에서도 삶의 의미를 잃지 않고 살아남았다. 프랑클은 인간을 '삶의 의미를 추구하는 존재'로 보았고, 절망과 공허함을 느끼는 사람들과 삶의 의미를 탐색하는 과정을 함께하는 '의미치료법(logotherapy)'을 창시했다. 종교가 인생의 의미와 목적을 제공함으로써 방향성과 일관성을 부여할 수 있다면, 희망을 잃은 사람에게 희망을 불어넣을 수 있을 것이다. 종교 활동에 적극적으로 참여하고 종교심도 깊은 사람이 삶의 의미와 목적이 분명하고 만족감을 느낀다면, 그 사람에게는 종교가 긍정적인 영향을 미친다고 볼 수 있다. 둘째, 종교는 건강한 생활방식을 제시한다. 대부분의 종교는 일상생활에서 해야 할 것과 하지 말아야 할 것들의 도덕적 · 윤리적 지침들을 제시하는데, 이처럼 인생을 살아가기 위한 구체적인 생활 지침들은 그 종교를 믿는 사람들에게 심리적 안정감을 준다.

셋째, 종교는 인생의 고통과 역경에 대한 대처 방법을 제시하기 때문에 개인에게 고통과 불운에 처했을 때 고통스러운 경험에 대해 의미를 부여하거나 위안과 위로를 얻으며 극복할 수 있게 하는 힘을 준다. 기도와 명상을 포함한 종교의 수행법이나 의례에 참여하면서 그 종교를 믿는 사람들은 평안한 마음을 경험하고 스트레스와 같은 부정적 감정이 완화될 수도 있다. 이처럼 종교는 갑자기 찾아온 불행과 같은 인간 한계의 현실에 직면한 인간에게 의미를 부여하여 정서적으로 지지하며, 그 사람이 심리적 한계를 극복할 수 있도록 돕는다. 넷째, 종교는 공동체를 통해 사회적 지지를 제공한다. 같은 종교적 신념을 지닌 사람들과 함께 종교 의식이나 활동에 참여하고 교제와 봉사를 나누는 것은 만족감을 얻는 동시에 공동의 집단 정체성을 확립할 수 있게 돕는다. 이는 사회적 존재로서의 의미와 소속감을 개인에게 제공하는 것이며, 소속된 구성원들 모두에게 안녕감과 만족감을 준다. 요약하자면 긍정적 기능으로서 작용하는 종교는 개인에게 만족감, 행복, 안녕감, 그리고 고통을 극복할 수 있는 위로와 사회적 지지를 제공한다.

종교의 부정적인 기능

사람들은 어떠한 과정을 거쳐 종교에 대해 부정적인 생각을 갖거나 회의를 갖게 될까? 다양한 이유가 나올 수 있다. 간절히 기도했는데도 소망하는 일이 이루어지지 않아 실망했을 수 있고, 종교적 이상과 실생활이 불일치하는 신앙인이나 성직자들의 비윤리적인 모습을 보고 괴리감을 느끼며 분노했을 수도 있다. 어떤 사람은 가정 환경의 영향으로 가족 구성원 중 일부가 지나치게 열심인 것이 오히려 부정적으로 작용해 종교에 대해 좋지 않은 인상을 가지게 되었을 수도 있고, 종교적인 억압이나 강제성을 경험해 반감이 있을 수도 있다. 또한 맹목적이고 수용적인 신앙 환경에서 성장하면서 신앙과 과학 사이의 갈등, 특정 이슈에 대한 일방적인 해석을 이성적으로 받아들이기 어려울 때 종교에 회의적인 시선을 보내기도 한다.

건강한 신앙과 병리적 신앙을 구별한다는 것은 매우 조심스러운 일이다. 개인과 집단의 편견이 개입될 수 있고, 또 '누가, 누구의 기준에서, 누구를 위하여 건강한 신앙과 병리적 신앙을 구분하는가?'라는 질문에 답할 수 있는 명확한 기준이 없기 때문이다. 이 절의 목적은 특정 종교를 판단하고 정죄하려는 것이 아니라, 종교가 건강하지 못하게 작용할 때 개인에게 병리적이 될 수 있음을 소개하려는 것이다. 그 예로 종교 행위에 강박적으로 몰두하는 종교 중독과 몇몇 유사 종교들을 소개한다.

① 종교 중독

심리적으로 취약한 구조를 가지고 있는 사람들에게 종교는 병리적인 역할을 할 수도 있다. 이때 종교는 역설적으로 개인의 삶의 안정을 흔들고 삶을 황폐하게 만드는 역기능적 역할을 할 수 있다. 신경증적인 불안으로부터 자유롭기 위해 강박적으로 종교 행위에 집착하게 될 경우, 그 불안으로부터 자유로워지기 위해 거부와 처벌의 공포 아래 또 다른 강박적 행동을 하게 될 수 있기 때문이다.

중독은 '습관적이고 반복적이며 통제하기 어렵거나 불가능한 사고와 행동'을 말한다. 또한 종교 중독은 특정한 종교 행위에 강박적으로 집착함으로써 심리 내면에서 일어나는 삶의 불안과 고통, 어려움으로부터 도피하고자 하는 시도이며, 그 과정에서 형성되는 증상이다. 따라서 종교 중독자는 '강박적으로 종교 행위에 몰입하는 사람'이라고 정의할 수 있다. 이럴 경우 개인의 신앙은 매우 완고한 형태를 띠며 오로지 강박적인 종교 행위를 통해서만 개인의 자존감을 발견한다.

종교 중독의 문제는 1차적으로는 심리적 결핍에서 초래될 수 있으며, 완고하고 엄격한 행위 중심의 신앙 생활과 종교 행위에 빠져들어 의례적 예식이나 집회, 프로그램화된 세미나에 집착적으로 참석하려고 한다는 것이다. 개인은 현실감각을 잃어버리고 자신이 해야 할 일을 잊은 채 오직 종교에만 몰두하게 된다. 이렇게 종교 중독은 교회나 종교 단체에 대한 절대적이고 무비판적인 수용을 기초로 권력과 통제에 의해 길들여지게 된다. 또한 지도자가 자신의 권위를 이용해 사람들을 지배하고 통제하려는 영적 학대와 권력의 남용을 경험하고 내면화하는 과정에서 죄책감과 공포가 형성되고, 그 결과 자신과 타인에 대한 혐오와 자학적 행위가 일어날 수 있다. 종교 중독의 핵심은 견디기 힘든 삶의 고통과 불안으로부터 회피하고자 하는 시도이기 때문에 종교는 개인의 불안함에 대한 유일한 대피처가 된다. 종교에 깊이 귀의하면 할수록 현실의 자기가 상실되어가는 것이다. 그렇기 때문에 그 사람은 자신의 삶을 통제하는 파괴적인 종교에 더욱 위험하게 몰두하게 되고, 그 결과 자신뿐 아니라 가족과 타인들에게까지도 피해를 가져올 수 있다. 종교 중독의 주요한 증상은 다음과 같다.

- 흑백논리에 기초한 단순한 사고 구조를 가지기 쉽고 권위에 대해 의심하는 것이 불가능하며, 자신의 믿음에 대해 타협과 대화가 불가능할 정도의 완고함을 보인다. 종교 중독자는 자신과 종교적 관점이 다른 사람을 용납하지 못하고 '세상은 모두 잘못되었고, 나는 옳다'라고 생각하는 편협성을 보인다.
- 자신이 올바르게 행하지 못하고 있다는 수치심에 기초한 신앙 생활로 인해 엄격한 종교 행위에 강박적으로 집착한다. 집회에 참여하지 못했을 때 죄책감과 두려움을 느낀다.
- 비현실적이고 지나친 헌금으로 개인과 가정 경제를 어려움에 빠뜨릴 수 있다.
- 과학과 의학에 대한 거부감을 보이며, 신이 병을 고쳐줄 것이라는 마술적 사고를 가지고 신에 의한 치유에 전적으로 매달린다. 한 예로, 소아암으로 4년째 앓으면서 간절히 현대 의학의 치료를 원하는 딸에게 '하나님이 고쳐주실 것'이라며 치료를 거부한 부모의 사연이 방송으로 소개된 바 있다.

- 열광적인 집회의 종교적 황홀경/엑스터시(ecstasy)의 상태를 반복적이고 강박적으로 추구한다. 그 황홀경이 끝난 상태가 되면 찾아오는 현실의 평범함을 견디지 못하고 다시 그 정서적 흥분 상태를 추구하려고 한다.
- 현실 세계와 점진적으로 분리되어 인간관계의 고립과 붕괴가 일어날 수 있다. 30대 여성이 어린 자녀가 있는 가정을 두고 3년째 산속 기도원 생활에만 몰두하고 매달려서 가정 생활이 어려웠던 사례가 있다. 이 사례에서 남편은 기도원에 가서 아내가 가정으로 돌아오기를 설득했으나 아내는 기도원에 있어야만 마음이 편하고, 악으로 가득 찬 '세상'에 섞여 살고 싶지 않다고 거부했다. 대학생 종교 동아리의 경우도 동아리의 단체 생활만이 편안함과 안락함을 준다며 부원들에게 다른 사회적 관계의 고립을 강요한다면, 그 동아리는 의심해볼 필요가 있다. 비슷한 경우로 대부분의 유사 종교 집단은 폐쇄적인 공동 생활을 해, 자신들의 집단 생활 외에는 다른 모든 인간관계가 고립되게 된다.

개인의 종교 행위가 이러한 특징들을 보인다면 그 사람의 종교 중독 가능성을 추측할 수 있다. 물론 일상적인 종교 생활에서도 간혹 이와 같은 체험을 할 수 있다. 그러나 건강하게 종교 생활을 하는 사람은 앞서의 경험만을 지속해서 강박적으로 추구하지는 않을 것이다. 종교 중독 현상은 건전한 종교 단체에서 신앙 생활을 하는 사람들에게도 간혹 나타날 수 있으나 대개는 폐쇄적인 유사 종교에 빠져서 맹종하는 사람들에게서 많이 볼 수 있다.

어떤 사람이 종교 중독 증상을 보이는지 의심될 때는 먼저 현실로부터 분리되거나 도피함으로써, 또 중요한 인간관계가 붕괴되고 고립됨으로써 그 사람의 삶이 황폐화되고 있지는 않은지 점검해볼 필요가 있다.

종교 중독은 인간의 내면세계를 서서히 파괴시킬 수 있다는 면에서 심각한 후유증을 양산한다. 종교적인 열심의 도가 지나쳐 다른 사람과의 관계를 악화시키고 자신의 생활을 불안하게 한다면, 그것은 치료의 대상이 되어야 한다. 종교 중독은 치료가 필요한 질병이며, 다른 중독 치료와 마찬가지로 자신이 종교 중독에 빠진 상태라는 것을 받아들이는 것부터 시작해서 중독적 신앙에서 서서히 벗어나는 과정을 거쳐야 한다. 종교 중독의 치유는 성숙한 신앙 공동체를 접하고, 전문적인 도움을 받으면서 관계의 회복(자기 자신/자기와 하나님/자기와 타인들)을 통해서 이루어질 수 있다.

다음에 소개되는 유사 종교들에서도 앞에서 살펴본 개인과 타인의 삶을 위협하는 종교 중독의 현상들을 발견할 수 있다. 유사 종교(類似宗敎, pseudo-religion)는 종교와 비슷하나 사회 일반의 상식으로는 종교로 인정하기 어려운 것으로서, '사이비 종교' 또는 '사교(邪敎, 컬트[Cult])'로 일컫기도 하며, 이 공동체 안에서는 폭력과 살인, 비윤리적인 행동과 같은 이해하기 어려운 일들이 종종 발생하기도 한다.

② 유사 종교

- 천국의 문(Heaven's Gate)(1997)

미국 샌디에이고에서 1997년 3월 '천국의 문'이라는 종교 단체에 속한 39명의 남녀가 검은 셔츠에 나이키 운동화를 신고 독극물을 마셔 집단자살을 했다. 그들은 1997년 지구 근처를 지나가던 헤일 밥(Hale Bopp) 혜성이 자기들을 천국으로 데리고 갈 우주선이라고 믿어, 죽어서 육체를 벗어나야 우주선을 탈 수 있다고 하면서 동반 자살했는데, 자신들이 죽는 것이 아니라 다른 세계, 즉 천국으로 간다고 믿었다. 이들은 모두 컴퓨터와 관계된 일을 하던 전문직 종사자들이었다.

• 옴진리교(1995)

1995년 3월 일본 옴진리교 신도들이 출근 시간 동경의 지하철에 독가스 사린을 살포한 사건으로, 당시 지하철에 타고 있던 승객 중 13명이 죽고 6,000명 이상이 피해를 입었다. 옴진리교의 교주 아사하라 쇼코가 '1995년 11월에 아마겟돈 전쟁이 일어나 인류가 최후를 맞게 될 것이며, 이때의 무기는 세균 무기와 핵 무기일 것'이라고 예언해왔는데, 교주의 이 예언을 실현하기 위해 열성분자들이 독가스를 살포한 것이다. 그들은 옴진리교 신도들만이 아마겟돈 전쟁에서 살아남아 천년왕국을 누릴 수 있다는 믿음을 가지고 전 재산을 교주에게 기증하고 집단 생활을 했다. 당시 체포된 옴진리교의 교주 아사하라 쇼코와 주요 간부들에게 2018년 7월 사형이 집행되었다.

• 다미선교회(1992)

다미선교회는 예수가 공중으로 재림하고, 죽었던 성도들이 부활하며, 선택받은 신도들이 공중으로 들려올라간다는 주장인 휴거를 믿은 사람들이다. 이들은 1992년 10월 28일을 휴거일로 믿고 학업과 생업을 그만두고 재산을 헌납, 집단 생활을 하면서 이 날을 기다렸다. 신도 8,000여 명이 당일 밤새 찬양하면서 기다렸으나 예언은 불발되었고 교주 이장림은 구속되었다. 당시 많은 사람들이 밤 12시까지 생방송으로 뉴스를 시청했고 이를 취재하던 한 기자는 "이들은 하늘나라가 아닌 집으로 돌아갔다"고 말했다. 이후 다미선교회는 신문을 통해 휴거 소동 사과문을 발표했다.

• 오대양(1987)

1987년 8월 29일에 경기도 용인의 한 공예품 공장 구내식당 천장에서 32구의 시체가 발견된 사건이다. 신도들과 함께 집단 생활을 하면서 사업을 하던 주식회사 오대양의 대표이자 교주인 박순자가, 사채가 불어나자 자신이 경영하던 주식회사 오대양 용인 공장의 구내식당에서 신도 일부를 살해하고 일부와는 집단 자살을 했다. 사건의 정확한 전말은 아직까지 밝혀지지 않고 있다.

• 인민사원(Peoples temple)(1978)

1978년 11월 18일, 남아메리카에 위치한 가이아나의 정글 속에서 일어난 신흥 사이비 종교 '인민사원'의 '존스타운 사건'은 역사상 가장 규모가 컸던 단일 집단 자살 혹은 살인 사건이다. 인민사원의 교주 짐 존스는 천여 명의 신도들을 모아 미국에서 가이아나로 이주한 후 자신의 이름을 따 존스타운이라 이름 지은 공동체에서 남녀노소·인종을 차별하지 않고 사회 빈민층 및 소수자들과 함께 기독교 사회주의 사상을 바탕으로 집단 생활을 했다. 그러던 중 교주인 짐 존스가 사람들을 폭행하고, 재산을 갈취하고, 존스타운을 벗어나지 못하게 한다는 제보를 받고 이를 조사하기 위해 미 하원의원인 리오 라이언이 조사단과 함께 존스타운에 도착했다. 하지만 별다른 이상을 발견하지 못해 돌아가려던 전날 한 신도가 존스타운을 떠나고 싶다는 쪽지를 건넸다. 몇몇 신도들과 조사단이 떠나려 하자 무장 경비대의 총기 난사로 라이언 의원과 조사단, 그리고 함께 떠나려 한 신도 등 여러 명이 사망했다. 일어난 일을 은폐하기 위해 존스는 존스타운의 신도들에게 집단 자살을 명했다. 무장한 경비원들에게 둘러싸여 신도들은 청산가리 주스를 마셨고, 도망치려는 사람들은 총에 맞아 숨졌다. 짐 존스를 포함해 죽은 인원은 914명으로 집계되며 이 중 276명이 어린아이들이었다. 존스타운 집단 대학살은 2001년 미국의 9·11 테러 이전, 자연재해가 아닌 사건으로 가장 많은 미국인 희생자를 배출한 사건이다.

종교는 현실의 불안과 고통으로부터의 도피처 역할을 하며, 강박적이고 무비판적으로 종교 행위에 매달리게 하는 부정적이고 병리적인 기능을 하기도 한다. 지금까지는 그 예로 종교 중독 현상과 유사 종교들에 대해 살펴보았다. 앞에서 간략하게 몇몇 종교가 가져올 수 있는 위험성을 살펴보긴 했지만, 사실 우리가 종교에 대하여 사이비나 유사 종교 등을 정의한다는 것은 매우 조심스러운 일이다. 하지만 어떤 종교든 광신적 · 맹목적으로 치우치고, 개인을 사회나 가정, 공동체에서 분리시키고, 재산 혹은 나아가 생명까지도 위협한다면 그것을 종교의 병리적인 현상이라고 볼 수 있다. 종교적 감정은 성숙한 사람의 안정된 감정 표현일 수도 있고 극단적인 불안함일 수도 있다. 그것으로 인해 세상과 고립될 수도 있고 주위 사람들과 진정한 연대를 나눌 수도 있다. 그것은 정신분열 증세로 나타날 수도, 적절한 언어와 예배 형태로 나타날 수도 있다. 또한 종교는 개인으로 하여금 자신의 내면세계를 성찰하도록 촉진하고, 그 과정에서 개인의 심리적 성숙과 통합을 증진시킬 수 있다. 종교에 관계없이 바른 신앙심은 개인에게 안정감을 주며, 삶에 대한 만족과 감사하는 마음을 제공한다. 종교적으로 성숙한 인간은 심리적 성숙을 추구하며 종교의 중요한 가치인 사랑과 자비, 이타심과 같은 덕목들을 계발하고 일상의 삶에서 실천하며 살아낸다. 결국 성숙하고 건강한 종교는 바로 이러한 인간의 종교성이 건전하게 성장하고 실현되도록 돕는 긍정적 역할을 한다고 할 수 있다.

이 장에서는 종교성과 종교 현상에 대한 다양한 심리학적 접근을 통해 종교가 심리에 미치는 영향을 알아보았다. 심리학적 관점으로 바라보는 종교는 개인의 내면에서 부정적 혹은 긍정적인 심리적 기능을 수행한다. 그것은 사람들의 인간관계나 심리 체계를 훼손시킬 수도 있고, 반대로 사람들에게 필요한 자원을 제공하며 마음을 견고하게 하는 역할을 할 수도 있다. 결국 '종교가 어떠한 심리적 기능을 하는가?'라는 질문에 답하기 위한 중요한 기준은 종교 자체가 아니라 그 종교를 믿고 실천하는 개개인의 삶의 내용이라고 말할 수 있을 것이다. 믿음은 개인의 삶 속에서 성장하고 열매 맺어 실천으로 나타나야 한다. 따라서 종교인이라면 자신이 믿는 종교의 가치에 합당한 삶, 그 종교의 내용과 어울리는 삶을 살아내야 한다.

마지막으로 처음에 제기했던 많은 질문으로 돌아가보자. 지금 종교 생활을 하고 있다면 종교가 자신 안에서 어떠한 기능을 하는지 잘 살펴보는 기회로 삼아 건강하고 성숙한 종교 생활을 추구해나가기를 바란다. 비종교인의 경우 특정 종교를 표현하는 사람들 혹은 공동체가 병리적 양태로 그것을 표현하더라도, 종교의 본래적 가르침과 분리하고 구분하여 바라볼 수 있게 된다면 그 사람은 적어도 종교에 대해서는 '기능적 자율성'을 가지고 각 종교를 이해하는 인간적인 성숙에 이르게 된 것이라고 볼 수 있다. 종교로 인한 삶의 변화와 종교적 가치 실천을 지속적으로 이루어가고 보여주는 종교인들이 우리 사회에 더 많아지기를 희망한다.

제3장

한국과 세계의 종교들

1. 이웃 종교 배우기

한국 사회에서 다종교 상황은 비단 어제오늘의 일이 아니다. 무속신앙이나 다양한 민간신앙들은 이미 선사시대부터 세간에 널리 퍼져 있었고, 삼국시대부터는 중국에서 유불선(儒佛仙) 삼교가 전래되어 거의 2,000년 가까이 한국 종교의 주된 맥을 이어왔다. 그러다가 18-19세기에 들어 서양으로부터 기독교가 유입되면서 한국 사회의 종교 구성은 한층 더 복잡다단해졌다. 물론 때에 따라 이런 여러 종교 전통들이 서로 부대끼고 충돌하기도 했지만, 그래도 근현대 한국 사회에서는 동양 종교와 서양 종교 그리고 토착 종교와 외래 종교의 영향력이 어느 정도 균형을 이루며 비교적 평화롭게 공존해왔다고 할 수 있다.

그런데 21세기의 전환기를 기점으로 한국 사회에서도 종교계 안팎에서 들려오는 마찰음이 점점 커지고 있는 추세다. 물론 예전부터 가족 내에서 조상에 대한 제사 문제를 둘러싸고 기독교인과 비기독교인 사이에 분란이 일어났다는 식의 이야기는 종종 있어왔다. 그런데 요즘 들어 한국 사회에서의 종교 갈등은 한층 더 심화된 형태로 나타나고 있다. 몇몇 유력한 기독교계 사회 지도층 인사들이 노골적인 종교 편향적 발언으로 잇달아 물의를 빚었는가 하면, 일각에서는 정부의 템플스테이 사업 지원을 지목하여 국가가 불교에만 혜택을 몰아주는 게 아니냐는 볼멘소리를 내기도 했다. 더군다나 2001년 9·11 사태 이후 전 세계적으로 종교문화적 갈등과 얽힌 전쟁이 터져 나오고 지구촌 곳곳이 이슬람 극단주의자들에 의한 테러리즘의 위협에 노출되면서 여기저기서 이슬람교에 대한 과도한 적대심과 경계심이 고조되었다. 그래서인지 이제껏 이슬람이라는 종교를 낯설게만 바라보던 한국 사회에서도 '이슬람 공포증(Islamophobia)'이 서서히 고개를 들고 있는 모양새다.

이러한 최근의 변화들을 되짚어보면 이제는 더 이상 한국을 종교 갈등에서 자유로운 사회라 부르기 힘들지도 모르겠다. 따라서 여러 종교 전통에 대한 이해를 높이고 그들 간의 관계를 성찰해보는 일은 오늘날 우리에게 주어진 중요한 시대적 과제라 할 수 있다. 이러한 문제의식을 바탕으로 여기서는 세계 종교와 한국 종교의 현황을 훑어보고, 기독교와의 관계성 속에서 세계와 한국의 여러 주요 종교 전통들을 살펴보도록 하겠다.

2. 세계 종교와 한국 종교

1960-1970년대까지만 해도 대부분의 학자들은 과학과 기술의 발달로 인한 합리성의 증진과 근대화의 확산이 결국엔 인류의 삶 속에서 종교가 소멸하거나 최소한 상당히 약화되는 결과를 초래할 것이라고 보

는 세속화 이론을 맹신했다. 그런데 20세기 후반 들어 종교의 영향이 감소하기는커녕 세계 곳곳에서 근본주의적 종교 운동이 발흥했을 뿐만 아니라 사적 영역을 넘어 공적 영역에서도 종교가 여전히 큰 존재감을 갖고 있는 것으로 드러났다. 즉 기존의 세속화 이론이 잘못된 것으로 드러나고 만 것이다. 그래서 세속화를 근대성의 주요한 지표 중 하나로 여기던 기존의 가정이 기각되고 이제는 종교가 근대성과 다양한 방식으로 관계를 맺으며 그 영향을 지속할 수도 있다는 '다중적 근대성(multiple modernities) 담론', 즉 17-18세기 서구 유럽에서 촉발된 세속적 계몽주의의 영향과 별도로 전 세계적으로 다양한 형태의 근대성이 존재할 수 있다는 담론이 폭넓게 받아들여지고 있다. 이의 연장선상에서 최근에는 과거 세속화의 불가피성을 주장하던 이들마저도 '탈(脫)세속화(de-secularization)' 혹은 '포스트-세속화(post-secularization)' 현상을 엄연한 현실로 받아들이는 분위기다.

그렇다고 한다면 과연 오늘날 종교는 어떤 상황에 처해 있는가? 그런데 이 질문에 대답하기에 앞서 몇 가지 짚고 넘어가야 할 점들이 있다. 일단 앞에서 논의한 바와 같이 초역사적 보편성이나 동질성보다는 역사적 변화와 차이에 방점을 찍는 포스트모더니즘의 시각에서 보면, 혹은 근대 '종교' 개념에 암묵적으로 내포되어 있는 근대 유럽의 계몽주의와 기독교적 관점과 거리를 두려는 '포스트콜로니얼리즘(post-colonialism)'의 시각에서 보면 지구촌 곳곳에서 각양각색의 모습으로 나타난 종교적 신념과 실천들을 서구적 관점에서 규정한 '종교'라는 범주에 가두어 둘 수 있다는 발상 자체가 비판의 대상이다. 게다가 동양 문화권에서는 오래전부터 '종교 혼합주의(religious syncretism)'나 '복수의 종교 정체성(multiple religious identities)'이 자연스러운 현상인 만큼 배타주의적 종교관, 즉 한 사람이 한 종교 전통에만 속할 수 있다는 종교관에 기반을 두고 수집된 종교 인구 통계는 그 한계가 뚜렷하다고 할 수 있다. 따라서 종교에 관한 자료는 그 현황을 대략적으로 파악하는 데 참조할 수 있는 일종의 '지도'로 취급해야지 그것을 실제 '지형'과 동일시해서는 안 된다는 점을 명심할 필요가 있다.

세계 종교의 현황

이 같은 점들에 유의하면서 우선 현재 세계 종교의 분포를 보다 자세히 들여다보기로 하자. 미국의 민간 조사 기관인 '퓨 리서치 센터(Pew Research Center)'에 따르면, 2015년 기준으로 73억 명 정도 되는 전 세계 인구 중 약 84%가 종교인이고 나머지 16% 정도만이 비종교인이라고 한다. 다시 말해 근대화를 넘어서 탈근대화를 말하는 오늘날의 세계에서도 절대 다수의 사람들이 여전히 종교를 신봉하고 있다는 것이다. 개별 종교로 들어가 따져보면, 기독교가 전 세계 인구의 31.2% 정도를 차지하는 약 23억 명의 신도 수를 확보하고 있어 종교 인구 중에서 가장 큰 비중을 차지하고 있다. 그 뒤를 잇는 것이 이슬람교와 힌두교로 각각 세계 인구의 24.1%와 15.1%인 18억 명과 11억 명 정도의 신도 수를 갖

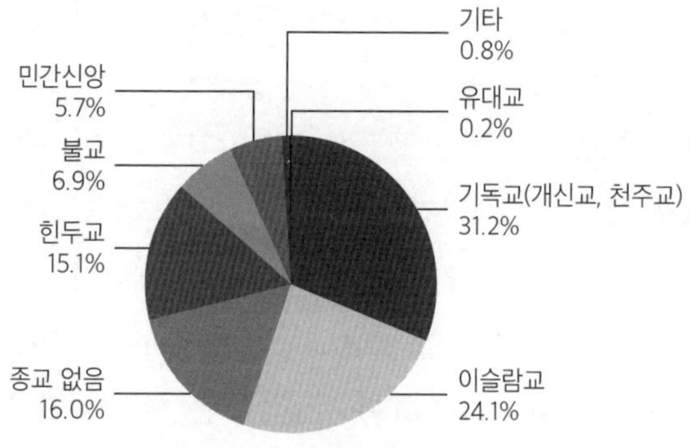

세계 종교 현황(Pew Research Center, 2015)

고 있다. 그다음으로 불교 인구는 약 5억 명 정도 그리고 (다소 모호한 범주인) '민간 종교(folk religion)'에 속한 이들은 약 4억 명 정도인 것으로 추산되고 있어 세계 인구 대비 각각 6.9%와 5.7%의 비중을 차지하고 있다. 그 밖에 다른 여러 종교들이 있지만, 그 신도 수를 다 합쳐봐야 약 1억 명 남짓으로 그 비율은 전 세계 인구의 1% 정도밖에 안 된다. 따라서 수적인 면만 놓고 따지자면, 뚜렷한 제도와 조직을 갖추지 않은 민간 종교를 논외로 친다고 했을 때 오늘날 기독교, 이슬람교, 힌두교, 불교를 세계 4대 주요 종교로 꼽을 수 있다.

한국 종교의 현황

그런데 한국 사회에서의 종교 구성은 사뭇 다른 양상으로 나타나고 있다. 2015년 통계청이 발표한 인구 센서스 조사에 따르면 약 4,900만 명의 전체 인구 중 종교인의 수가 2,150만 명, 그리고 비종교인의 수가 2,750만 명 정도로 파악되고 있다. 따라서 21세기의 한국 사회는 전체의 과반수가 넘는 56.1%의 인구가 '종교 없음'에 해당하는 다분히 세속

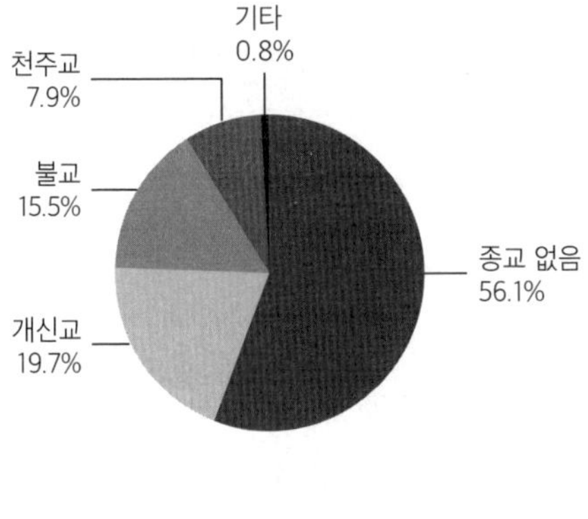

한국 종교 현황(통계청, 2015)

적인 사회라 할 수 있다. 여기서 종교 인구만 따로 떼어내서 좀 더 자세히 들여다보자면, (개신교와 천주교를 합한) 기독교 인구가 약 1,360만 명으로 전체 인구 대비 27.6%라는 가장 큰 비중을 차지한다. 기독교를 다시 개신교와 천주교로 나누어서 따질 경우 전자는 약 970만 명, 그리고 후자는 390만 명의 신도를 보유하고 있어 전체 인구 대비 각각 19.7%와 7.9%의 지분을 차지하고 있다. 한편 불교 인구는 760만 명 정도로 전체 인구에서 차지하는 비중은 대략 15.5% 정도다. 그리고 그 밖의 나머지 종교 단체들은 모두 그 신도 수가 채 10만 명이 안 돼 사실상 한국 사회의 종교 시장은 개신교, 불교, 천주교 이 세 종교 단체가 삼분하는 구도라고 볼 수 있다.

통계 지표는 통계 지표일 뿐

그러나 다시 한번 강조하건대 이런 통계 지표와 자료들이 종교의 실제 지형을 담아내기엔 분명한 한계가 있다. 먼저 기독교라는 범주만 놓고 봐도 거기엔 크게 천주교와 개신교, 정교회라는 종파가 포함되어 있고, 그 각각의 하위 범주 밑에도 수십 내지는 수백 개의 교파가 존재하고 있으며, 그 가운데에는 기독교 전통에서 갈라져 나온 신종교 계통도 무분별하게 포함되어 있다. 이들 중에는 다른 종파, 교파 혹은 분파에 속한 이들을 자기네들과 같은 기독교 전통으로 인정하지 않는 경우도 많기에, 현실은 늘 통계상으로 나타난 것보다 훨씬 더 복잡할 수밖에 없다. 그리고 유교의 경우 이들을 일종의 철학 혹은 정치 사상으로 봐야 할지 아니면 (서양에서 수립된 개념인) '종교'로 분류할지에 대해서는 아직도 그 의견이 분분하다. 그래서 통계상으로는 한국 사회에 전국적으로 약 7만 6,000명 정도의 유교 인구가 있는 것으로 보고되고 있지만, 정기적으로 조상에 제사를 지내는 사람들 가운데에는 스스로를 딱히 유교인으로 생각하지 않는 경우도 많다. 이럴 경우엔 사실 종교인과 비종교인을 가르는 경계선이 그리 뚜렷하지 않다고 할 수 있다. 또한 세계 곳곳에서 각기 다양한 형태의 신념과 의례를 갖고 있는 종교적 전통들을 '민간 종교' 혹은 '무속'이나 '샤머니즘' 같이 학자들이 만든 범주에 뭉뚱그려 포함시켜놓는 것이 과연 어떤 현실적 의미가 있는 것인지도 확실치 않다. 예를 들어 시베리아 지역의 샤먼(shaman)과 한국의 무속인이 비슷한 의례를 실천한다고 하더라도 그들이 민간 종교라는 범주 안에서 상호 동질감을 갖고 있으리라는 보장은 그 어디에도 없다.

바로 이 같은 문제들 때문에 최근에는 비록 세상에 '종교적'이라는 수식어가 붙을 만한 현상은 많을지라도, 정작 '종교'라는 개념은 복잡하고 다양한 연구 대상들을 일반화하고 분류하기 위해 학자들이 인위적으로 만들어낸 일종의 창작물에 불과하다는 주장이 제기되기도 했다. 그리고 이런 문제의식의 연장선상에서 지난 20-30년 동안 기존에 무비판적으로 사용해오던 종교 개념들, 즉 '세계 종교'라는 거대 담론부터 '불교'나 '유교' 같은 개별 종교의 이름까지 전면적으로 재검토하고 비판적으로 해체하는 작업이 진행되어왔다.

분명 이러한 작업들은 기존의 종교 연구들이 암묵적으로 서구 중심적 판단 기준과 가치관에 따라 세계 곳곳의 종교 현상을 재단하고 분석해왔다는 사실을 비판적으로 드러내주었다는 점에서 큰 기여를 한 것이 사실이다. 그러나 따지고 보면 우리가 사용하는 개념들 중 특정한 문화적 · 역사적 맥락 속에서 형성되지 않은 것이 없다. 복잡하고 변화무쌍한 현실을 언어라는 한정된 틀에 담아내기 위해선 일정한 기준과 잣대를 갖고 일반화하고 분류할 수밖에 없다. 그리고 그 과정 속에서 피치 못하게 현실의 권력과 이해관계를 반영하는 담론 차원의 투쟁이 벌어지기 마련이다. 인간의 모든 언어와 분류 방식에 이런 한계와 위험성이 내포되어 있다고 한다면, 그리고 그 위험을 피하는 방법이 무작정 침묵하거나 모든 일반화를 거부한 채 가장 작은 단위의 현상, 즉 개개인의 종교적 신념과 실천들로 연구 대상을 한정 짓는 것이 아니라면, 우리가 할 수 있는 일은 우리가 사용하는 언어가 갖고 있는 한계를 분명히 인식한 상태에서 끊임없이 현실과 대화하며 기존의 담론을 수정하고 보완해나가는 작업일 것이다.

그렇다 하더라도 한정된 지면에서 세계의 모든 종교 전통들을 훑어보기란 여간 곤혹스러운 일이 아니다. 무엇보다 세상에 존재하는 그 수많은 종교 현상들을 모두, 그것도 공평하게 다룬다는 것 자체가 불가능할뿐더러 부득이하게 그중 몇 개만 추려서 논의한다 하더라도 왜 특정 종교들만을 포함시키고 다른 것들은 배제시켰는가에 대한 의문이 자연히 따라올 수밖에 없다. 현실적으로 이러한 한계를 극복하는 게 불가능하다면, 역설적일지 모르겠으나 이 문제들을 정직하게 대면하는 방법은 시작부터 아예 앞으로 다룰 종교들을 선택하는 기준과 의도를 분명히 밝히는 것인지도 모르겠다. 이런 문제의식을 가지고, 여기서 다루는 종교들은 세계와 한국의 종교적 상황을 고려하여 기독교, 그중에서도 특히 한국의 기독교와 관련 있는 종교 전통을 중심으로 살펴본다는 점을 미리 밝혀둔다.

3. 아브라함의 종교들: 유대교, 기독교, 이슬람교

그럼 먼저 기독교 전통과 역사적 · 문화적 뿌리를 공유하고 있는 소위 '아브라함의 종교들,' 즉 기독교를 비롯해 유대교와 이슬람교를 논의의 출발점으로 삼아보도록 하자. 앞서 언급했다시피, 세계 종교 인구 구성에서 이들 아브라함의 종교들이 차지하는 비중이 과반수가 넘을 뿐만 아니라 오늘날 세계 곳곳에서 발생하고 있는 종교 분쟁들 중 상당수가 바로 이 종교 전통들과 연관되어 있다. 따라서 오늘날의 세계 정세와 종교 갈등을 이해하기 위해서는 반드시 이들 세 종교 전통 간의 관계를 보다 자세히 살펴볼 필요가 있다.

잘 알려져 있다시피 유대교와 기독교 그리고 이슬람교가 서로 원한과 증오로 얽혀 있는 관계는 오랜 역사를 갖고 있다. 예컨대 신약성서의 마태복음 27장 25절에 기록되어 있는 저주, 즉 당시 유대 지도자들이 로마의 총독에게 예수를 십자가에 못 박아 사형시키라고 요구하면서 그 핏값을 자신들이 자손 대대로 책임지겠다고 한 저주는 역사적으로 기독교인들이 유대인들을 '예수를 죽인 자들'이라고 멸시하고 차별하는 데 빌미를 제공했다. 때로는 그런 적대감이 조직적인 탄압으로 변질되어 유대인들은 러시아에서의 '포그롬(Pogrom: 반유대주의 정서에 기반한 민간 폭동)'이나 독일 나치 치하의 '홀로코스트(Holocaust: 제2차 세계대전 중 히틀러 정권이 자행한 유대인 대학살)'의 경우에서처럼 인종혐오에 기반한 폭력이나 대량 학살의 대상이 되기도 했다.

한편 중세 유럽의 여러 기독교 국가들은 이슬람계의 셀주크 제국 지배하에 있던 예루살렘 성지를 탈환하겠다는 명목으로 수세기에 걸쳐 여러 차례 십자군 원정을 감행했다. 그 과정에서 기독교와 이슬람 세계 양측 모두 막대한 희생을 치를 수밖에 없었는데, 어떤 의미에선 이 당시 두 종교 간에 형성된 피의 적대 관계가 오늘날까지 이어지고 있다고 할 수 있다. 또한 제2차 세계대전 이후 '시온주의(Zionism)', 즉 하나님이 아브라함과 그의 후손에게 약속한 가나안 땅에 다시 국가를 재건해야 한다는 사상을 바탕으로 수립된 오늘날의 이스라엘은 미국을 비롯한 서방 기독교권 국가들의 지원을 받으면서 팔레스타인 등 주변의 이슬람계 국가들과 크고 작은 전쟁을 치러왔다. 이 같은 무력 충돌이 반복되면서 20세기 후반 들어 유대-기독교 대 이슬람교라는 종교적 · 정치적 대립 구도가 형성되었다. 안타깝게도 이러한 대결 구도는 21세기에 들어서면서 무슬림

극단주의자들의 손에 의해 자행된 여러 테러와, 그에 대한 미국 등 서양권 국가들의 반발로 촉발된 여러 전쟁에서도 반복해서 등장하고 있다.

그러나 이처럼 피로 얼룩진 역사에도 불구하고, 따지고 보면 유대교와 기독교, 이슬람교는 서로 적지 않은 공통분모를 갖고 있다. 우선 유대교와 기독교, 이슬람교는 (각자 동의하지 않을 수도 있겠으나) 오직 하나의 초월적 신을 숭배하는 유일신론(monotheism)을 따르고 있다. 그리고 다들 경전에 큰 권위를 부여하기에 때로는 이 세 종교를 묶어 '문자의 종교'라 부르기도 한다. 게다가 각자 그 형성 시기는 다를지라도 지리적으로는 세 종교 모두 중동 지역 문화를 기반으로 발생했다는 공통점이 있다. 따라서 유대교 이후 등장한 기독교와 이슬람교는 앞서 형성된 종교들과 한편으로는 대화하고 또 한편으로는 경쟁하면서 각각 자신의 신앙과 실천의 틀을 갖추어나갈 수밖에 없었다. 이처럼 서로 복잡하게 얽혀 있는 관계에 유의하면서 이제 유대교, 기독교, 이슬람교 각각의 종교 전통에 대해 보다 자세히 알아보기로 하자.

유대교

아브라함의 종교들 중 기독교와 이슬람교는 세계 종교 인구 비율에서 1, 2위를 다투고 있는 데 비해 역사적으로 저들보다 앞서 등장한 유대교는 오늘날에도 여전히 약 0.2%의 미미한 지분을 차지하고 있다. 가장 오래된 역사에도 불구하고 이처럼 적은 신도 수를 유지하는 이유는 아마도 유대교가 갖고 있는 이중적 정체성 때문일 것이다. 기본적으로 유대교는 아브라함으로부터 이삭을 거쳐 야곱(이스라엘이 그의 또 다른 이름이다)의 핏줄로 이어지는 유대인들의 민족 종교라는 성격을 강하게 띠고 있다. 그래서 유대교 혹은 유대주의(Judaism)는 종교이면서 동시에 유대 민족주의라는 두 가지 측면을 함께 갖고 있다.

그런데 유대교의 이런 이중적 성격을 더욱더 복잡하게 하는 것은 유대교의 범주와 유대 민족의 범주가 반드시 일치하지는 않는다는 점이다. 예를 들어 유물론적 공산주의의 주창자인 카를 마르크스(Karl H. Marx)는 유대인의 핏줄을 타고났지만 유대교를 비롯한 종교 일반에 대해서 다분히 비판적이고 세속적인 견해를 갖고 있었는가 하면, 헝가리 출신의 언론인이자 학자인 무함마드 아사드(Muhammad Asad, 본명은 레오폴드 바이스[Leopold Weiss])는 원래 유대인으로 태어났으나 성장해서는 이슬람교로 개종했다. 반면 비교적 드문 경우긴 하나 유대인이 아닌 사람들이 유대교로 개종하는 경우도 없진 않다. 예를 들어 비유대인이 유대인과 결혼하고자 할 때 유대교로 개종하는 경우도 있고 팝 가수 마돈나처럼 유대인이 아니면서도 '카발라(Kabbalah)'[1]라는 유대교 신비주의 전통을 믿고 실천하기 위해 유대교로 개종하는 경우도 있다.

그렇다면 종교로서의 유대교가 갖고 있는 특징은 무엇인가? 유대교학의 권위자 제이콥 뉴스너(Jacob Neusner)에 따르면 여러 유대교의 흐름들을 관통하는 세 가지 공통 요소가 있다고 한다. 첫째, 무엇보다도 유대교에서는 유일신 야웨 하나님에 대한 신앙에 바탕을 두고 있다. 둘째, 유대교에서는 토라 혹은 모세의 오경, 즉 구약성서의 첫 다섯 권인 창세기, 출애굽기, 레위기, 민수기, 신명기를 야웨 하나님이 이스라엘 민족에 준 언약과 가르침이 기록되어 있는 가장 권위 있는 경전으로 받아들인다. 셋째, 유대교에 속한 이들은 야웨에 대한 신앙과 토라의 가르침을 근거로 자신들의 세계관을 형성하고 생활 양식을 결정짓는 '이스라엘' 민족으로서의 자의식을 갖고 있다.

---

1 카발라(Kabbalah)란 고대로부터 전승된 유대교 경전에 표면적으로 드러나 있지 않은 숨겨진 메시지를 해독하고 깨달음으로써 신과의 합일을 추구하는 유대교 신비주의 전통의 분파 중 하나다. '조하(Zohar)'라는 경전에 그 핵심이 되는 가르침이 담겨 있다.

하지만 이 같은 공통점에도 불구하고 유대교 전통 내에 각양각색의 흐름들이 존재하는 것 또한 사실이다. 사실 유대 민족은 수천 년에 이르는 장구한 역사를 살아오면서 온갖 도전과 시련에 직면해왔고, 그럴 때마다 유대교 또한 그 성격이 계속 변화해왔다. 그래서 토라에 기록된 고대의 유대교는 기본적으로 정처 없이 유랑하는 한 가족 집단의 부족 종교에 가까웠다면, 다윗과 솔로몬으로 대표되는 중앙집권적 왕조 시대의 유대교는 예루살렘 성전 안에서 거행되는 제의 중심의 종교였다. 그러다가 주변 강대국들의 거듭되는 침략으로 인해 성전이 파괴되고 대다수의 유대인들이 세계 각처로 뿔뿔이 흩어지게 되면서 유대교는 점차 성전의 종교에서 토라를 중심으로 하는 경전의 종교 내지는 토라에 기록된 율법을 가르치고 해석하는 랍비(율법교사)의 종교로 그 성격이 변해갔다. 한편 18세기 무렵 오늘날의 우크라이나와 폴란드 지역에 살던 유대인들 가운데에서는 엑스터시와 기적 그리고 종교 지도자에 대한 추앙과 숭배를 특징으로 하는 '하시디즘(Hasidism)'이라는 유대교 신비주의 운동이 일어나 동유럽 일대부터 시작해 러시아 지역에까지 그 영향력을 뻗어나가기도 했다.

이처럼 역사적으로 계속 변해왔지만 오늘날 현존하는 유대교는 서기 70년 로마군에 의해 예루살렘 성전이 완전히 파괴된 이후 세계 곳곳에서 토라와 랍비를 중심으로 그 생명력을 유지한 종교에 가장 가깝다 할 수 있다. 그도 그럴 것이 1세기부터 세계 각지로 흩어지게 된 대다수의 유대 민족은 채 몇백 년 지나지 않아 서쪽에서는 기독교 제국, 그리고 동쪽에서는 이슬람 제국의 치하에 살게 되었다. 비록 서로 경쟁하는 이 두 아브라함의 종교들이 자신들의 선배뻘 종교라 할 수 있는 유대교에 대해서만큼은 어느 정도 관용을 베풀긴 했지만, 제2차 세계대전 이후 현대 이스라엘이 건국될 때까지 근 2,000년 가까이 유대교와 유대 민족은 망국의 한과 소수 종교 혹은 소수 민족으로서의 설움을 뼈저리게 겪어야 했다. 급기야 1930-1940년대 독일의 나치 치하에서는 거의 600만 명에 달하는 유대인들이 홀로코스트 내지는 히브리어로 '쇼아(shoah)'라 불리는 대규모 인종 청소에 의해 희생되었다. 이 같은 집단적 트라우마는 유대교/유대주의에도 큰 영향을 끼쳐 신학에서 아주 고전적 주제인 신정론(神正論), 즉 '세상에 존재하는 악과 고통을 신의 섭리와 선하심에 대한 믿음에 비추어 어떻게 조화롭게 설명할 수 있는가' 하는 논쟁을 다시금 촉발시키기도 했다. 다른 한편으로 이 홀로코스트의 경험은 19세기부터 등장한 시온주의 운동에 본격적으로 불을 지펴 오늘날의 이스라엘 민족주의를 형성하는 데 결정적인 영향을 끼쳤다.

기독교

앞서 언급했듯이 2015년 기준 세계 기독교의 신자 수는 약 23억 명으로, 이는 전 세계 인구의 31.2%에 해당한다. 그런데 기독교라는 범주 내에도 여러 종단이 있기에 이 숫자는 좀 더 자세히 들여다볼 필요가 있다. 2011년 퓨 리서치 센터가 발표한 세계 기독교(Global Christianity)에 관한 보고서에 따르면, 현재 여러 기독교 종파들 가운데 천주교가 가장 많은 신도 수를 갖고 있다고 한다. 2010년을 기준으로 전 세계 천주교 인구는 거의 11억 명에 다다랐는데, 이는 당시 전 세계 인구의 15.9% 정도였고, 기독교 인구만 따로 떼어내 고려해보면 그중에서 절반을 넘는 수치였다. 같은 시기에 세계 개신교 인구는 약 8억 명 남짓이었다. 이는 당시 세계 인구의 11.6%이자 세계 기독교 인구에서 36.7% 정도의 비중을 차지하는 비율이었다. 한편 정교회는 비록 한국에서는 그 존재감이 약할지 모르지만 세계적으로는 제법 상당한 수의 신도를 확보하고 있다. 2010년 기준 약 2억 6,000만 명 정도가 정교회 신자로 추정되는데, 이는 세계 인구 대비 3.8%이자 세계 기독교 인구에서도 약 12% 정도의 비중을 차지하는 비율이었다. 그밖에도 앞의 보고서에서는 여호와의 증인이나 예수 그리스도 후기 성도 교회(모르몬교) 등을 '기타 기독교' 범주에 포함시켜놓았는데, 이들의 수를 다 합쳤을 때 약 3,000만 명 정도로 세계 기독교 인구에서 1.3% 정도의 지분을 갖고 있었다.

이처럼 기독교 전통 내에도 다양한 종파들이 있다면 이들을 기독교라는 하나의 범주로 묶을 수 있는 근거는 무엇인가? 이 질문에 대한 대답은 기독교라는 명칭에 이미 담겨 있다고 할 수 있다. 여기서 '기독(基督)'이라는 말은 '크리스토스(Χριστός)'라는 그리스어 단어를 한자로 음역한 것으로, 이는 본래 '기름 부음을 받은 자'라는 의미의 히브리어 '메시아(messiah)'에서 온 말이다. 원래 고대 이스라엘에서는 정치적 혹은 종교적 지도자를 세울 때 그 머리 위에 기름을 붓는 예식을 거쳤다. 그래서 어떤 의미에선 이스라엘의 왕이나 제사장들은 모두 '기름 부음을 받은 자', 곧 메시아라고 할 수 있다. 그런데 기원전 6-5세기경 유대 민족이 나라를 잃고 강제로 해외 유배 생활을 하게 될 무렵부터 메시아 개념에 중요한 변화가 일어났다. 즉 언젠가 다윗 왕의 후손 중에서 한 명의 기름 부음을 받은 자가 나타나 이스라엘 민족의 나라를 재건하고 하나님의 뜻과 법에 따라 그 땅을 통치하게 될 것이라는 일종의 종말론적 메시아 사상이 나타났던 것이다. 서기 1세기 초에 형성된 기독교는 바로 유대교의 이러한 메시아 사상을 기반으로 태동했다고 할 수 있다. 당시 로마 제국의 치하에 있던 갈릴리 나사렛 출신의 예수라는 인물이 바로 유대 민족이 그렇게도 고대하던 그리스도라는 신앙 고백을 바탕으로 기독교가 출발했으니 말이다. 다시 말해 예수가 곧 그리스도라는 믿음이 천주교, 개신교, 정교회를 비롯한 다양한 종파들을 기독교라는 하나의 범주로 아우르는 근거라 할 수 있다.

하지만 예수가 곧 그리스도라는 등식을 어떻게 이해해야 하는가 하는 문제는 여전히 남아 있다. 예컨대 신약성서를 보면 당시 상당수의 유대인들은 나사렛 예수가 로마의 압제로부터 민족을 해방시키고 이스라엘 왕국을 재건해줄 정치적 구원자가 아니라고 판단했기에 그를 메시아로 인정하지 않았다. 그도 그럴 것이 기독교 전통에서 예수 그리스도는 정치적 내지는 물질적 의미에서의 구원보다는 영적이고 윤리적인 의미에서의 구원을 강조했다. 그래서 "주께서 이스라엘을 위하여 나라를 되찾아주실 때가 바로 지금입니까?"(사도행전 1:6)와 같은 물음에 예수는 눈으로 볼 수 있는 지상의 국가보다는 사람들의 내면 혹은 사람들 간의 관계에서 찾을 수 있는 '하나님 나라'로 관심을 돌리고자 했다(누가복음 17:20-21). 이런 시각에서 보면 기독교는 유대교의 메시아 사상을 계승하긴 했지만 유대 민족주의적 틀을 탈피해 보다 보편적인 구원자로서의 메시아상을 새롭게 제시했다고 할 수 있다.

유대교와 기독교의 차이와는 별도로, 사실 따지고 보면 기독교 전통 내에서도 예수 그리스도에 대한 다양한 이해들이 존재한다. 실제 어떤 기독교인들은 예수를 일종의 샤먼과 같은 존재로 이해한다. 이들에게 있어 예수는 그를 믿고 따르는 사람들을 위해 병을 낫게 하고 귀신을 쫓아내며, 또 기적을 베푸는 초인적 힘의 원천이 된다. 또 어떤 이들에게 예수는 고귀한 윤리적 실천의 사표(師表)이자 지혜로운 가르침을 주는 교사다. 이들은 예수의 가르침을 마음에 새기고 삶에서 실천하는 것을 자신들 신앙의 목표로 삼는다. 한편 또 다른 이들은 세리나 창녀처럼 당시 유대 사회에서 멸시당하고 천대받던 자들과 스스럼없이 어울리고 그들을 옹호해주던 예수의 모습에서 오늘날로 따지면 시민 운동가나 사회복지사 같은 모습을 보기도 한다. 이들에게 있어 예수 그리스도를 따른다는 것은 바로 이처럼 소외된 이들에게 먼저 다가가 사랑과 기쁨을 나눠주는 삶을 사는 것이다. 그리고 또 어떤 기독교인들은 무엇보다도 예수를 죄로 인해 타락한 인간을 하나님과 화해시켜 구원으로 이끄는 중재자이자 구원자로 이해한다. 이런 사람들에게는 인간을 향한 하나님의 계획과 그 속에서의 예수 그리스도의 역할이 기독교의 핵심 교리이자 가르침이기도 하다. 이처럼 서로 다른 부분에 초점을 맞추고 있지만 사실 대부분의 기독교인들은 예수에 대한 이러한 다양한 이해 방식을 어느 정도 혼재된 형태로 갖고 있다. 중요한 것은 이들이 예수를 주로 어떤 각도에서 바라보는가와 상관없이 모든 기독교인은 예수 그리스도에 그들의 기독교적 정체성을 두고 있다는 점이다.

이처럼 기독교 전통 내에서도 다양한 예수상이 있다는 것은 오늘날 전 세계에 걸쳐서 가장 많은 신도를 확보하고 있는 기독교를 이해하는 데 중요한 시사점을 제공한다. 같은 예수 그리스도를 따른다고 하는 기독교인들 중에도 좀 더 가까이 들여다보면 각기 다른 신앙관, 세계관, 윤리관을 갖고 있을 가능성이 크기 때문이다. 예컨대 어떤 기독교인들은 예수 그리스도가 인류의 유일무이한 구원자임을 확신하며 타 종교를 배척하지만 다른 기독교인들은 예수가 강조한 사랑의 가치에 입각해 이웃 종교와의 대화를 실천하고 평화로운 공존을 지향한다. 또 어떤 기독교인들은 자신의 기독교 신앙을 근거로 각종 정치적 사안에서 보수적인 입장을 취하지만 다른 기독교인들은 같은 신앙에 입각해 진보적인 행보를 보이기도 한다. 따라서 특정한 기독교 단체나 전통을 이해하고자 할 때는 거기서 어떤 예수 그리스도의 모습을 부각시키고 있는지 좀 더 자세히 살펴볼 필요가 있다.

이슬람교

이슬람교는 2015년 기준 기독교에 이어 두 번째로 많은 약 18억 명의 신도를 갖고 있는 종교이자, 동시에 가장 빠른 속도로 성장하고 있는 종교이기도 하다. 한마디로 오늘날 전 세계 사람들 중 거의 넷에 하나는 무슬림, 즉 이슬람교 신자라고 봐도 무방하다고 할 수 있다. 그런데 한국을 비롯한 다수의 비이슬람권 국가에서는 이슬람교에 대한 잘못된 이해가 넘쳐나고 있는 게 현실이다. 그런 오해들이 쌓여서 편견을 낳고 또 그 편견이 차별과 혐오로까지 발현되는 경우가 종종 있기에 이슬람교와 무슬림들에 대한 균형 잡힌 시각을 갖출 필요가 있다.

역사적으로 이슬람교는 7-8세기에 오늘날 사우디아라비아의 메카(Mecca)라는 도시 출신인 무함마드(Muhammad)가 알라(Allāh: 아랍어로 '신'이라는 뜻)로부터 받았다는 계시를 바탕으로 유대-기독교의 유일신 전통을 비판적으로 계승 및 발전시킨 종교라 할 수 있다. 특히 제2차 세계대전이 끝난 후 중동 팔레스타인 지역의 점유권을 둘러싸고 이슬람권 세력 대 유대-기독교권의 연합 세력이라는 갈등 구조가 형성되어온 터라 피상적으로는 이슬람교가 유대-기독교 전통과 전혀 상관없는 종교로 보일지도 모르겠다. 그러나 앞서 언급했듯이 이 세 종교들은 모두 아브라함의 종교로 분류될 수 있으며 서로 차이점만큼이나 공통점 또한 많은 게 사실이다. 단적인 예로 무슬림은 자신들의 경전인 꾸란에 따라 다음과 같은 신앙 고백을 한다. "우리는 하나님을 믿고 우리에게 내려진 계시와 아브라함과 이스마엘과 이삭과 야곱과 그 자손들에게 내려진 율법을 믿으며 모세와 예수와 예언자들에게 내려진 율법을 믿으며 예언자들을 구별하지 아니하며 하나님만을 믿는다"(꾸란 3:84). 이슬람교를 낯설어하는 사람에게는 의외로 들릴지 모르겠으나 사실 이 구절에 언급된 이들은 하나도 빠짐없이 다 유대교와 기독교의 경전에 등장하는 인물들이다. 아브라함의 종교들 중 역사적으로 가장 후발 주자인 이슬람교의 입장에서는 자기보다 앞서 등장한 유대교와 기독교로부터 일정 부분 영향을 받을 수밖에 없었던 것이다.

하지만 바로 그렇기 때문에 이슬람교는 더더욱 스스로를 유대교나 기독교로부터 차별화하는 데 많은 노력을 기울여왔다고 할 수 있다. 그러기 위해서 이슬람교는 유대교와 기독교 둘 다 하나님이 아브라함과 그

뒤를 이은 수많은 예언자들에게 준 본래의 가르침에서 멀어졌다고 주장하는 일종의 '종교 하강론(theory of religious degradation)'적 입장을 취한다. 이슬람교 전통에서는 유대 민족이 지나친 선민의식(選民意識)에 사로잡혀 하나님을 자신들만 독점할 수 있다고 착각했다고 본다. 즉 하나님의 말씀은 유대교 경전인 토라에만 기록되어 있다고 믿기에 유대인들은 하나님이 예수나 무함마드 같은 예언자들에게 내려준 계시를 무시하는 실수를 범했다는 것이다. 한편 이슬람교 입장에서 기독교는 예수와 성령을 하나님과 동일한 위치에 놓고 섬기는 삼위일체론을 내세움으로써 유일신 알라 하나님에 대한 믿음을 왜곡했다고 비판한다. 그에 반해 이슬람교 전통에서는 창시자인 예언자 무함마드를 존경하기는 하지만 신적인 존재로 숭배하지는 않으며, 자신들만이 애초에 아브라함과 모세에게 계시했던 바로 그 유일신 알라 하나님에 대한 신앙을 재발견해 가장 순수한 형태로 보존하고 있다고 본다.

이처럼 이슬람교는 시작부터 유대교나 기독교와 경쟁 관계에 있었으나 사실 이슬람교 전통 내부에서도 결코 적지 않은 분화와 갈등이 있었다. 그중 가장 대표적인 것이 수니파와 시아파 사이에 지속되고 있는 오랜 갈등 관계다. 서기 632년 창시자 무함마드가 죽고 난 후 이슬람교 내부에서는 차기 후계자를 결정하는 문제를 둘러싸고 논란이 벌어졌는데, 그 가운데 무함마드의 제자이자 가까운 동료였던 아부 바크르(Abū Bakr)를 지지하는 파와 무함마드의 사촌이자 사위이기도 했던 알리 이븐 아비 탈리브(Alī ibn Abī Ṭālib)를 지지하는 파가 다툼을 벌이게 되었다. 그리고 무함마드의 뒤를 이어 아부 바크르가 초대 칼리프(caliph: 이슬람교의 최고 종교 지도자)로 선발되었는데, 일부에서는 오직 창시자의 핏줄에서만 지도자가 나올 수 있다는 논리를 내세워 알리를 칼리프로 옹위하고자 했다. 그래서 전자를 수니파, 즉 무함마드의 '수니'(길 혹은 삶의 방식)를 따르는 자들이라 하고 후자를 시아파, 즉 알리의 '시아투'(분파)로 부르게 되었다. 오늘날 무슬림의 80-90%는 수니파에 속하고 나머지 10-15%만 시아파에 속한다고 할 정도로 양적인 면에서는 수니파가 시아파를 압도하고 있는 것이 사실이다. 다만 이란 같은 나라에서는 시아파가 다수를 차지하고 있으며 파키스탄이나 이라크, 예멘 같은 곳에서도 수니파에 비해서는 소수지만 상당한 수의 시아파 신도들이 있다. 1980년대에 발발했던 이라크-이란 전쟁이나 2015년부터 지속되고 있는 예멘 내전은 바로 거의 1,400년간이나 지속된 수니파 대 시아파의 해묵은 갈등과 어느 정도 관련이 있다.

덧붙여 이슬람교 일반을 이슬람주의 혹은 정치적 이슬람으로부터 구별할 필요가 있다. 다른 모든 종교에서와 마찬가지로 이슬람교에서도 비교적 자유주의적(liberal)인 입장과 근본주의적(fundamentalist)인 입장이 공존하고 있다. 후자의 경우 일부 극단적인 세력은 근본주의적 시각에서 이슬람의 율법을 해석할 뿐만 아니라 그 법에 따라 통치되는 이슬람 신정 국가를 건설하고자 하는 목표를 내세운다. 그 가운데 알 카에다(Al-Qaeda)나 이슬람 국가(Islamic State: IS) 같은 무장 테러 조직은 심지어 민간인들을 대상으로 하는 무차별적인 폭력을 동원해서라도 자신들의 뜻을 관철시키고자 한다. 그러나 이런 정치적 이슬람주의자들은 전체 이슬람에서 상당히 작은 지분을 차지하고 있으며, 전 세계 대다수의 무슬림들은 이들의 테러 활동에 반대하고 있다.

지금까지 서로 그 뿌리를 공유하고 있다고 볼 수 있는 유대교, 기독교, 이슬람교의 관계를 살펴보았다. 이 세 종교 중에서 유대교는 시기적으로 가장 앞서 생겨났기에 아브라함의 종교들 중 일종의 원형(原型)으로서의 지위를 갖고 있다고 할 수 있다. 그러나 민족 종교의 성향이 강한 유대교는 탈민족적 보편 종교로 확장해나가는 데 상대적으로 한계가 있었다. 반면 유대교보다 후발 주자인 기독교와 이슬람교는 각기 앞서 등장한 종교를 대체하고자 하는 한편으로 발생 초기 단계부터 보편 종교를 지향해 비교적 빠른 속도로 그 세를 확장시켜나갔다. 그 결과 기독교와 이슬람교는 오늘날 세계에서 가장 많은 신도를 확보하고 있는 종교들로 성장해왔다.

4. '동양'의 종교들: 힌두교, 불교, 유교

'아브라함의 종교'에 속하는 유대교와 이슬람교가 역사적 · 문화적으로 기독교와 그 뿌리를 공유하면서 오랫동안 경쟁 내지는 갈등 관계에 있었다면, 힌두교나 불교, 유교 등의 '동양' 종교들은 서양 제국주의의 팽창 시기에 비교적 뒤늦게 기독교와 조우했다고 할 수 있다. 그런데 여기엔 두 가지 유의할 점이 있다. 하나는 한국을 비롯한 동아시아 및 남아시아권의 맥락에서 '기독교'를 논할 때 흔히 유럽과 북미에서 전파된 서방 교회 전통에 국한해서 말하기 쉽다는 점이다. 이러한 발상은 일찍이 콘스탄티노플(오늘날 터키의 이스탄불)을 중심으로 동유럽과 러시아로 뻗어나간 '정교회(The Orthodox Church)' 전통이나 시리아를 중심으로 동방으로 전파된 기독교의 분파들, 예컨대 1세기경 인도에 전파된 것으로 추정되는 '성 도마(St. Thomas) 교회'나 8세기경 중국에까지 그 영향력을 끼쳤던 '네스토리우스교(Nestorianism)' 혹은 '경교(景敎)' 등은 간과하는 것이라 할 수 있다. 그렇지만 아쉽게도 동방 교회 전통에 대한 연구는 상대적으로 부족한 실정이며, 더군다나 이들이 불교나 유교와 같은 다른 '동양' 종교들과 실제 어떤 교류 혹은 상호작용을 주고받았는지에 대해서는 알려진 바가 그리 많지 않다. 이러한 한계를 십분 인정하면서 여기서는 주로 서방 기독교 전통과의 관계 속에서 여러 '동양' 종교들을 살펴보기로 하겠다.

이와 연관 지어 또 하나 짚고 넘어가야 할 것은 오늘날 '동양'의 종교를 논할 때 제국주의와 식민주의의 시기를 거치면서 형성된 동서양 간의 지식과 권력의 불균형이라는 역사적 현실을 고려하지 않을 수 없다는 점이다. 보통 힌두교나 불교, 그리고 유교나 도교 등 여러 '동양' 종교들을 개론적 차원에서 소개할 때 종종 해당 전통의 창시자 혹은 지도자들의 일대기를 재구성하고 주요 경전에 담겨 있는 가르침들을 간략하게 정리한 후 그 종교의 분파나 하위 집단이 역사적으로 전개된 과정을 서술하곤 했다. 그러나 포스트콜로니얼리즘의 관점에서나 지식-권력의 연결 관계에 주목하는 계보학적 관점에서 볼 때 앞서와 같은 방식으로 '동양' 종교를 서술하는 것은 다분히 서구의 시각에서 유대-기독교 전통을 일종의 '종교' 원형이나 기준으로 상정해놓고 이에 견주어 다른 종교들을 비교하는 것이라는 비판에서 자유로울 수 없다. 실제 서양의 무역상과 관료들, 그리고 기독교 선교사나 학자들이 '동양'에 도착해 본격적으로 '종교' 문제를 논하기 전까지 동아시아나 남아시아의 맥락에선 '서양'에서 말하는 '종교' 개념은 존재하지 않았다. 다시 말해 기독교와 조우하기 전의 '동양'에서는 조직적으로 정리된 신학 체계, 공식적으로 합의된 정경(正經, canon), 중앙집권적이고 위계화된 종교 조직 체계, 그리고 타종교에 대한 공격적 배타주의 등은 비교적 낯선 개념들이었다고 할 수 있다. 따라서 오늘날 우리가 알고 있는 힌두교나 불교, 유교 등은 근대 이후 서양에서 전래된 기독교와 경쟁하거나 갈등하면서 여러 번의 절충과 협상을 통해 재구성된 '종교'들이라고 할 수 있다.

힌두교

그럼 이제 이러한 지식-권력의 연결 관계에 관한 민감성을 놓지 않은 채 몇몇 주요한 '동양' 종교들을 살펴보기로 하자. 앞서 언급된 퓨 리서치 센터의 통계에 따르면 오늘날 전 세계 종교 인구 분포에서 기독교와 이슬람교 다음으로 많은 수의 신도를 확보하고 있는 종교는 힌두교다. 그런데 이 '힌두교'라는 개념을 액면 그대로 받아들인다는 것 자체가 난감한 일이다. 일단 '힌두(Hindu)'라는 말은 페르시아어 '신두(Sindhu)'에서 유래된 것으로 이는 원래 인도 서쪽의 무슬림들이 인더스강 건너편, 그러니까 오늘날의 인도 북서 지역에 사는 사람들을 지칭하는 말이었다고 한다. 그러다가 13세기에 이르러 이슬람 세력이 인도로 본격 진출하면서 문화적으로나 언어적으로 아주 다양한 집단들을 한데 묶어 힌두라는 말로 부르게 되었다. 그리고 18세기부터는 동인도회사를 앞세워 인도에 진출한 영국 제국이 이 말을 그대로 이어받아 비(非)무슬림 인도인들을 통칭하는 개념으로 사용하기 시작했다. 바꿔 말하면 외부에서 온 세력들이 자신들 편의에 따라 인도라는 넓은 땅에 거주하는 다양한 피지배 집단들을 힌두라는 범주에 욱여넣은 셈이다.

이런 시각에서 보면 '힌두교'라는 단일 종교가 존재한다는 발상 자체가 어떤 의미에선 애초부터 억지스러운 것이라고 할 수 있다. 영국이 인도를 식민지로 지배하던 시절 서양에서 온 관찰자들은 주로 브라만(Brahamin) 계층에 속하는 현지 지식인들의 도움을 받아 힌두교의 정수만을 뽑아 간결하게 정리했다고 한다. 그래서 당시 주로 인도 북부에 거주하던 브라만 계급의 신앙과 실천이 오늘날 알려져 있는 힌두교의 모습을 결정짓게 되었다고 할 수 있다. 그래서 흔히들 힌두교는 기본적으로 다신교 전통이지만 그 수많은 신들 중에서도 특히 창조의 신 브라흐마(Brahma), 보존의 신 비슈누(Visnu), 파괴의 신 시바(Shiva) 이 세 신이 가장 높은 위격을 차지하고 있다고 알려져 있다. 또한 힌두교 전통에서는 모든 개별 영혼들이 윤회(輪廻, samsara)의 굴레에 갇혀 삶과 죽음과 환생을 반복하는데, 지속적으로 요가 수행을 하고 좋은 업보(業報, karma)를 쌓으면 언젠가 결국 이 윤회의 굴레에서 탈피하여 해탈(解脫,

moksha)에 이르게 된다고 믿는다는 이야기가 상식처럼 퍼져 있기도 하다. 물론 힌두교에서 이런 요소들을 전혀 찾아볼 수 없다고 할 수는 없을 테지만, 그렇다고 해서 힌두교에 속한 모든 사람이 이런 생각들을 공유한다고 하기에는 무리가 있다. 앞서 말했다시피 '힌두교'라는 범주는 애초부터 워낙 여러 종교적 흐름들을 임의로 묶어놓은 것이기에 그 안에는 그처럼 간단하게 정형화시키나 단순화할 수 없는 다양한 신관과 세계관, 그리고 신앙과 실천 체계들이 체계화되어 있지 않은 상태로 공존하고 있다고 할 수 있다.

그러나 영국의 식민지 시기부터 형성된 '힌두교'라는 개념은 시간이 지남에 따라 인도 민족주의와 결합하면서 점차 역사적 실체성을 띠게 된다. 실제로 1923년 당시 독일에서 막 태동하기 시작한 나치즘의 영향을 받은 인도의 힌두교 극우 사상가들은 민족봉사단(Rashtriya Swayamsevak Sangh: RSS)이라는 단체를 조직해 힌두교의 가치와 정신 아래 타 문화와 타 종교에 배타적인 민족 정신을 고취시키고자 했다. 그래서 이들은 인도에 사는 다양한 종교적 · 인종적 집단에게 힌두어를 익히고 힌두교의 가르침을 따름으로써 힌두 문화에 동화될 것을 종용했다. 1947년 인도가 영국의 지배로부터 독립하고 동시에 무슬림이 대다수인 파키스탄과 분리되면서 인도 내에서 이런 힌두 우파 운동은 점점 더 기세가 등등해졌다. 그래서 그 다음해인 1948년에는 힌두교와 이슬람교 간의 평화로운 공존을 주장하던 마하트마 간디(Mahatma Gandhi)가 힌두 극우주의자의 손에 의해 암살되었는가 하면, 그보다 약 반세기가량 지난 2002년에는 구자랏(Gurajat) 지역에서 반이슬람 정서에 휩싸인 힌두 폭도들이 수천, 수만 명의 무슬림들을 상대로 무차별적인 학살, 약탈, 강간, 방화를 벌이기도 했다. 그럼에도 불구하고 이들 힌두 극우주의의 흐름에 편승한 인도 인민당(The Bharatiya Janata Party)은 거듭된 정치적 도전 끝에 1998년 처음으로 의회에서 다수 석을 얻은 것을 시작으로 2002년 구자랏 폭동 당시 해당 지역 주지사였던 나렌드라 모디(Narendra Modi)의 지도 하에 2014년 다시 선거에서 승리한 후 2019년 현재까지도 계속해서 정치적 우세를 유지하고 있다. 애초에 그 실체조차 불분명했던 '힌두교'라는 개념이 오늘날 인도에서 종교에 기반한 정치 이데올로기로 버젓이 현실 정치에서 작동하고 있는 것이다.

불교

같은 인도 문화권에서 배태되었다 해도 불교의 경우엔 힌두교 전통에 비해 훨씬 더 근대 서구의 계몽주의적 관점에서 기독교, 그중에서도 특히 개신교를 기준으로 상정한 종교 모델에 근접한 모습을 띠고 있다고 할 수 있을지 모르겠다. 일단 불교 전통에서는 이 종교의 창시자이자 출발점으로 붓다 석가모니라는 인물을 적시할 수 있다. 뿐만 아니라 그의 가르침과 행동을 기록하고 그의 정신을 해석한 정경이 확립되어 있다. 그리고 비록 여러 분파나 학파로 갈라져 있어 각기 중요시하거나 강조하는 바가 다를지라도 어쨌든 공통적으로 붓다의 가르침을 믿고 따르는 '승가(僧迦)'라는 공동체가 존재하고 있다. 게다가 불교에서는 감정에 휩쓸리지 말고 합리적인 사실 규명에 근거해 이성적으로 판단할 것을 가르치는 만큼 근대 과학적 계몽주의 사고방식과도 어느 정도 통하는 면이 있다고 할 수 있다.

그래서인지 이제껏 서양의 동양학(Oriental studies) 연구자들은 불교를 종종 동양의 '이상적 타자(the desirable other)'로 대해왔고, 역으로 그런 기대에 부응이라도 하듯 동양의 불교 사상가들 역시 불교와 기독교의 유사성을 강조하거나 서양의 현대 철학 혹은 심리학과 대화하는 데 관심을 기울여왔다. 예컨대 어떤 이들은 힌두교와 불교의 관계를 서방 기독교 역사에서의 천주교와 개신교 관계에 빗대어 붓다를 독일의 개신교 종교 개혁가인 마르틴 루터(Martin Luther)에 비교하는가 하면, 다른 이들은 서양 중세 시기 독일에서 활동했던 천주교 신비주의자 마이스터 에크하르트(Meister Eckhart)의 가르침을 붓다의 그것과 일맥상통한 것으로 해석하기도 했다. 다시 말해 외면적 행위보다는 인간 내면을 더 중요시한다는 점에서 붓다와 루터가 닮아 있고, 기독교 신비주의 전통에서의 신인합일(神人合一) 체험이 무아(無我)와 초월(超越)의 상태로 이르게 한다는 점에서 인간적 집착과 분별하는 마음으로부터 자유로워야 한다는 불교의 공(空) 사상과 그 뜻이 통한다는 식이다. 덧붙여 세상 모든 만물은 생멸(生滅)하기 마련이고 고정된 주체로서의 '나'란 없다고 가르치는 불교 사상은 근대의 확고한 주체 의식에 기반한 인식론이나 존재론에 의문을 표하고 그것을 해체하려는 서양의 여러 현대 철학자들에게 많은 영향을 주었다.

그러나 이처럼 불교의 철학적 측면과 내면 수행을 강조하는 흐름은 출가자 중심의 테라바다(Theravada) 불교 혹은 상좌부(上座部) 불교를 이상화시켜 '동양'적 신비주의의 틀에 가두는 한편 불교의 현실적 측면, 즉 불교의 사회 참여 전통이나 생활 종교(lived religion)적인 측면은 상대적으로 간과하고 있다는 비판으로부터 자유롭지 못하다. 서양의 지성인들은 종종 경전 중심으로 붓다의 가르침을 접하고 명상 수행 위주로 불교를 체험할 가능성이 크다. 그러나 실제 불교의 영향력이 지배적인 사회에서는 승려들이 현실 정치에 깊숙이 개입하기도 하며, 한국의 호국불교(護國佛敎) 전통에서 볼 수 있듯이 출가자들이 불살생(不殺生)의 계를 어기면서까지 적극적으로 국가 안보의 보호자로 나서기도 했다. 게다가 생활 종교로서의 불교는 기복(祈福)적이거나 종교 혼합주의적 요소들도 많이 갖고 있다. 예를 들어 대학 입시 철에 학부모들이 절에 가서 자식들이 좋은 성적을 받기를 기원하며 불공(佛供)을 드린다든지, 집안에 우환이 있거나 큰 결정을 내려야 할 때 절에 가서 부적을 받아오고 점을 치는 행위는 기복적 불교라 할 수 있다. 그런데 이런 대중적 불교의 모습은 이상화된 불교관을 갖고 있는 이들에게 원시 불교의 가르침에서 타락한 것으로 비치기 쉽다. 서양에서 그려온 불교의 이미지가 아무리 긍정적인 것이라 해도 결국엔 자신들이 보고 싶은 이미지를 투사한 것이라는 점에서 이 또한 오리엔탈리즘의 한 형태에 불과하다는 비판을 가할 수 있다.

유교

마지막으로 비록 세계 종교 인구에서 차지하는 비중을 놓고 따지면 지금까지 언급된 종교 전통들에 비해 훨씬 그 수는 적지만 한국 문화의 맥락에서 나름 특수한 위치를 점하고 있는 유교에 대해서 간략하게나마 훑어보기로 하자. 먼저 근현대 한국 사회에서 유교는 그 생명력이 현저히 약화되었다는 것은 부인할 수 없는 사실이다. 정부 집계에 따르면 1985년만 해도 한국에서 자신의 종교를 유교라고 밝힌 이들이 거의 50만 명(당시 인구의 약 1.2%)에 이르렀다고 한다. 하지만 그보다 30년 후인 2015년에는 그 수가 겨우 7만 6,000명 정도로 전 인구의 0.2%밖에 되지 않는다. 게다가 이 소수만 남은 유교 인구의 평균 연령대도 상당히 높은 편이라 앞으로 한국 사회에서 유교는 거의 유명무실해질 것이라 봐도 그리 무리한 예측은 아닐 것이다.

조선 시대만 해도 국교(國敎)로서의 지위를 누리던 유교가 불과 백여 년 만에 급속도로 쇠퇴하게 된 데는 여러 가지 복합적인 요인들이 작용했을 것이다. 그중에서도 가장 중요한 이유를 꼽자면, 아무래도 조선 후기 들어 여러 유교 학파들 중 가장 경직되고 폐쇄적인 주자학이 득세하는 가운데 서양으로부터 유입된 기독교와 근대 과학 기술의 거센 도전에 제대로 대응하지 못한 것을 들 수 있을 것이다. 유학자들 가운데서도 실학파 같은 경우는 비교적 개방적인 태도를 취해 일정 부분 서양의 과학 기술을 수용하고자 했고, 심지어 그중 일부는 중국 청나라를 통해 소개된 천주교와 적극적으로 소통하고자 했다. 하지만 기독교에서는 초월적 하나님과 죄에 물든 인간 사이의 극명한 차이를 전제로 예수 그리스도라는 외재적 구원자의 필요성을 강조하는 데 비해 유교에서는 하늘의 도(天道)와 사람 본성(人性) 간의 일치 및 조화를 전제로 자립적 수양을 강조한다는 근본적인 차이가 있었다. 게다가 천주교로 개종한 이들이 조상에 대한 제사를 우상 숭배로 취급해 거부하자 제사를 조상과 후손 간의 유대를 강화하는 데 필수적인 의식으로 여겼던 대다수의 유학자들은 소위 서학(西學)이라는 것을 전면적으로 거부하고 탄압했다. 그러다가 19세기 중후반에 서구 열강의 동아시아 진출이 본격화되고 조선 역시 힘의 논리에 따라 어쩔 수 없이 개방의 길을 걷게 되면서 구체제를 떠받치던 유교는 급속도로 그 설득력을 잃게 됐다.

그러나 비록 종교로서의 유교는 그 세가 많이 약화되었다 해도, 오랫동안 한국 문화 저변에 깊숙이 자리 잡아 온 유교적 가치관과 사고방식은 한국의 기독교계를 포함하여 사회 곳곳에서 아직까지 어느 정도 그 영향력을 발휘하고 있다고 할 수 있다. 그래서 어떤 이들은 성평등 실현을 가로막는 가부장제나, 개인의 자유를 뒷전으로 하고 대신 공동선(共同善)만 우선시하는 공동체주의적 사고방식 등을 유교 문화의 탓으로 돌리면서 하루빨리 한국 사회가 이러한 과거의 폐단과 결별할 것을 요구한다. 그런데 또 다른 이들은 이제껏 서구 근대성에 의해 촉발된 자본주의와 개인주의가 여러 가지 문제점을 만들어낸 만큼, 그 폐해를 없애기 위해 유교식 공동체주의의 전통을 비판적으로 계승해 보다 나은 미래로 나아가기 위한 발판으로 삼자고 제안하기도 한다. 이변이 일어나지 않는 이상 종교 전통으로서의 유교는 점차 그 힘을 잃어갈 가능성이 크지만 앞으로 한국 사회가 유교 문화의 적폐를 어떻게 극복하고 또 어떻게 그 자원을 선용(善用)해나갈지는 두고 볼 일이다.

5. 종교 이해 높이기

이 장에서는 세계와 한국의 종교 지형을 간략하게 스케치해보고 기독교를 중심에 놓고 이와 역사 · 문화적으로 관련이 있는 이웃 종교 전통들을 살펴보았다. 오늘날 세계 종교 인구의 절반 이상을 차지하며 세계 곳곳에서 일어나는 종교 갈등의 당사자이기도 한 아브라함의 종교들, 즉 유대교와 기독교, 이슬람교는 상호 오랜 갈등과 차별화의 역사에도 불구하고 의외로 많은 공통점을 갖고 있음을 확인할 수 있었다. 그리고 기독교, 이슬람교와 더불어 오늘날 세계 4대 종교로 꼽을 수 있는 힌두교와 불교 같은 '동양'의 종교들은 서구의 제국주의가 팽창하던 시절 유럽과 미국에서 전파된 기독교와 접촉하고 교류하고 경쟁하는 과정 속에서 어떤 의미에서 새롭게 '만들어진 전통'임을 살펴보았다. 마지막으로 이러한 세계의 주요 종교들에 비해 그 세력이나 영향력 면에서는 떨어지지만 한국과 동아시아의 종교적 맥락에서 특수한 위치를 차지하고 있는 유교의 경우엔 그야말로 종교 전통의 흥망성쇠가 변화무쌍함을 잘 보여준다고 할 수 있다.

각기 수천 년의 역사를 갖고 있는 종교 전통들을 이렇게 주마간산 격으로 훑어보는 것은 이들을 이해하는 데 분명 한계가 있을 것이다. 그럼에도 한국을 포함하여 지구촌 곳곳에서 고조되고 있는 종교적 긴장과 갈등을 염두에 둔다면 이렇게라도 세계 종교의 지형과 역사적 관계를 살펴보는 것은 오늘날 세계를 살아가는 우리 모두에게 중요한 일이라 할 수 있을 것이다. 따라서 이 기회를 통해 비종교인이라면 종교인들의 삶의 자리와 그들이 속해 있는 문화적 전통의 무게를 음미해보고, 종교인이라면 이웃 종교인들의 신앙과 종교적 실천에 담긴 의미와 가치를 곱씹어보았으면 좋겠다.

제1부에서 인용된 책들과 더 읽을 책들

금장태(2014). 『한국 유교의 정신』. 세창.

길희성(2018). 『종교에서 영성으로: 탈종교 시대의 열린 종교 이야기(개정판)』. 북스코프.

류경희(2013). 『인도의 종교와 종교문화』. 서울대학교출판문화원.

오강남(2013). 『세계종교 둘러보기』. 현암사.

이기영(1998-1999). 『불교개론 강의 上/下』. 한국불교연구원.

이희수(2011). 『이슬람: 9 · 11 테러 10년과 달라진 이슬람 세계』. 청아.

차옥숭(2014). 『예루살렘 성지 · 전장』. 그린비.

Freud, Sigmund (2003). 『문명 속의 불만(*Das Unbehagen in der Kultur*)』. 김석희 옮김. 열린책들. (원저는 1930년에 출판).

Jung, Carl G. (2001). 『심리학과 종교(*Psychology and Religion: West and East*)』. 이은봉 옮김. 창. (원저는 1969년에 출판).

King Fahd Complex for the Printing of the Holy Qur'an (ed.). (1997). 『성 꾸란: 의미의 한국어 번역(*The Qur'an*)』. 최영길 옮김. 파하드국왕꾸란출판청. (원저[이슬람 역]는 1417년에 출판).

Sharma, Arvind, & Harvey G. Cox, 阿部正雄, 杜維明, 劉笑敢, Jacob Neusner, & Seyyed H. Nasr (2013). 『우리 인간의 종교들(*The World's Religions: A Contemporary Reader*)』. 이명권 · 최수빈 · 박태식 옮김. 소나무. (원저는 2011년에 출판).

Smart, Ninian (2000). 『종교와 세계관(*Worldviews: Crosscultural Explorations of Human Beliefs, 3rd Ed.*)』. 김윤성 옮김. 이학사. (원저는 1999년에 출판).

제2부

기독교 경전의 이해

제4장

성서

1. 성서는 어떤 책일까

성서는 기독교의 경전이지만, 단순히 종교적 차원을 넘어 서구인의 삶 속에 깊이 뿌리내려 있다. 근대 민주주의 정치 이념의 토대를 이루는 천부인권 사상, 단테, 밀턴, 블레이크, 도스토예프스키 같은 빛나는 작가들의 문학 작품과 렘브란트, 바흐 등으로 대표되는 서구 음악과 미술 작품 속에도 성서의 이야기들은 깊이 스며들어 있다. 'Bible'이라는 영어 단어는 '문서', '문헌'을 뜻하는 그리스어 '비블로스(βίβλος)'에서 유래했고, 그 앞에 늘 정관사 'the'가 붙어서 'the Bible', '그 문헌'이라는 식으로 말하는 셈이다. 이는 '그 문헌'이라고 하면 여러 문헌들 중에서 곧바로 성서를 떠올릴 정도로 서구인들의 역사와 문화 속에서 성서가 중요한 의미를 지녀왔다는 것을 의미한다. 이것은 비단 서구만의 이야기가 아니다. 근대 이후 서구 문화가 세계를 지배하면서 우리에게도 성서는 점차 문화적 자산의 일부가 되어가고 있다. 이러한 의미에서 반드시 기독교인이 아니라 하더라도 성서에 대한 이해는 인간과 세계에 대한 이해의 폭과 깊이를 더해줄 수 있다.

성서는 고대 이스라엘과 초대 교회라는 구체적인 사회적 실체의 삶과 깊이 연루되어 있다는 점에서 역사적 특수성을 지닌다. 그러나 성서는 몇몇 문학적 천재들의 작품이 아니라, 수천 년에 걸쳐 삶의 밑바닥에서 삶을 살 만한 것으로 이해할 수 있는 '설득력의 구조', 즉 '희망'을 만들어온 사람들의 이야기다. 이 때문에 성서는 고대 이스라엘과 1세기 지중해 연안이라는 시공간적 한계를 넘어, 고통과 시련 가운데서 삶을 지탱해온 수많은 사람들에게 마르지 않는 지혜의 샘물이 되어왔다. 말하자면 성서는 역사적 특수성을 지니면서 동시에 시공간을 초월한 보편성을 지닌다는 것이다. 아마도 이것은 기독교 성서만이 아니라 '중심이 되는 지혜', '큰 가르침', 즉 모든 '종교(宗敎)'가 지니는 기본적인 특징이라고 할 수 있을 것이다.

성서는 고대 수천 년에 걸친 역사 속에서 이루어진 특정 인간 집단과 그들의 하나님 사이의 만남의 경험을 기록한 책이다. 크게 보면 구약성서는 고대 이스라엘의 형성과 소멸을 그들의 신 야웨 하나님과의 관계 속에서 기술한 책이라고 할 수 있다. 또한 신약성서는 새로운 하나님의 백성인 교회의 성립과 그 기원이 되는 예수 운동에 대한 이야기라고 할 수 있다. 이런 의미에서 성서는 일차적으로 역사 문헌이다. 그런데 모든 역사 기술에는 특정한 의도나 역사관이 있게 마련이다.

그렇다면 역사 문헌으로서 성서는 어떠한 역사관을 드러내는가? 우선 성서에서 역사의 주체는 지배 계급도, 민중도, 또 남성도, 여성도 아니다. 성서는 철저하게 하나님이 역사의 주인이라는 확신을 바탕에 깔고 있다. 그러므로 성서 역사 기술의 가장 중요한 특징은 신앙 고백으로서의 역사 기술이라는 것이다. 가령 구약성서 안에는 왕실 역사 문서도 포함되어 있는데, 이런 것들까지 포함해서 근본적으로 하나님이 모든 피조물을 창조하셨고, 또 시간의 주인, 역사의 주인이라는 인식이 성서의 근저에 깔려 있다. 이것은 근대적 의미에서의 역사 기술, 즉 실증적이고 소위 객관적인 역사 기술과는 전혀 다른 방식의 역사 기술이다. 그러므로 성서의 신앙 고백을 받아들일지 여부를 떠나서 일단 성서가 신앙 고백으로서의 역사, 따라서 객관적이고 실증적인 역사가 아니라 주관적이고 구체적인 목적과 의도가 있는 역사 기술이라는 점을 염두에 두어야 한다.

그리고 역사의 주인이 하나님이라는 신앙 고백은 성서 안에서 구체적으로 세상의 가난하고 약한 사람들을 하나님이 구원하시는 이야기로 펼쳐진다. 사실 성서는 어느 한 사람, 또는 한 집단에 의해 쓰인 작품도 아니고, 시대적으로도 아주 오랜 세월에 걸쳐 형성된 문헌이다. 그래서 성서 안에는 서로 조화될 수 없는 모순된 내용들이 많이 있다. 그러나 전체적으로 보았을 때 성서 역사 기술의 한 가지 중요한 특징은 가난하고 억압받는 사람들의 관점에서, 다시 말해 아래에서부터의 관점에서 쓰였다는 것이다. 아마도 이것이 역사의 주인은 하나님이라는 성서의 신앙 고백의 실질적인 의미일 것이다.

구약성서는 당시 고대 근동의 대제국이었던 이집트의 압제 아래 신음하고 있던 노예들, 하층민들의 해방 사건을 원체험으로 이야기하고 있고, 신약성서는 예수가 벌인 하나님 나라 운동을 원사건으로 기술하고 있다. 출애굽 사건과 하나님 나라 운동, 이 둘은 모두 가난하고 억압받던 사람들, 시대와 인간 삶의 모순이 집약되는 가장 낮은 곳에 있는 사람들이 자기 삶의 주인이 되는 이야기를 핵으로 하고 있다. 그러므로 앞서 언급한 하나님 중심적 역사 기술이라는 성서의 일차적인 특징은 실질적으로는 민중 해방적이고 약자 중심적인 역사 기술이라는 의미로 이해할 수 있을 것이다. 이것은 권력을 가진 자, 가령 왕이나 귀족 중심의 역사 기술이 지배적이었던 고대의 일반적인 역사 기술과 비교해보면 매우 두드러지는 성서의 특징이다. 아마도 성서 역사 기술의 신 중심적 특징이 현실 권력을 탈신성화하는 효과를 가져왔다고 말할 수 있을 것이다.

2. 성서는 어떻게 읽어야 할까

성서는 어떤 문헌으로 보고 읽느냐에 따라서 그 의미가 아주 달라진다. 우선 기독교인에게 성서는 단순한 책이 아니라 경전이고, 기독교 신앙의 표준적인 내용을 담은 성스러운 책이다. 기독교인이라면 자신의 신앙과 실제 삶에서 생기는 여러 가지 물음들을 가지고 씨름하는 과정에서 성서와 만나게 된다. 이 경우는 '성서(聖書)'라는 말보다 '성경(聖經)'이라는 말이 맞다. 그러나 기독교인이 아닌 사람들도 신앙과 상관없이 나름대로의 이유에서 성서를 읽을 수 있다. 비기독교인에게 성서는 위대한 문학 작품 중에 하나일 수 있고, 또 역사가에게 성서는 그것이 관련되어 있는 각 시대의 삶을 들여다볼 수 있는 하나의 사료이기도 하다. 이러한 다양한 관점을 아우르는 포괄적인 하나의 관점이란 있을 수 없을 것이다.

앞에서 말한 것처럼 성서를 신앙 고백으로서의 역사로 읽어나갈 경우 성서 시대 사람들의 구체적인 삶의 이야기로 성서를 읽을 수 있다. 성서 속의 인간들이 주어진 삶의 조건에서 고통을 감내하며 어떠한 삶의 무늬들을 만들어갔는지, 고통 속에서도 삶을 살 만한 것으로 받아들이게 했던 설득력의 구조는 어떠한 것이었는지 발견할 수 있다. 이러한 것들은 기독교 신앙을 전제하지 않고도 역사적인 방법을 통해 알 수 있다.

문제는 성서를 역사적 관점에서 읽는 것이 자칫하면 오해를 불러일으킬 수 있다는 것이다. 왜냐하면 성서무오설(biblical inerrancy), 축자영감설(verbal inspiration)을 주장하는 사람들도 성서의 이야기들을 역사적 사실로 보기 때문이다. 그들은 성서가 한 자 한 자 영적인 감화를 받아 쓰인 하나님의 말씀이라고 주장하는데, 이때 '하나님의 말씀'이라는 것의 실질적인 의미는 문자 그대로 성서는 역사적 사실이라는 뜻이다. 문제는 성서가 말하는 내용이 과학적 사실과 모순된다고 해도, 또 오늘날의 일반적인 가치관이나 윤리의식에서 벗어난다고 해도(실은 이것이 더 문제가 된다) 역사적 사실성, 내지는 진실성을 주장한다는 것이다. 그러나 성서의 기술을 신앙 고백으로서의 역사라고 본다는 것은 성서의 내용을 쓴 사람들의 신앙이나 주관적인 생각, 그 시대의 가치관, 생활습관 등이 성서 기술에 결정적인 영향을 끼쳤다고 전제하는 것이다. 그러니까 성서 기술을 문자 그대로 사실 내지는 하나님의 말씀이라고 볼 수는 없다는 것이다. 이것은 설사 기독교인으로서 성서를 읽는다고 해도 마찬가지다. 기독교인에게도 성서는 하나님의 말씀이면서 동시에 인간의 말이기도 하다.

성서가 인간의 말이기도 하다는 사실을 무시하고 문자 그대로 하나님의 말씀으로 받아들일 경우 성서 자체의 굴곡과 왜곡의 역사를 무시하게 되고 결과적으로는 시대착오적이 되어버리고 만다. 성서를 자구적으로, 또 시간적인 간격을 무시한 채 이 시대에 적용한다는 것은 그렇게 하고 있다고 착각하는 사람들이 생각하는 것처럼 실제로 가능한 일이 아니다. 그들 자신이 이미 성서에서 무의식적으로라도 취사 선택을 하고 있기 때문이다. 예를 들어 구약성서의 정결법에 의하면 돼지고기를 먹을 수 없지만 오늘날 종교적인 이유에서 이것을 지키는 기독교인은 거의 없다. 오늘날 전쟁에서는 구약성서의 진멸법(殄滅法)을 지키지 않으며, 산상수훈의 과격한 윤리를 그대로 실천하지도 않는다. 결국 자기들 좋은 대로 선택해서 자구적으로 그 구절들을 적용하고 있다. 어떤 방식으로든 우리는 나름대로 자기 입장에서 '해석된 성서'를 읽고 있는 것이다. 그리고 이렇게 무의식적으로 우리가 하고 있는 취사선택은 많은 경우 우리들 자신의 자기중심성이나 식민주의, 인종차별, 성차별 같은 집단적인 그릇된 이데올로기들의 지배를 받는다.

역사적으로 기독교는 현실 세계의 잘못된 관습이나 정책, 이데올로기를 성서를 통해 정당화해온 경우들이 많다. 외견상으로는 성서를 하나님의 말씀이라고 추켜세우면서 실제로는 성서 해석을 독점한 사람들이 지배 집단의 이익에 봉사하기 위해 성서를 이용한 것이다. 오늘날 많은 한국 교회에서 여성 억압이나 노동자 탄압 등을 목적으로 성서를 이용하고 있는 것도 그 예라고 할 수 있다. 특히 가부장제처럼 역사가 긴 억압의 구조는 비단 과거 성서가 쓰일 당시의 문제일 뿐만 아니라 오늘날에도 문제가 되고 있다. 성서는 거의가 남성들의 손에 의해 쓰였고, 이 남성들은 가부장제 사회 속에서 자신들이 누리던 특권을 당연하게 생각했으며, 가부장제 사회의 요구에 맞는 여성을 이상적인 여성으로 생각했다. 성서는 직간접으로 이러한 가부장 문화의 영향을 반영하고 있다. 따라서 성서를 문자대로만 읽는다면 성서가 여성 억압을 정당화한다는 인상을 받게 되고, 종종 이것은 오늘날의 가부장제를 정당화하는 방편으로 사용된다. 이처럼 성서가 인간의 말이기도 하다는 사실을 무시한 채 문자 그대로 하나님의 말씀이고, 역사적 사실이라고 주장할 경우 사실 성서를 가지고 무슨 소리든지 할 수 있게 된다. 성서 자체가 수천 년의 역사 속에서 수많은 사람들의 손을 거쳐 형성되어온 것이고, 인간이 할 수 있는 온갖 종류의 말들이 뒤섞여 있기 때문이다.

성서는 고대 수천 년에 걸친 역사 속에서 이루어진 특정 인간 집단과 그들의 하나님 사이의 만남의 경험을 기록한 책이다. 당연히 성서는 그것이 기록된 당시의 문화적인 삶의 자리에 기초하고 있으며, 하나님의 음성은 그 시대의 소리로 들리게 된다. 앞에서 말한 자구적인 성서 이해의 근본적인 문제점은 그 시대의 언어라는 성서가 지니는 한계를 무시한다는 점이고, 구체적으로 이것은 수천 년 전 팔레스타인의 문화적 환경에서 기술된 내용을 시공간의 차이에서 비롯된 문화적인 가감 없이 그대로 받아들이려 한다는 점이다. 그러므로 일차적으로 중요한 것은 우선 성서가 지니는 문화적 · 시대적 한계들을 밝히는 일이고, 다음으로는 다양한 성서의 목소리 중에서 그 핵심적인 줄기가 무엇인가를 찾는 일이다.

성서를 비판적으로 읽는다는 것은 이러한 시대적 한계를 밝히고 성서의 진정한 목소리, 누구나 하나님의 밥상에 함께 앉을 수 있게 허락하고 하나님 나라의 구성원으로 받아들여준 예수와 초대 교회의 급진적 포용주의, 즉 '사랑'의 음성을 발견해내는 일이다. 성서는 인간과 인간의 구원에 관한 진리를 담은 책이지만 과학적으로, 또 역사적으로 많은 오류가 있는 책이다. 하나님의 진리는 인간의 불완전한 생각과 지식을 통해 알려지고 표현되고 기록되었다. 시대와 지역의 종교문화적 제약과 한계 속에서 성서의 저자들은 성서를 썼다. 따라서 성서에는 하나님의 진리와 인간의 편견과 오류가 뒤섞여 있다. 우리는 성서에서 시대를 초월한 하나님의 진리와, 시대의 제약 속에 있는 인간의 편견을 구별할 수 있어야 한다. 그렇지 않으면 자유롭고 책임적인 신앙인이 될 수 없다.

3. 성서는 어떤 책들로 이루어져 있을까

오늘날 우리가 가지고 있는 성서 본문은 처음부터 그렇게 되어 있었던 것이 아니라 초기에 필경사들이 작성한 다양한 사본들을 본문학자들이 복잡한 본문 비평 작업을 통해 재구성해놓은 것이다. 그러므로 다양한 사본들이 어떤 과정을 거쳐서 현재 형태의 본문으로 고정되었는지, 그리고 더 중요하게는 성서의 다양한 본문들이 어떠한 역사적 · 사회적 · 정치적 배경 속에서 탄생했는지, 그 안에 깔려 있는 인간적 갈등과 욕망들, 그 가운데서 가령 하나님의 계시나 섭리가 구체적으로 어떠한 모습으로 나타났는지를 해석해내야 할 필요성이 생겨난다. 신구약성서 본문의 실제 내용에 들어가기 전에 성서 전체가 어떤 책들로 구성되어 있는지 살펴볼 필요가 있다.

구약성서

일반적으로 '성서'라고 할 때는 '구약성서(Old Testament)'와 '신약성서(New Testament)'가 포함된 기독교의 경전을 가리킨다. 이 중 신약성서는 기독교만의 경전이지만, 구약성서는 기독교 성립 이전부터 있었던 유대교의 경전이기도 하다. 이른바 '보편 종교'라고 할 수 있는 기독교가 '민족 종교'인 유대교의 이 경전을 받아들여 자신들의 성서로 포함시킨 것은 한편으로는 기독교가 유대교를 모태로 성립했다는 역사적 연속성 때문이고, 다른 한편으로는 유대교로부터 많은 사상을 이어받았기 때문이다. 초대 기독교인들은 구약성서의 많은 본문들, 특히 이사야서와 예레미야서를 비롯한 예언서 본문들이 예수 그리스도를 예언한다고 해석하고 구약성서를 경전으로 받아들였다. 이슬람교 역시 구약성서의 예언자들을 무하마드의 선구자로 보았고, 구약성서의 일부(오경과 시편)를 자신들의 경전으로 받아들였다. 따라서 구약성서는 셈족에게서 기원한 세 종교, 즉 유대교, 기독교, 이슬람교 공통의 모체이며, 공통의 정신적 원천을 이룬다고 할 수 있다.

원래 '구약(舊約)'이라는 말은 옛 계약, 즉 야웨 하나님이 모세(Moses)를 통해 이스라엘과 시내산에서 맺은 계약(출애굽기 19-24장)을 가리킨다. 이후 이스라엘의 죄로 인해 이 계약이 파기되었을 때 예언자 예레미야(Jeremiah)는 시내산 계약을 대체하는 '신약(新約)', 즉 새로운 계약이 맺어져서 구원이 실현된다고 예언했다(예레미야 3:31-34). 기독교인들은 예레미야가 예언한 그 새로운 계약이 예수 그리스도에게서 성취되었다고 믿었다(누가복음 22:20; 히브리서 8:7-13). 이 때문에 기독교에서는 예수 이전 유대교의 이 문서들을 구약성서라고 부르고, 예수 이후 그에 대한 문서들을 신약성서라고 불렀다. 이렇게 보면 구약성서, 신약성서라는 명칭은 기독교의 입장에 근거한 것이다. 유대교 입장에서 보면 당연히 구약성서라는 말은 성립하지 않으며, 따라서 그들은 유대교 경전을 구성하는 세 부분, 즉 '오경(Torah, 토라, 율법서)', '예언(Neviim, 느비임)', '성문서(Ketuvim, 케투빔)'를 나타내는 히브리어 각 첫 글자들을 취해서 '타나흐(Tanakh)' 또는 '읽어야 할 것'이라는 뜻으로 '미크라(Mikra)'라고 칭한다. 이러한 이유 때문에 오늘날 학계에서는 구약성서라는 명칭보다 '히브리 성서(The Hebrew Bible)', 또는 '유대교 성서(The Jewish Bible)'라는 명칭을 많이 사용한다. 그러나 이 책에서는 혼란을 피하기 위해 '구약성서'라는 통상적인 명칭을 사용한다.

일반적으로 개신교에서 구약성서라고 할 때는 히브리어로 쓰인 마소라(Massora) 텍스트에 포함된 39권을 가리킨다. 그러나 로마 가톨릭과 성공회에서는 구약성서의 그리스어 번역본인 70인 역과 라틴어 번역본인 불가타(Vulgata)에 들어 있는 문서들도 구약성서에 포함시킨다. 이렇게 70인 역에는 들어 있지만 마소라 텍스트에는 포함되지 않은 책들을 '외경(外經)'이라고 하는데, 가톨릭에서는 이 책들을 '제2경전'이라고 하여 포함시켰으나 루터가 이를 제외해서 개신교에서는 경전으로 받아들이지 않는다. 우리나라에서는 1977년 개신교와 가톨릭의 공동 작업에 의해 번역된 『공동 번역 성서』에 이 구약성서 외경이 들어 있다.

앞서 제시한 신앙 고백으로서의 역사라는 관점에서 구약성서를 살펴보면, 구약성서는 아브라함, 이삭, 야곱으로 대표되는 부족 시대의 족장사, 이후 이스라엘 민족의 형성과 가나안 정착, 다윗 솔로몬 왕국 건설과 분단, 왕국의 멸망, 바빌론 포로, 그리고 페르시아의 지배를 받을 때까지의 민족사를 그리고 있다. 이러한 구약성서의 역사 기술과 관련하여 구약성서의 주요 세 부분을 다음과 같이 설명할 수 있다. 첫 번째는 '오경(토라, 율법서)'인데, 이는 유대인들이 구약성서 중에서도 가장 중요하게 여기는 책들로 창세기, 출애굽기, 레위기, 민수기, 신명기가 포함된다. 오경은 이스라엘 선조인 아브라함과 이삭, 야곱의 이야기(창세기)에서 시작해 그 후손이 이집트 노예 생활로부터 해방되어 '젖과 꿀이 흐르는' 가나안 땅에 도착하기까지 초기 역사를 그리고 있다. 오경의 중심에는 좁은 의미의 '율법'(출애굽기 20장-민수기 10장), 즉 하나님과 이스라엘 사이의 계약 체결과 그 계약의 내용이 나오는데, 이것은 가나안으로부터 이집트로(창세기), 그리고 이집트로부터 다시 가나안으로(출애굽기, 민수기) 가는 이스라엘 역사의 전개 안에 자리 잡고 있다.

구약성서에서 오경에 이어 두 번째로 큰 부분은 '예언서(느비임)'다. 예언서는 '전기 예언서'와 '후기 예언서'로 구분된다. 여호수아, 사사기, 사무엘 상하, 열왕기 상하가 전기 예언서에 속하고, 이사야, 예레미야, 에스겔, 그리고 12 소예언서가 후기 예언서에 속한다. 예언서 중에서 여호수아서부터 에스더서에 이르는 12권은 이스라엘의 정착에서부터 페르시아 시대에 이르기까지 이스라엘 역사를 기술하고 있으며, 예언자들의 책 역시 북왕국 이스라엘이 멸망하는 기원전 8세기부터 남왕국 유다가 멸망한 이후인 기원전 4세기에 이르기까지 국가의 멸망이라는 절체절명의 위기에 등장했던 예언자들의 예언 내용을 기록하고 있다. 이들은 하나님의 심판이라는 종말론적 기준에 따라 이스라엘 역사의 의미를 해석하고, 위기에 직면하여 역사의 희망이 어디에 있는지 제시했다. 따라서 예언서 역시 이스라엘 역사의 흐름을 떠나서는 이해할 수 없다.

구약성서에서 세 번째로 큰 부분인 '성문서(케투빔)'는 보편적인 인간의 문제를 다룬다는 점에서 구체적인 이스라엘 역사와의 관련성이 상대적으로 덜한 일종의 종교 문학이라고 할 수 있다. 그러나 종교적 시가들로 이루어진 시편의 경우도 이스라엘 역사의 특정 시대에 일어난 사건(예를 들어 출애굽, 다윗 시대, 바빌론 포로)을 주제로 하고 있는 경우가 많으며, 잠언과 전도서 역시 이스라엘 역사 속에서 지혜롭다고 알려진 솔로몬 왕의 이름을 빌어 일종의 인생 철학을 전개하고 있다.

이렇게 보면 구약성서의 내용은 앞서 설명했듯이 역사 속에서 고대 이스라엘인들이 자신들의 하나님을 만나고 경험한 내용을 기록한 것이라고 말할 수 있다. 하나님과 인간의 만남의 기록인 것이다.

신약성서

신약성서 27권이 현재와 같은 형태로 확정된 것은 393년 북아프리카의 히포 공의회(Concilium Hipponense)에서였다. 동방 교회에서는 이보다 훨씬 늦게 10세기 이후에야 현재와 같은 신약성서가 공포되었다. 그러나 신약성서 각 문서가 실제로 쓰인 것은 50년 무렵부터 늦어도 2세기 전반이었다. 따라서 신약성서 각 문서가 쓰인 시기는 기독교 전체로 보면 아직 확립의 도상에 있던 시기였고, 기독교가 자신의 정체성을 형성하고 살아남고자 악전고투하던 시기였다고 말할 수 있다.

그렇다면 기독교는 언제 그 모태였던 유대교로부터 떠나 자신의 두 발로 서게 되었을까? 기독교라고 불리게 된 종교가 그 기반인 유대교로부터 의식적으로 자신을 분리하기 시작했던 것은 70년부터 1세기 말경이었고, 그것도 점진적으로 이루어졌다. 그때까지 기독교는 유대교 내부의 개혁 운동의 하나였다. 분리의 과정에서 결정적이었던 사건은 66-70년에 있었던 유대 전쟁이다. 66-70년 로마와의 전쟁에서 패배함으로써 유대인들은 돌이킬 수 없는 상처를 입었다. 예루살렘 성전은 파괴되었고, 이것은 성전을 물적 토대로 삼아 권력을 행사했던 성전 지배 체제의 몰락을 의미했다. 이러한 1세기 말 팔레스타인 유대교의 점차적인 몰락은 초대 기독교의 성립과 관련해서 결정적인 의미를 지닌다.

맨 처음 기독교는 로마 제국 내에서 합법화된 종교였던 유대교의 보호 우산 아래 성장했다. 팔레스타인 유대교의 그늘 아래 있었던 것이다. 그러나 팔레스타인 유대교 자체가 쇠퇴 일로를 겪게 되면서 기독교는 점차 유대교로부터 분리의 과정을 겪게 되었고, 기독교 안에서도 예루살렘 교회가 아니라 이방 교회가 점차 주류를 형성하게 되었다. 1세기 말엽에는 유대교와 기독교 공동체 사이에 완전한 분리가 이루어졌고, 예수의 추종자들은 자신들이 분리된 새로운 종교의 구성원들이라고 생각하게 되었다. 이것은 이때부터 초대 기독교인들이 자신들에게 붙여진 '그리스도인'이라는 명칭, 즉 '기독교인'이라는 명칭을 받아들이게 되었다는 데서도 드러난다(사도행전 11:26, 26:28; 베드로전서 4:16). 사도행전에 의하면 이 말은 팔레스타인 밖의 이방인 예수 추종자들에게서 시작되었다.

대체로 신약성서 문서들은 그리스도인과 유대인들 사이의 결별이 완전히 이루어지기 이전부터 형성되었으며, 결별의 과정과 그 결과를 반영하고 있다. 그래서 신약성서 안에는 반유대주의적인 내용이 종종 나온다. 복음서의 자료들은 예수 사후 약 한 세대 후인 50년경부터 문서화되기 시작하여 90년경에는 복음서 자체가 완성되었으며, 바울 서신들은 50년대에 대부분 쓰였다. 따라서 신약성서에서는 예수의 추종자가 된다는 것이 무엇을 의미하는지가 유대인이 된다는 것과 연관되어 있는 경우가 많다. 곧 기독교 문서들의 성격을 이해하고, 신약성서가 전하는 예수의 가르침과 활동, 예수 추종자들이 벌인 예수 운동을 이해하기 위해서는 1세기에 유대인이 된다는 것이 무엇을 의미했는지에 대해서도 어느 정도 알아야만 한다.

신약성서는 다양한 형식과 내용의 책들을 포함하고 있다. 그리스어로 작성된 현재의 신약성서는 오랜 세월에 걸친 구전과 개별 문헌들의 전승 및 편집의 과정을 거쳐 지금과 같은 형태로 고정되었다. 신약성서의 정경화 과정은 수많은 초기 기독교 문헌들 중에서 어떤 문헌들은 받아들이고 어떤 문헌들은 거부하는 계속적인 정리 작업을 통해 점진적으로 이루어졌다. 제일 먼저 바울의 편지들을 모으고, 그다음에는 복음서들과 이른바 가톨릭 서신들(야고보서, 베드로전후서, 요한 서신, 유다서)을 모았다. 주로 2세기에 이러한 정경화 작업이 이루어졌는데, 당시 이단으로 여겨졌던 영지주의자들이 먼저 다수의 복음서들과 사도들의 위서신들을 집필하게 된 것을 계기로 이른바 정통 교부들 사이에서도 정경화 작업을 서두르게 된다. 이리하여 150-300년 사이에 현재와 같은 정경의 형태가 거의 형성되었다.

복잡한 과정을 거쳐 형성된 신약성서는 예수의 탄생과 활동, 그의 죽음과 부활에 대한 소식을 담고 있는 네 복음서, 그리고 예수 사후 교회의 성립과 사도들의 행적을 담고 있는 사도행전, 사도 바울이 자신과 관계가 있는 교회들에 보낸 편지들, 그 외 1세기 말 교회의 성장과 발전 과정에서 형성된 다양한 서신과 묵시록으로 이루어져 있다.

제5장

이스라엘 역사

구약성서는 유대교, 기독교, 이슬람교의 경전이며, 동시에 이스라엘의 구체적인 삶과 역사를 배경으로 한다. 단순히 성자와 현자의 말씀을 기록한 책이 아니라, 이스라엘 사람들의 개인과 국가의 삶이라는 서사를 배경으로 한다. 우리는 이 서사를, 현대적 의미의 '역사'와는 분명 거리가 있지만 이스라엘의 과거사를 알려주는 단서가 된다는 점에서 '역사'라고 부른다. 그러나 고대 근동의 영토 혹은 정치경제적 권력이라는 측면에서 미미한 세력에 지나지 않던 이스라엘 민족의 생존을 종교사적 관점에서 기술한 역사라고 하여 '구원사(Heilsgeschichite)'라 부르기도 한다. 즉 구약성서에 기술된 이스라엘의 삶의 서사는 하나님이 이스라엘 민족 가운데 역사(役事)하신 역사(歷史)다.

이스라엘 역사는 크게 다섯 시기로 구분해서 설명할 수 있다. 첫 번째 시기는 이스라엘 민족의 기원을 설명해주는 한 가문의 4대(아브라함, 이삭, 야곱, 요셉)에 걸친 서사로 이루어진 족장 시대다. 이 시대의 서사는 구약성서의 첫 책인 창세기에 그려지고 있다. 두 번째 시기는 마지막 족장인 요셉이 이집트에 노예로 팔려가서 극적으로 총리가 되지만, 그의 사후 이스라엘 민족이 이집트에서 노예살이를 하게 되고, 모세의 지도하에 극적으로 탈출한 후 여호수아와 함께 마침내 이스라엘로 돌아오는 출애굽과 광야 유랑 및 정착 시대다. 세 번째 시기는 이스라엘로 돌아온 이후 왕이 세워지기 전 사사(士師)들이 다스리던 사사 시대다. 네 번째 시기는 왕정 시대인데, 이 시기 동안 이스라엘에는 왕이 세워지지만 얼마 가지 않아 남북으로 분열된다. 그 후 먼저 북이스라엘이 앗시리아에 무너지고, 뒤이어 남유다가 바빌론에 무너짐으로써 독립국의 기능을 최종적으로 상실하게 된다. 북이스라엘과 남유다가 멸망할 때에 인구의 일부는 포로로 끌려가게 된다. 마지막 다섯 번째 시기는 페르시아가 바빌론을 정복한 이후 유대인 중 일부가 귀환하는 시기다. 이 포로 후기 시대에, 귀환한 자들과 추방당하지 않고 계속해서 남아 있던 자들 간에 내부 갈등을 겪으면서, 동시에 주변부 타민족들과 갈등을 겪으면서 페르시아 제국 아래에 새롭게 유대인 공동체가 건설된다.

1. 족장 시대

창세기 12-50장은 족장 시대를 배경으로 이스라엘의 시작을 서술한다. 족장 시대의 서사는 한 민족의 기원을 설명하는 이야기로는 매우 특이한 점을 갖고 있다. 일반적인 신화적 서사와 달리 여기서 제시되는 족장 시대 이야기는 신비하거나 기이하거나 영웅적인 인물들의 이야기가 아니다. 한 남자의 보잘것없고, 힘들고 거친 삶의 여정으로 시작하여, 전혀 모범적이거나 영웅적이지 않은 후손들의 이야기로 끝을 맺는다. 이 가문 족장들의 계보는 아브라함, 야곱, 이삭, 요셉으로 이어진다. 그러나 야곱의 12명의 아들이 12지파를 이루고, 야곱의 이름을 '이스라엘'로 개명하는 이야기는 이 가문의 역사가 단지 한 가문의 역사가 아니라 이스라엘 민족의 역사임을 방증한다.

이스라엘 역사가들 사이에서 '과연 이스라엘 역사는 언제부터 시작하는가'에 대한 논쟁이 있었고, 일부 역사가들은 족장 시대를 역사가 아닌 신화로 보기도 한다. 그런데도 창세기 12-50장은 기원전 2000년 무렵 고대 근동의 삶의 흔적을 담고 있다. 현재 이라크 티그리스강변 도시에서 출토된 누지 토판(Nuzi tablets)이나 유프라테스강변의 마리 토판(Mari tablets), 시리아의 고대 도시 에블라에서 출토된 토판(Ebla tablets)을 보면 창세기의 족장 시대 묘사에 나타난 것과 유사한 관습들이 나타난다. 예를 들면 불임 여성의 대리모 역할을 하는 여종이나 가족의 수호 신상(드라빔)을 모시는 관습(누지 토판), 동물을 쪼개는 계약 체결 의식(마리 토판), 소돔과 고모라 같은 지명(에블라 토판) 등을 찾아볼 수 있다. 창세기의 족장사는 현대적 의미에서 한 민족의 기원을 설명하고자 하는 '역사적 서사'로 분류할 수 있다. 족장사는 객관적 역사 기록이나 고고학적으로 고증된 기록이 아니지만, 신화로 치부할 수만은 없는 역사성을 담보하고 있다는 점에서 그러하다. 족장 시대의 서사가 단순한 신화가 아니라 역사적 배경을 담고 있다는 사실은 족장들의 신으로 불리는 '엘로힘(Elohim)'이 북시리아에서 발굴된 우가릿 토판(Ugarit tablets)에서 최고의 신으로 나타난다는 점을 통해서도 확인된다. 족장들은 당대의 일반명사로 자신들의 신을 칭했다는 것을 알 수 있다.

족장 시대의 서사는 이스라엘의 조상들이 고대 이라크 남부 지방에서 시리아 북쪽으로 이주, 이후 가나안과 이집트로 남하하여 유랑하다가 마침내 가나안이라 불리는 현대 팔레스타인 지역에 정착하게 된 과거사를, 파란만장한 4대에 걸친 가문의 이야기를 배경으로 삼아 설명한다. 이를 통해 족장사는 고대사에서 가장 미미하게 출발한 한 민족이 어떻게 유랑하는 부족에서 공동체를 형성했고, 마침내 정착하게 되었는지를 신적 보호와 돌보심, 그리고 이에 상응하는 이스라엘 민족의 신앙이라는 관점에서 제시하고 있다. 이 점에서 창세기 12-50장에 나타난 족장사는 철저하게 신앙적 역사 서술임을 알 수 있다.

2. 출애굽과 광야 유랑 및 정착 시대

족장사는 4대째에 이르렀을 때 이집트 제국의 역사와 맞물리게 된다. 이 집안의 아들 요셉은 아버지의 편애를 받았고, 결국 형들의 미움을 사 이집트에 노예로 팔려가게 된다. 요셉의 파란만장한 인생사와 그의 출세사가 끝남과 동시에 이집트에 내려간 이스라엘 민족의 수난사는 시작된다. 이스라엘 민족이 요셉 사후 근 400년간 이집트에서 대규모 건설사업에 동원되어 노역에 시달리던 중, 모세라는 인물이 탄생한다. 모세 역시 개인적인 삶만으로도 파란만장한 인생사의 주인공이었다. 모세는 이집트에서 노예의 신분이었던 이스라엘 민족의 대탈출을 진두지휘하고, 마침내 시나이 반도까지 인도하는 데 성공했다. 그러나 모세는 광야 여정 내내 지도력에 대한 도전을 받았고, 가나안 입성을 목전에 두고 현재의 요르단 땅 지경에서 죽음을 맞이하게 되었다.

이스라엘 민족의 이집트 대탈출을 다루는 출애굽 사건의 역사성은 많은 도전을 받아왔다. 특히 갈대 바다(그리스어로는 '홍해'로 번역)를 가르고 건너간 것이 과연 가능한 일인지, 나아가 이스라엘 민족이 대규모로 이집트를 탈출한 것이 과연 역사적 사실인지에 대해 의문이 제기되었다. 다른 한편 출애굽이 실제 사건이 아니라면, 이스라엘 민족이 자신들의 역사를 서술할 때 이집트에서 노예살이했다는 이야기를 굳이 만들어 낼 필요가 없다는 반박도 제기되었다. 그렇다면 이스라엘 민족의 이집트에서의 노예살이와 탈출 이야기를 담은 출애굽 서사는 결국 역사적 객관성의 문제라기보다 종교적 정체성을 천명하는 것임을 알 수 있다. 특히 출애굽 사건은 후속 사건으로 십계명, 그리고 일련의 율법과 종교적 제사 등의 문제가 바로 이어진다는 점에서 이스라엘 민족의 종교적 정체성을 알려주는 서사의 서막이라는 점을 확실히 알 수 있다.

출애굽에 성공한 이스라엘 민족은 가나안 입성에 성공했지만 쉽게 정착할 수 없었다. 가나안 토착 민족들 사이에서 모세 사후 지도자가 된 여호수아(Joshua)의 지휘로 이스라엘 민족은 사방의 토착 민족들과 크고 작은 국지전을 벌여갔다. 이 전쟁을 후대 기독교인들은 '거룩한 전쟁(Holy War)'이라고 부른다. 그러나 구약성서에는 이 말이 나오지 않는다. 후대 기독교인들은 예컨대 십자군 전쟁을 거룩한 전쟁으로 정당화한다. 여호수아서나 사사기 등에 나타난, 이집트 탈출 후 가나안 땅에 정착하고 이어진 전쟁은 국지전이었으며 이에 대한 여호수아서에 나타난 묘사의 역사적 진실성은 고고학적 검증이 필요하다 하겠다.

출애굽 서사와 여호수아의 전쟁 서사는 이스라엘 민족의 종교적 정체성을 수립해가는 신앙 고백적 서사다. 무엇보다도 신명기 20장으로 대표되는 전쟁 규율은 군사력 면에서 비교 불가한 이스라엘과 가나안 토착 민족들 간의 무력 충돌에 관한 것이다. 여호수아 시대보다 훨씬 더 후대의 상황을 묘사하는 사무엘상 13장 22절에서 "그래서 전쟁이 일어났을 때에, 사울과 요나단을 따라나선 모든 군인의 손에는 칼이나 창이 없었다. 오직 사울과 그의 아들 요나단의 손에만 그런 무기가 있었다"라는 증언을 보듯이, 군사력 면에서 이스라엘은 오랫동안 팔레스타인 지역에서 최약체 국가였다. 여호수아서는 미미한 힘을 가진 최약체 민족이 팔레스타인의 중앙 산악지대를 기반으로 점진적으로 정착해가는 정착기를 하나님의 도우심으로 고백하는 신앙적 서사인 것이다.

3. 사사(판관) 시대

여호수아 시대로부터 왕정 시대로 이어지는 과도기의 시대는 사사들이 다스리던 사사 시대다. 구약성서는 이 시대에 대한 객관적 역사를 담지 않고, 이 시대의 사사들에 얽힌 서사를 사사기(판관기)를 통해 남겨두고 있다. 사사기의 서사 역시 객관적인 역사적 사실들을 보도하지 않는다. 따라서 사사들을 소개하는 서사를 통해 당시의 역사적 · 사회적 · 문화적 · 종교적 상황을 유추할 수 있을 뿐이다. 사사들은 다른 시대, 다른 지역에서 활동했지만 크게 두 부류로 구분할 수 있다. 소사사(minor judges)는 주민들 사이에서 분쟁이 일어나면 판단을 하는 판사의 역할을 했고, 대사사(major judges)는 다른 민족과 전투가 일어날 때 주도적으로 이끌었다. 특히 사사기는 당시 이스라엘 민족이 블레셋, 미디안, 모압, 아말렉과 같은 주변 민족들과 끊임없이 분쟁 중인 상황임을 알려준다. 사사 시대의 군사 분쟁 기사를 통해서 사회 상황을 추론해볼 수 있다. 이스라엘의 군사 지휘관 역할을 담당한 대사사 중 대부분은 삼손, 입다, 기드온과 같은 남성 사사였지만, 드보라와 같은 여성 사사도 있었다. 그러나 유명한 여성 사사의 존재에도 불구하고, 당시 이스라엘 사회와 문화는 철저하게 가부장제에 기반을 두고 있었음을 부인할 수 없다.

다른 한편 이스라엘은 주변 민족들과의 계속되는 무력 대치에도 불구하고 가나안 토착 문화와 반복적으로 접촉하고 영향을 강하게 받는다. 무엇보다도 당시 이스라엘 민족이 오늘날 우리가 알고 있는 유일신교와는 매우 다른 종교적 상태였다는 것 역시 알 수 있다. 예컨대 사사기 전체에서 이스라엘 사람들은 끊임없이 배교 행위를 반복한다. 이방신을 섬기지 않는다고 하더라도, 에봇(제사장의 겉옷), 드라빔(수호신상), 은으로 된 신상을 가정에서 섬기고, 레위인 한 명을 고용하여 개인 가정의 제사장으로 삼은 이야기를 볼 때(사사기 17-18장) 이들의 신앙은 오늘날의 유대교나 기독교와는 매우 다른 상태임을 알 수 있다. 그래서 사사기는 반복적으로 당시의 사회적 · 종교적 혼란 상황의 원인을 왕이 없는 데서 찾는다. "그때에는 이스라엘에 왕이 없었으므로, 사람들은 저마다 자기의 뜻에 맞는 대로 했다"(사사기 18:1, 19:1, 21:25). 이런 평가는 이스라엘에서 왕정 체제 발생의 배경으로 제시된다. 그런데도 출애굽 이후 가나안에 입성한 이스라엘의 정착사를 기술하는 여호수아서와 사사기는 공통적으로 '이스라엘 민족은 신적 도움을 입어 군사적 성공을 경험하지만, 배교의 역사를 이어가고 종교적으로 실패했다'고 말한다. 즉 이스라엘 정착사는 하나님의 이스라엘 민족을 향한 신실하심과 이스라엘의 불신실한 반응의 변주곡임을 밝힌다.

4. 왕정 시대

사사 시대의 혼란 원인을 왕의 부재에서 찾았던 이유는 이스라엘과 이웃한 가나안의 정치 체제에서 찾을 수 있다. 당시 가나안 지역은 작은 도시국가들로 이루어져 있었다. 이 틈바구니에서 자리 잡고, 사사들의 통치하에 살아가던 이스라엘 사람들은 계속되는 이 지역의 여러 이민족과의 무력 충돌 속에서 상비 군대와 왕이 필요하다고 느끼기 시작했다. 특히 이 시대의 이스라엘에 왕정이 출현하게 된 것은 후에 '팔레스타인(Palestine)'[1]이라고 불리게 되는 블레셋족(Pleshet)의 가나안 정착 시기와 맞물린다. 블레셋족은 인종적으로 가나안 토착민과 달리 에게해 지역에서 유래한 '해양 민족'이라고 불리는 인종으로, 이집트와 무력 충돌 후

1 팔레스타인(Palestine)이라는 용어는 기원전 5세기경 헤로도토스의 『역사(*Histories*)』에 처음 등장했고, 기원후 2세기의 제2차 유대 전쟁 이후 로마가 지역명으로 채택함으로써 오늘날까지 이 지역을 지칭하는 용어로 널리 사용되고 있다.

지중해 해안평야 지역에 정착한다. 철기문화로 무장한 블레셋족의 등장은 가나안 지역의 새로운 시대를 열었고, 동시에 새로운 문화 도입의 신호탄이 되었다.

그런데 구약성서는 왕정 제도의 시작을 긍정적으로만 보지는 않는다. 현실적인 면에서 다른 도시국가들처럼 세금을 거두고, 상비군을 운영하고, 행정 체제를 갖춘 왕정의 필요성을 느꼈지만, 다른 한편 종교적인 면에서 하나님이 아닌 인간 왕을 중심으로 하는 체제에 대한 종교적 반감이 강하게 공존했다. 이런 첨예한 갈등 속에서 사울(Saul)이 이스라엘의 첫 번째 왕으로 등극한다. 그러나 사실상 사울은 사사 시대에서 왕정 시대로 넘어가는 과도기의 인물이었다. 그는 일생을 전쟁터에서 보내다 죽었다. 사울 시대의 이스라엘 백성들은 여전히 왕에게 사사 시대의 카리스마적 리더십을 기대하면서, 동시에 이웃 도시국가의 왕과 같은 강력한 왕권을 기대했다. 사울 사후 다윗(David)과 그의 아들 솔로몬(Solomon) 시대에 이르러서야 이스라엘은 비로소 왕정 국가로서의 면모를 갖추게 된다. 그런데 솔로몬 사후 이스라엘은 남북으로 분열된다. 분열의 이유는 남과 북을 구성하는 지파의 차이, 세습 왕정에 대한 사고의 차이, 다윗 왕정의 과도한 세금과 부역에 대한 태도의 차이 등에서 찾아볼 수 있다. 북이스라엘은 몇 차례의 천도를 거쳐 사마리아에 수도를 정하고 대략 200년 동안 존속한다. 북이스라엘은 비옥한 샤론 평야와 이스르엘 평야를 차지했기에 경제적으로 풍요를 누릴 수 있었고, 군사력에서도 남유다를 압도했다. 그러나 다윗 왕조의 안정적 세습을 400여 년 이어간 남유다에 비하여 북이스라엘은 정치적 반란을 거듭해서 겪었다. 분열 왕국 시대는 북이스라엘이 앗시리아에, 그 후 남유다가 바빌론에 의해 멸망함으로써 끝이 난다.

이스라엘의 왕정사는 열왕기와 역대기에 나타난다. 그러나 이 책들은 동일한 대상을 역사 기록의 대상으로 삼는 한편 때로는 매우 미묘하게,

또 때로는 확연히 다른 역사 인식을 보여준다. 구약성서가 이처럼 다른 역사관을 지닌 두 역사가(신명기 사가와 역대기 사가)의 역사 기록을 동시에 보존하고 있다는 점은 매우 독특하다. 신명기 사가는 이스라엘의 멸망에 초점을 맞추어 역사를 기록한다. 즉 '왜 이스라엘은 망했는가?'라는 질문에 대한 답을 역사가의 관점으로 제시하고자 한다. 한편 역대기 사가는 이스라엘의 멸망이 이미 오래된 과거사가 된 시점에서 역사를 회고한다. 그는 멸망의 원인을 찾기보다는 여전히 망국의 후손으로서 이스라엘의 회복을 꿈꾸는 역사가의 관점에서 기록한다. 무엇보다도 이스라엘의 왕국 시대 역사는 어느 시대, 어느 곳의 역사든 그렇듯 왕들을 주인공으로 제시하지만, 그럼에도 불구하고 왕은 하나님의 대리자에 불과하다는 사상을 동시에 다양한 방식으로 시사한다. 특히 솔로몬 왕 사후, 분열 왕국 시대는 예언자의 시대라 해도 과언이 아니었다. 구약성서의 한 축을 차지하는 예언서 대다수는 분열 왕국 시대에 활동하던 예언자들의 메시지를 담고 있다. 이처럼 왕정 시대는 왕과 예언자의 긴장이 계속되는 기간이었음을 알 수 있다.

5. 포로 후기 시대

바빌론 제국은 페르시아 제국에 의해 정복된다. 페르시아 제국은 바빌론을 정복하고 이집트까지 정복했지만 그리스 정복에는 성공하지 못했다. 그럼에도 페르시아 시대는 이스라엘 역사에 강력한 역사적 · 정치적 · 문화적 영향을 미쳤으므로 이 시대의 이스라엘 역사를 언급할 때는 바빌론 포로지에서 돌아온 시대라고 하여 포로 후기 시대라고 부른다.

페르시아 제국의 창건자인 고레스 대왕(Cyrus II, 키루스 2세)은 피정복민들이 그들 자신의 고국으로 돌아가는 것을 승인한다. 이때 바빌론에 살고 있던 유대인 중 일부가 팔레스타인으로 돌아온다. 하지만 유대인들의 귀환은 일시에 이루어지지 않았고, 포로민 전체가 귀환한 것도 아니었다. 페르시아 시대의 유대인 공동체는 왕도 군대도 없는, 말 그대로 여전히 페르시아의 변방에 있는 식민지로서 예루살렘과 그 주변 지역을 포함한 매우 협소한 지역에 머물렀다. 이 작은 유대인 공동체는 예루살렘 성전과 대제사장을 중심으로 운영되었다. 페르시아 시대의 유대인 공동체의 이야기는 구약성서에서 성문서 중 역사 범주에 들어가는 에스라, 느헤미야, 역대기와 예언서인 학개, 스가랴, 말라기를 통해 찾아볼 수 있다.

고레스 왕의 칙령으로 귀환한 자들의 최우선 과제는 성전 재건이었다. 고레스는 제국의 국경을 보호하는 일환으로 식민지의 안정이 중요하다고 보았고, 이를 위해 피식민지에 성전 재건을 허락하고 실질적으로 지원했다. 처음으로 성전 재건 과제 수행을 맡은 자는 세스바살(Sheshbazzar)이었다. 그러나 그는 성전의 기초를 놓았지만 완수하지 못했다. 두 번째로 성전 재건을 재개한 자는 스룹바벨(Zerubbabel)로, 그는 페르시아가 임명한 총독이었다. 예언자 학개(Haggai)와 스가랴(Zechariah)의 지지를 받은 총독 스룹바벨은 대제사장 여호수아와 함께 성전 재건을 마침내 완수했다. 이스라엘 역사는 솔로몬이 건축한 성전이 건재했던 바빌론 포로기 이전까지의 시대를 제1 성전 시대로, 스룹바벨이 재건한 성전이 로마 제국에 의해 무너지기까지의 시대를 제2 성전 시대로 구분한다.

예루살렘 성전이 재건된 이후 페르시아는 페르시아에서 교육받은 유대인 느헤미야(Nehemiah)를 총독으로 보냈다. 느헤미야는 율법학자 에스라(Ezra)와 함께 유다의 개혁을 주도했다. 느헤미야는 우선 예루살렘 성벽 공사를 완수했다. 또한 그는 포로 후기 유다 사회의 빈부 격차와 과도한 세금으로 인해 노예 신분으로 추락하는 자들이 발생하는 현상을 보면서, 가난한 자에게 빚을 탕감해주고 땅을 돌려주는 급진적 개혁을 시도했다. 느헤미야의 가장 급진적인 개혁 정책은 무엇보다도 이방인 여성과 결혼한 유대인 남성들에게 강제 이혼을 명령한 것이었다. 느헤미야는 이런 급진적 개혁을 통해 유대인 내부의 배타적 정체성 수립을 시도한 것으로 볼 수 있다.

느헤미야와 에스라의 배타적 정체성을 수립하려는 시도는 사마리아 분리 정책을 통해 정치적인 면에서도 나타났다. 페르시아 제국은 유다와 사마리아에 각각 총독을 임명했다. 이러한 느헤미야의 사마리아 분리 정책 시도 이전에 유다와 사마리아는 정치적으로는 독립되었지만 종교적으로나 문화적으로 밀접하게 연결되어 있었고, 긴밀하게 교류했다. 그러나 이런 관계도 느헤미야가 총독으로 예루살렘에 온 이후 급격하게 변하여 결국 유다와 사마리아는 분리되었다.

제6장

구약성서

1. 오경

하나님이 창조한 세상

구약성서의 처음에 놓여 있는 책은 창세기, 출애굽기, 레위기, 민수기, 신명기라는 이름의 다섯 권의 책이다. 율법서라는 의미로 '토라(Torah)' 혹은 다섯 두루마리의 책이라는 의미로 '오경(Pentateuch)'이라고도 부른다. 그중 처음 책인 창세기는 영어로 'Genesis'이며, '기원', '출발'이라는 뜻으로 세상의 기원뿐만 아니라 인간의 기원, 이스라엘 민족의 기원을 설명하는 책으로 이해할 수 있다. 특별히 창세기 1-11장은 인류 전체의 범세계적인 역사(universal history)를 신학적인 관점에서 기록하고 있으므로 원역사(原歷史) 또는 태고사(太古史)라고 한다. 창조 이야기, 에덴 동산 이야기, 가인과 아벨 이야기, 노아 홍수 이야기, 바벨탑 이야기로 구성되어 있는 태고사는 각각 독립적으로 주로 구전을 통해서 전해 내려오다가 기록의 과정을 거쳐 창세기 안에 모이고 편집된 것으로 보인다. 이것은 태고사에 나오는 순서 그대로가 인류 역사의 전개 순서를 반영하고 있는 것은 아니라는 의미다. 성서는 사실(fact)보다는 사건(event)을 더 중요하게 생각하고, 이 사건은 '해석된 역사(interpreted history)'이며, 성서를 쓴 기자들의 신앙적 관점에 기반을 둔 것이다. 따라서 창세기에서는 역사적 사실성보다는 그 안에 담겨 있는 신앙적 우주관, 인간관, 죄관, 구원관에 주목해야 한다.

창세기 1장 1절은 '태초에 하나님이 천지를 창조하셨다'로 시작한다. 가장 처음에 신이 하늘과 땅을 만들었다는 신앙 고백으로, 구약성서를 경전으로 삼고 있는 유대교나 기독교의 가장 큰 신조라 할 수 있다. 이 세상에 아무것도 존재하지 않을 때 이미 하나님, 즉 신이 존재했고 그 신이 이 세상 전체와 인간을 만들었다는 것이다. 구약성서는 하나님을 증명하려 하지 않고 전제로 하고 있으며, 그 하나님은 창조주(Creator)이며 이 세상과 인간은 하나님에 의해 만들어진 존재, 즉 피조물(被造物)이라고 말한다. 창세기 1-2장에 나타나는 창조 이야기는 우주에 관한 신학적 관심에서 나온 것으로 과학적 우주관이 아니라 종교적인 우주관이며 지구를 중심으로 하고 있고, 이 세상의 모든 것을 만든 분은 하나님이라는 신앙 고백적 입장에서 우주의 생성 과정을 이야기한다. 창세기 1장에는 창조 이전의 상태에 대해 "땅이 혼돈하고 공허하며 어둠이 깊음 위에 있고 하나님의 영은 물 위에 움직이고 계셨다"고 말하며 하나님이 말씀으로 빛, 하늘, 땅과 바다, 식물, 해와 달과 별, 동물, 사람이 생겨날 것을 명령했고 그 말씀대로 다 되었다고 기록한다. 하늘과 땅, 그리고 그 사이에 있는 모든 것은 6일 동안 다 이루어졌으며 하나님이 보시기에 좋았고, 7일째 되는 날은 하나님이 쉬셨다는 것이다. 진화론이 과학적 · 생물학적 관점에서 이 세상의 기원을 설명한다면 구약성서의 창조 이야기는 이 세상과 인간의 기원, 그리고 그 시작에 대한 신학적이고 신앙 고백적인 설명이라고 할 수 있다. 즉 현대의 과학적 지식과 성서의 창조 신앙이 서로 대립되거나 양자택일의 관계가 아니라는 의미다.

창세기의 창조 이야기는 우주의 생성 과정이나 인간의 근원을 하나님과의 관계성 안에서 이해하고 설명하려는 것으로, 그것이 기록된 당시의 우주관, 자연관, 세계관을 그대로 보여준다. 예를 들면 하늘 위에도 물이 있다든지, 해와 달이 하늘 위에 놓여 있다든지, 첫날 만들어진 빛이 넷째 날 만들어진 '해와 달'과 무관하게 설정되어 있다든지 하는 것은 당시 과학적 지식의 한계를 보여주는 것이다. 그러나 창세기의 창조 이야기는 그 내용이 사실적이고 정확하고 과학적이기 때문에 중요한 것이 아니라 그 신앙적 내용, 즉 야웨 하나님이 이 우주와 세계의 근원이고 우리 인간의 창조주이며 우리는 그의 피조물이라는 존재 인식과 신앙 고백 때문에 중요한 것이다.

그렇다면 하나님이 세상을 창조했다는 선언의 의미는 무엇일까? 창세기의 창조 이전 상태에 대한 설명을 보면, 모양도 없고 비어 있으며 어둡고 물로 이루어진 혼돈의 상태로 묘사되어 있다. 거기에 하나님은 '빛'이라는 질서를 만드는 것으로 그의 창조 작업을 시작한다. 여기서 빛이라는 것은 태양을 의미하는 것이 아니라 원초적인 빛(original light)이라는 의미로, 이 빛으로 인해서 비로소 모양이 생기고 비어 있던 것을 채워넣게 되며 어둠이 정복되고 혼돈의 상태에 하나님의 질서(divine order)가 형성되는 것이다. 이 모든 과정이 하나님 한 분에 의해 이루어진 것이며 말씀으로 모든 것을 존재하게 했다는 데 특징이 있다. 하나님이 무(無)와 혼돈에 말씀을 통해서 유(有)와 질서를 부여했다는 것이다. 그리고 하나님이 만든 그 세상은 하나님이 보시기에 좋은 곳이었다고 기록되어 있는데, 이것은 본래 세상은 완전하고 아름다운 곳, 많은 생명들이 함께 모여 사는 집이고 하나님의 질서, 즉 정의와 공평, 화해와 균형, 평화와 조화가 가득한 곳이라는 의미로 해석될 수 있다.

하나님은 또한 사람도 만드셨다고 한다. 인간 창조에 대해서는 창세기 1장과 2장이 서로 다르게 서술하고 있는데, 1장에서는 인간을 '하나님 형상대로(imago dei)' 남자와 여자로 만들었다고 되어 있고 2장에서는 남자를 흙으로 만들고 식물과 동물도 다 만든 후에 남자의 갈빗대로 여자를 만들었다고 말한다. 2장에서 처음 사람의 이름이 '아담(Adam)'으로 나타나는데, 이것은 땅의 흙을 가리키는 히브리어 '아다마(adamah)'에서 파생된 것으로 보인다. 창세기 1장과 2장이 다른 형태의 창조를 말하는 것은 구약성서의 창세기 안에도 세상과 인간의 기원에 대해 서로 다른 관점의 설명들이 있었고 그것이 성서 안에 함께 들어왔다는 것을 보여준다.

창세기에 나타난 인간 창조의 의미는 우선 인간이 하나님의 형상대로 만들어졌다는 것에서 찾을 수 있다. 구약성서의 하나님은 육체가 있거나 보이는 신이 아니므로 '하나님의 형상'에 대한 논의가 아주 오래전부터 행해져왔다. 그것은 신의 외모나 형태를 따라 만들었음을 의미하는 것이 아니라 인간의 이성, 영혼, 정신 등을 의미하는 것으로 해석되어오기도 했지만, 현대 신학자들은 영혼과 육체가 분리되지 않는 종합체로서, 즉 '전체로서' 창조되었다는 것을 의미하는 것으로 보았다. 오히려 '하나님의 형상대로' 만들어졌다는 것은 인간이 가지는 특권과 책임과 의무를 나타낸다는 것이다. 즉 하나님의 형상대로 만들어진 사람은 어떤 이유로든 억압하거나 해할 수 없고 그 자체로 존중받고 가치 있는 존재라는 것이다. 또한 인간은 다른 사람에게나 이 세상의 자연에 대해 책임 있는 존재로서 그것을 훼손하거나 착취해서는 안 되고 보호하고 보존하며 사랑해야 하는 사명과 과제를 가진다는 의미다.

또 사람이 '남자와 여자'로 만들어졌다고 말하는 것은 혼자 살아가는 존재가 아니라 함께 살아가는 존재라는 의미다. 남자와 여자로 명명된 '나와 너의 관계 속에 있는 인간'(Martin Buber)으로서 인간애, 인류애를 가지고 함께하는 삶을 살아야 한다는 것이다. 창세기 2장에서 남자를 잠들게 하고 그의 갈빗대를 취해서 여자를 만들었다는 것은 여자가 남자보다 열등하다거나 부수적인 존재라는 의미가 아니라 사람이 혼자 있는 것이 하나님 보시기에 좋지 않아서(창세기 2:18) '그에 맞는 짝'으로서 서로 도움을 주고 유익을 주며 기뻐하고 사랑하는 존재로 만들었다는 의미다. 창세기 2장에서 여자의 창조는 하나님 창조의 마지막 작업이고 창조의 완성을 의미한다고 할 수 있으며 그 여자는 생명이라는 뜻의 '하와(Hawah)'라는 이름을 갖게 된다. 이렇게 하나님의 형상대로 남자와 여자로 만들어진 사람에게 하나님은 이 세상에서 살아가며 많아지고 땅으로 퍼져가기를 축복하면서 땅과 자연을 돌보고 지배하라고 명령하고 있다.

인간의 잘못으로 달라진 세상

하나님에 의해 생명을 갖게 된 남자와 여자는 '에덴(Eden)'이라는 아름다운 동산에서 함께 살게 된다. 그곳은 아름답고 먹기에 좋은 과일나무들이 많이 있는 풍요로운 곳이고, 맑은 강물이 사방으로 흐르는 낙원이었다. 첫 사람인 아담과 하와는 이 모든 것을 누리며 다스리는 축복이 있는 삶을 부여받았다. 그러나 그들에게도 한 가지의 금기 사항이 있었는데, 그것은 동산 안에 있는 모든 나무의 열매를 원하는 대로 먹을 수 있지만 동산 가운데에 있는 선과 악을 알게 하는 나무의 열매만은 먹지 말라는 명령이었다(창세기 2:16-17). 하나님은 만일 그들이 그 과일을 먹으면 반드시 죽게 될 것이라고 말한다.

이러한 금지 명령은 인간이 하나님과 똑같이 될 수 없는, 유한성을 지닌 존재임을 말해주는 것으로 이해할 수 있다. 즉 창조주인 하나님과 피조물인 인간 사이의 분명한 경계선의 표시라는 것이다. 인간은 하나님의 형상을 지닌 존재이지만 영적이고 초월적인 하나님과는 근본적으로 다른 존재로서, 자신이 하나님의 피조물임을 인정하고 겸손하게 하나님의 명령에 따라 살아가야 한다는 것이다. 그러나 이때 뱀이 등장하여 하나님의 명령에 불순종하도록 유혹하고, 아담과 하와는 그 열매를 따서 먹는다. 그 순간 그들은 눈이 밝아져 자신들의 벗은 몸을 부끄럽게 여기고 무화과나무 잎으로 치마를 만들어 입었으며, 하나님을 두려워하여 동산 나무 사이에 숨었다. 하나님의 명령을 어긴 결과로 그들은 부끄러움과 두려움을 느끼게 된 것이다.

이러한 범죄에 대해 하나님이 추궁하자 아담은 여자가 주어서 먹었다고 했으며 여자는 뱀이 유혹해서 먹었다고 핑계를 대었다. 이에 하나님은 뱀과 여자와 남자에게 각각 형벌을 내리시는데, 즉 뱀은 저주를 받아 징그러운 모습으로 땅을 기어다니게 되었고 여자는 임신과 출산의 고통을, 남자는 종신토록 수고해야 하는 노동의 고통을 형벌로 받게 되었다. 그리고 인간은 죽어 결국 흙으로 돌아가리라는 벌을 받게 된다(창세기 3:14-19).

이 범죄의 결과로 인간은 세 가지 관계에서 단절되고 파괴된다. 첫째로 인간과 하나님과의 친밀한 관계가 파괴되었다. 하나님의 명령을 어긴 그들은 하나님의 음성을 듣고 하나님의 낯을 피하여 나무 사이에 숨었다. 하나님의 형상대로 만들어지고 하나님에 의해서 생명을 얻고 하나님의 음성을 직접 듣던 관계가 아니라 이제는 하나님을 두려워하여 피하는 사이가 된 것이다. 둘째, 인간과 인간 사이의 관계가 파괴되었다. 하나님의 추궁에 직면한 남자는 하나님께서 그에게 주신 여자가 주어서 먹었다고 책임을 떠넘긴다(창세기 3:12). '내 뼈 중의 뼈, 내 살 중의 살'이라고 서로 기뻐하며 사랑함으로 한 몸을 이루었던 관계가 이제 서로 죄를 전가하는 관계가 되었으며, 지배하고 지배당하는 관계로 변했다(창세기 3:16). 또한 "두 사람이 벌거벗고 있었으나 부끄러워하지 않았"(창세기 2:25)던 친밀하고 거리낌 없는 관계가 끝나고 서로 부끄러워하여 나뭇잎으로 몸을 가리는 관계가 되었다. 셋째, 인간과 자연의 관계가 단절되었다. 인간의 재료이기도 하고 인간에게 풍성한 먹을 것을 허락했던 '땅'은 저주를 받아서 가시덤불과 엉겅퀴를 내게 되고, 인간은 고생해야 그 땅에서 먹을 것을 취하게 되었다(창세기 3:17-19). 사람이 직접 이름을 지어주고(창세기 2:19) 함께 대화하던 동물 뱀과의 관계도 이제 원수가 되어 사람은 뱀의 머리를 밟고 뱀은 사람의 발꿈치를 무는 관계, 즉 서로를 해치고 위험에 빠트리는 대적 관계가 된다.

하나님의 명령을 어긴 범죄로 인해서 인간은 그들이 살던 에덴 동산으로부터 추방되었고 관계들의 단절과 파괴를 초래한 불행한 상태에 놓이게 되었다. 현재 인간이 처한 모든 부정적인 상태와 모습은 하나님이 창조하신 본래의 모습, 즉 하나님이 보시기에 '참 좋다'고 하신 처음의 모습과는 완전히 다른 모습이다. 피조물인 인간이 하나님처럼 되려고 한 교만 때문에 하나님의 명령에 불순종한 것이 죄의 시작이며 비본래적인 세상 질서의 이유라고 성서는 설명하고 있다. 인간의 죄악과 타락은 창세기에서 계속 이어지는데, 사람과 사람이 미워하고 죽이며 거짓을 말하고 폭행하며 학대하는 상황들이 묘사되고, 그에 대한 하나님의 분노와 징벌과 심판에 대한 이야기가 가인과 아벨 이야기, 노아 홍수 이야기, 바벨탑 이야기 등을 통해서 설명되고 있다. 결국 현재 인간 사회는 하나님이 창조하신 조화롭고 평등하며 평화로운 창조 질서를 잃어버린 비본래적인 사회라는 비판이 전제되어 있다고 할 수 있다.

이스라엘의 조상들에게 준 약속: 자손과 땅

창세기 12장부터 시작하는 족장사(창세기 12-50장)는 아브라함, 이삭, 야곱, 요셉이라는 이스라엘 조상의 이야기들로 이루어져 있다. 하나님은 아브라함(Abraham)이라는 인물을 선택하여 그에게 명령한다. 아브라함은 본래 바빌론의 갈대아 우르 지역에 살던 사람인데, "너는 네가 살고 있는 땅과 네가 난 곳과 너의 아버지의 집을 떠나서 내가 보여주는 땅으로 가거라. 내가 너로 큰 민족이 되게 하고 너에게 복을 주어서 네가 크게 이름을 떨치게 하겠다"(창세기 12:1-2)는 하나님의 명령과 약속을 따라 미지의 땅을 향해 떠난다. 하나님이 그에게 하신 약속은 크게 두 가지로, 정착할 땅을 얻게 되리라는 것과 자손을 많이 낳아 큰 민족을 이루게 되리라는 것이다. 땅과 자손은 고대 사람들, 특히 양떼와 목축 떼를 데리고 물과 목초지를 찾아 이곳저곳을 떠도는 유목민들에게 가장 중요하고 절실한 문제였을 것이다. 그러나 그것은 약속이었고 아직 이루어지지 않았다. 아브라함은 가나안 땅에 도착했으나 그 땅을 소유하지 못했고 여전히 떠돌아다니는 유목민 부족의 족장이었으며, 늦은 나이에 기적적인 방법으로 가까스로 자식을 얻게 된다.

그러한 약속의 지연은 그다음 세대인 이삭(Isaac), 야곱(Jacob), 요셉(Joseph)의 시대까지도 이어진다. 그럼에도 불구하고 이스라엘의 조상들은 그들에게 하신 하나님의 약속, 이스라엘에 대한 하나님의 계획을 믿었고 하나님의 명령을 따랐다고 기록하고 있다. 아브라함을 비롯한 이스라엘의 조상들이 인간적인 기준에서 볼 때 완벽한 인간은 아니다. 그들은 나약하고 실수를 범하기도 하는 평범한 인간의 모습이지만 그럼에도 불구하고 하나님은 그들을 선택하고 축복했다. 그 약속이 당장 이루어지지도 않았을뿐더러, 그들의 삶이 아무 걱정 없이 만사형통했던 것은 더더욱 아니었다. 여기서는 하나님의 약속을 믿고 살아갔던 이스라엘 조상들의 삶을 이야기하고자 하는 것이다. 이스라엘 족장들의 이야기는 야곱의 아들 요셉이 이집트에 종으로 팔려갔다가 그곳에서 신임을 얻어 이집트 전체의 총리가 되는 이야기(창세기 41장), 야곱과 그의 가족이 요셉의 권유에 따라 이집트로 내려가서 사는 이야기(창세기 46-50장)로 이어지며, 그다음 책인 출애굽기의 배경을 형성해주고 있다.

이집트 탈출과 땅을 향한 여정

이집트에 내려간 야곱, 즉 이스라엘의 후손들은 점차 번성하고 세력도 커졌으며 그 땅에 가득 퍼졌다. 세월이 흘러 요셉을 알지 못하는 새 왕이 이집트를 다스리게 되었고, 불어나는 이민족인 이스라엘 민족에 대한 억압과 학대가 시작되었다. 당시에 이스라엘 민족을 일컫던 이름인 '히브리'라는 말은 아마도 고대 근동 아카드어의 하비루(habiru), 이집트의 아피루(apiru) 등과 어원을 같이 하는, 땅을 소유하지 못하고 권리가 없는 사회적 하부 계층을 이르는 말에서 온 것 같다. 이집트의 파라오는 그 히브리 민족에게 강제 노동을 시키고 태어나는 남자 아기를 죽이라고 명령하는 등 그들의 삶을 힘들고 괴롭게 한다. 아마도 이 시대적 상황은 기원전 13세기 파라오 람세스 2세(Ramesses II) 때로 추정되는데, 이집트 역사에 자신의 이름을 딴 도시 람세스와 곡식 저장소 비툼(pithom, 비돔)을 건설했다는 기록이 남아 있어 이러한 대규모 건축 사업을 위해 이민족들의 강제 노동이 있었을 것으로 볼 수 있기 때문이다. 이 고난의 상황에서 히브리 민족 중 모세라는 아기가 태어난다. 그는 이집트의 왕궁에서 자라나나, 결국 히브리 민족의 하나님인 야웨를 만나게 되고 이스라엘 민족을 이집트의 고난의 상황에서 구원해내라는 명령을 받는다. 이때 하나님은 모세에게 '야웨(Yahweh)'라는 자신의 이름을 계시하는데, 그것은 '나는 되고자 하는 대로 될 나다(I will be who I will be)'라는 뜻에서 파생된 것으로 보인다. 이것은 구약성서의 하나님이 역동적인 하나님이라는 것을 보여주는데, 즉 자기 백성을 억압에서 구원하시는 분, 고난의 상황에서 해방하는 분으로 이해할 수 있으며 이제 앞으로 그가 행하는 일을 통해서 자신을 드러내고 계시하는 분이라는 의미로 해석할 수 있다.

하지만 이스라엘 민족을 순순히 가도록 허락하지 않는 이집트의 파라오 때문에 하나님은 이집트에 피, 개구리, 이, 파리, 집짐승의 죽음, 피부

병 전염, 우박, 메뚜기, 어둠 등의 재앙을 내렸다. 마지막 열 번째로 그 땅에서 사람과 짐승의 맏이(=처음 난 것)가 다 죽는 재앙이 있었는데, 이스라엘 사람들은 모세의 명령에 따라 흠 없는 일 년 된 숫양이나 숫염소를 잡아서 그 피를 좌우 문설주와 문 상인방에 발랐다. 그리하여 이집트의 모든 맏이는 다 죽었으나 짐승의 피를 문에 바른 이스라엘의 집들은 죽음의 사자가 그냥 지나갔기 때문에 맏이들이 죽음을 면할 수 있었다. 이 열 번째 재앙 후에 이집트의 파라오는 결국 이스라엘 민족을 나가게 허락하고, 마침내 남자 성인만 60만 명에 이르는 대규모의 이스라엘 민족이 이집트를 탈출했다고 기록되어 있다. 이스라엘 민족이 이집트에서 해방되어 나온 날을 기념하는 명절이 바로 유월절 또는 과월절(히브리어로 '페사흐')인데, 그 의미는 '지나가다(pass over)', 즉 죽음이 지나가고 해방을 맞이했다는 의미이며 이 날은 현대 유대인들의 가장 큰 명절이기도 하다. 이와 같이 기적적인 방법으로 이집트를 탈출하여 광야로 들어간 이스라엘 민족을 하나님은 낮에는 구름 기둥으로, 밤에는 불 기둥으로 인도하며 보호한다. 뒤늦게 후회한 파라오가 군대를 이끌고 이스라엘 민족을 추격하지만, 하나님은 갈대바다(=홍해)를 갈라지게 하여 이스라엘 민족은 건너가게 하고 이집트 군대는 바다에 빠져 죽게 함으로써 완전한 출애굽을 이루게 된다. 이스라엘이 이집트를 탈출한 사건이나 그 모든 과정은 야웨 하나님에 의한 기적적인 구원 사건이라고 고백하고 있다.

이스라엘 민족의 조상 아브라함에게 했던 약속대로 큰 민족을 이룬 이스라엘은 이제 약속된 땅, 가나안 땅을 향해 행진한다. 시내 산에 도착했을 때 그들은 그곳에서 야웨 하나님을 만나게 된다. 하나님은 직접 시내 산에 내려와서 자신을 계시하는데, 눈으로 보이는 하나님이 아니라 그의 음성, 소리로 말씀하셨으며, 또 모세를 통해서 이스라엘 민족이 지켜야 할 계명과 율법을 주고 그것을 근거로 이스라엘과 계약을 맺는다. 야웨 하나님은 이스라엘의 하나님이 되고 이스라엘은 하나님의 백성이 되겠다고 약속한 것이다. 하나님이 이스라엘에게 주신 율법 중 가장 대표적인 것이 십계명인데, 이것은 열 개의 계명이라는 뜻으로 모든 법의 핵심이자 요약이다. 그것을 세는 방법은 조금씩 다르지만 개신교의 순서에 의하면 1-4계명은 야웨 하나님과 관계된 종교적 계명이고 5-10계명은 이웃과 관련된 윤리적 규정이다. 하나님에 관한 규정들은 당시 다신교 문화 속에서 야웨만이 유일한 신이라는 것을 주장하며 이스라엘 민족에게 야웨만을 하나님으로 섬길 것을 요구하는 규정이다. 눈에 보이는 형상을 만들어 섬기지도 말고 그의 이름을 함부로 사용하지 말 것이며, 안식일을 기억하고 지키라는 명령이 이 종교적 계명의 내용이다. 윤리적 규정은 인간과 인간 사이에 기본적으로 지켜야 할 명령으로, 부모를 공경하고 살인이나 간음, 도적질을 금하며 거짓 증언과 탐심을 금하라는 내용으로 되어 있다. 이집트에서 노예처럼 강제 노동하며 학대받고 억압받던 고난의 삶에서 해방되어 이제는 자유로운 하나님의 백성으로 살아가면서 하나님과의 관계, 인간과의 관계에서 지켜야 하는 가장 기본적인 법규들이라고 할 수 있다. 창세기부터 신명기까지 다섯 권의 책이 토라, 즉 율법서라고 불리는 이유는 이 다섯 책 안에 하나님이 이스라엘에게 주신 다양한 종류의 규범과 법규들이 많이 포함되어 있기 때문이다. 이제 그 법규들을 근거로 하나님과 계약을 맺은 이스라엘은 춥고 어둡고 힘든 광야를 통과해서 가나안 땅으로 들어가야 한다. 40년이 걸린 광야에서의 생활은 또 다른 고난의 연속이었고 이스라엘 백성들은 원망과 불평을 하기도 하고 그 때문에 하나님으로부터 징벌과 심판을 받기도 하지만 하나님의 보호와 인도 아래 전진하게 되고, 마침내 가나안 땅이 바라보이는 모압 땅에 이르는 것으로 신명기는 끝이 난다. 그들의 조상 아브라함에게 약속된 대로 큰 민족을 이룬 이스라엘은 이제 하나님이 약속한 땅, '젖과 꿀이 흐르는 가나안 땅'으로 들어가서 그 땅을 차지하여 살게 될 것이다.

2. 예언서

부름을 받은 사람들: 문서 예언자들과 예언

'예언자'나 '예언'은 현대인들에게 그다지 긍정적으로 이해되는 용어는 아니다. 앞으로 일어날 일들을 미리 말하는, 즉 예언(豫言: 미리 예, 말씀 언)은 일상의 평범함과 다소 멀게 느껴지는 현상이기 때문이다. 반면 구약성서를 비롯하여 고대 메소포타미아나 이집트의 문헌들에 등장하는 예언자나 예언 현상은 고대인들의 일상과 밀접한 관련을 가지고 있었다. 왕궁에는 왕이나 나라를 위해 신들로부터 계시를 받아 말씀을 전달하는 직업 예언자들이 존재했다. 성전에서는 종교 지도자인 제사장들과 더불어 성전 예언자들이 활동했고, 여기서 집단 생활을 했던 단체 예언자들의 흔적도 발견할 수 있다. 예를 들어 고대 메소포타미아에서 발견된 마리(Mari) 문서에는 마리 왕국의 왕 짐릴림(Zimril-Lim)이 예언자들로부터 예언을 듣는 편지가 등장한다(기원전 1700년경). 구약성서에서도 발람(Balaam)이라는 모압 예언자의 이야기가 소개된다(민수기 22-24장). 예언자 나단(Nathan)은 다윗 왕에게 하나님의 축복(사무엘하 7장)과 심판(사무엘하 12장)을 전하기도 한다. 또한 예언자 집단이 단체로 음악에 맞추어 예언하며, 때로 하나님의 영을 받아 황홀경에 빠져 예언을 하는 사울 왕의 모습도 등장한다(사무엘상 10장). 남성 예언자들에 비해 소수가 구약성서에 기록되지만, 미리암(Miriam), 드보라(Deborah), 훌다(Huldah), 노아댜(Noadiah)에 대한 언급은 당시 여성 예언자도 존재했음을 알 수 있다.

이처럼 구약성서에는 다양한 예언자들과 예언 활동들이 기록되고 있는 반면, 자신의 이름으로 문서를 남긴 독특한 예언자들이 등장한다. 아모스(Amos)부터 말라기(Malachi)에 이르기까지 기원전 8세기부터 기원전 4세기까지 활동하며 자신의 이름으로 문서를 남긴 이들을 학자들은 문서 예언자라고 부른다. 문서 예언자들의 책인 문서 예언서는 책의 분량에 따라 세 권의 대 예언서(이사야, 예레미야, 에스겔)와 열두 권의 소 예언서(호세아, 요엘, 아모스, 오바댜, 요나, 미가, 나훔, 하박국, 스바냐, 학개, 스가랴, 말라기)로 분류된다. 단체로 혹은 전문 직업인으로 왕궁이나 성전에서 예언 활동을 하던 예언자들과 달리, 문서 예언자들은 특정 직업을 가지고 평범한 일상을 살던 사람들이었다. 예를 들어 첫 문서 예언자 아모스는 돌무화과를 재배하고 가축을 기르는 농장을 가진 농부였다. 그러던 어느 날 예언자들은 환상으로 혹은 말씀으로 하나님으로부터 부름을 받고 예언자로서 활동을 시작한다. 예언자를 의미하는 히브리어 '나비(nabi)'는 '부름을 받다'는 아카드어 '나붐(nabum)'에서 유래한 용어로, 예언자들은 자신의 의지로 예언 활동을 시작한 사람들이 아니었다. 하나님의 부름을 받고, 하나님으로부터 받은 말씀을 공동체에 전하는 사람들이었다. 따라서 문서 예언자들은 "야웨 하나님께서 이렇게 말씀하신다"라는 특정 형식을 사용하여 말씀을 전달한다. 선포되는 말들은 자신들의 말이 아니라 하나님이 자신들에게 맡긴 말씀이라는 것이다. 이런 의미에서 문서 예언자들의 예언은 미래에 대한 예언이 아닌, 그들에게 맡겨진 말씀을 전하는 예언(預言: 맡길 예, 말씀 언)으로 정의할 수 있다. 문서 예언자들이 전한 말씀은 오히려 현재 역사 속에서 일어나는 사건들과 밀접하게 관련되어 있다. 미래는 단지 현 상황에 대해 예언자들로부터 말씀을 들은 이들이 어떻게 응답하는가와 관련하여 결과적으로 나타날 뿐이다.

문서 예언자들이 활동한 기원전 8세기부터 기원전 4세기까지는 이스라엘 역사에 중대한 사건이 일어난 시기였다. 남과 북으로 나뉜 두 왕국, 곧 남유다와 북이스라엘이 강대국에 의해 멸망한 것이다. 기원전 8세기의 경제적 번영에도 불구하고 빈부격차는 심화되었고, 정치나 종교 지도자들은 타락하여 제 역할을 하지 못한 채 자신들의 이익을 챙기기에 여념이 없었다. 가진 자들은 더 많은 것을 가지기 위해 가난한 사람들을 착취했지만 법도 이들을 보호해주지 못했다. 기원전 8세기에 등장하여 남과 북이 모두 멸망하기까지 활동한 문서 예언자들의 핵심 선포가 신랄한 사회 비판이었던 것은 바로 이러한 사회적 상황 때문이었다. 하지만 문서 예언자들의 사회 비판의 말들은 종교 · 정치 지도자는 물론 백성들에게도 거부되곤 했다. 하나님의 말씀을 받아들이지 못하는 지도자들과 백성들을 위해 문서 예언자들은 때로 몸으로 상징적인 행동을 하며 하나님의 말씀을 전하려고 노력했다. 이사야(Isaiah)는 벌거벗은 몸으로 3년을 돌아다닌다. 에스겔(Ezekiel)은 머리카락과 수염을 잘라 불에 태우고 칼로 자르고 바람에 날리는 상징적 행위를 통해, 불의한 현실을 간과할 때 나라는 멸망하고 포로가 될 것임을 암시하기도 한다. 하지만 문서 예언자들은 오히려 정신 나간 사람으로 취급받기도 하고, 구덩이에 갇히거나 목숨의 위협을 겪기도 한다. 이러한 고난 속에서 문서 예언자들은 때로 인간적인 외로움과 고통을 토로하며 자신이 태어난 날을 저주하기도 한다. "내가 태어난 날이 저주를 받았어야 했는데, 어머니가 나를 낳은 날이 복된 날이 되지 말았어야 했는데"(예레미야 20:14). 그럼에도 문서 예언자들은 백성들과 사회를 향한 애정을 잃지 않고, 끝까지 자신들에게 맡겨진 하나님의 말씀을 전하며 예언자로서의 사명을 감당한다. 결국 문서 예언자들이 선포한 대로 타락한 공동체는 하나님의 심판으로 멸망한다. 북이스라엘은 기원전 722년 앗시리아에, 남유다는 기원전 587년 바빌론에 의해 멸망하여 일부 지도자들과 백성들은 포로로 잡혀간다. 이후 문서 예언자들은 실의에 빠진 백성들에게 다시 희망의 말씀을 전하며 백성들을 위로하고 새로운 공동체로의 출발을 약속한다.

문서 예언자들의 선포의 내용

① 사회 정의

문서 예언자들의 선포 중 가장 핵심적인 말씀은 '정의'가 부재한 사회 현실에 대한 비판이다. "너희는 다만 공의가 물처럼 흐르게 하고, 정의가 마르지 않는 강처럼 흐르게 하여라"(아모스 5:24). 정의의 예언자로 알려진 아모스 말씀의 핵심이다. '공의'가 사회의 제도적인 측면에서 올바른 질서를 의미한다면, 정의는 이웃을 공정하고 의롭게 대하는 삶의 자세를 의미한다. 한마디로 사회 구조 속에서나 이웃 간에 마땅히 지켜져야 할 올바른 관계성이 완전히 상실된 공동체에게 정의를 촉구하는 말씀이다. 남유다 출신이지만 북이스라엘에서 말씀을 선포한 아모스의 활동 시기는 정치적 · 경제적 안정기였다. 국제 무역은 활성화되었고 포도주 생산용 야탑이 세워지고 올리브유 압축기가 사용되는 등의 기술 혁신은 경제적 번영을 가속화했다. 하지만 부의 분배는 이루어지지 않았다. 경제적 혜택은 고위층과 부유한 자들에게 집중되었고, 가난한 사람들에 대한 착취는 오히려 심화되었다. "신 한 켤레 값에 가난한 빈민이 팔리는"(아모스 2:6) 것이 당시 현실이었다. 가진 자들은 "빈궁한 사람들을 짓밟고 이 땅의 가난한 사람들을 망하게 하는 자들"(아모스 8:4)이다. 깨진 돌로 집을 지어 생존을 유지하던 가난한 사람들과 달리, 부유한 자들은 별장을 만들고 호화로운 상아 침대에서 양과 송아지 고기를 즐긴다(아모스 6:4). 가난한 사람들의 억울한 사정을 들어주고 이들을 대변해주어야 할 사법 제도는 뇌물에 눈이 어두워 오히려 이들을 압제한다. "너희는 의로운 사람을 학대하며, 뇌물을 받고 법정에서 가난한 사람들을 억울하게 했다"(아모스 5:12).

남유다의 상황도 별반 다르지 않았다. 남유다의 모레셋이라는 지방에 거주하던 예언자 미가(Micah)는 가진 자들과 지도자들의 잔인함을 생생하게 묘사한다. "너희는 내 백성을 잡아먹는다. 가죽을 벗기고, 뼈를 산산조각 바수고, 고기를 삶듯이, 내 백성을 가마솥에 넣고 삶는다"(미가 3:3). 미가는 부자들이 더 많은 토지를 소유하기 위해 가난한 자들의 소유를 빼앗는 현실도 신랄하게 비판한다. "탐나는 밭을 빼앗고, 탐나는 집을 제 집으로 만든다"(미가 2:2). 도시를 건설하기 위해 지방에 사는 백성들을 착취하는 현실도 미가는 비판한다. "너희는 백성을 죽이고서, 그 위에 시온을 세우고, 죄악으로 터를 닦고서, 그 위에 예루살렘을 세웠다"(미가 3:10). 정의에 관심을 갖고 실현해야 할 지도자들에 의해 오히려 정의는 무너지고 가난한 자들의 삶은 더 피폐해지는 현실에 대한 묘사다. 결국 아모스나 미가 모두 하나님의 심판으로서의 공동체의 종말을 선포한다.

② 종교 지도자들, 예배 및 예언자들에 대한 비판

종교 지도자들과 예언자들도 문서 예언자들의 비판에서 비켜가지 못한다. 문서 예언자들은 이들을 비인간적으로 약자를 착취하고 물질에 대한 탐욕이 가득한 사람들이라고 비판했다. "제사장들은 삯을 받고서야 율법을 가르치고, 예언자들도 돈을 받고서야 계시를 밝힌다"(미가 3:11). 백성들에게 정의로운 삶을 살도록 가르치며, 하나님이 주시는 말씀을 선포하여 올바른 길로 백성들을 인도해야 할 종교 지도자들은 책임을 망각한 지 오래다. 일상적인 삶은 불의와 거짓이 가득한 채, 하나님께 제물을 바치며 팔을 벌려 기도하는 위선적인 자들이다. 정의는 실천하지 않은 채 자신들이 드리는 예배를 하나님이 기쁘게 받을 것이라고 착각하는 자들이다. 하지만 하나님은 사회적 약자를 짓밟고 드리는 예배를 외면한다. 이는 백성들에게도 동일하게 적용된다. 가난한 자들을 착취하면서 경건한 척 하나님을 찾는 자들을 거들떠보지 않는다고 예언자들은 명백히 선포한다.

> 너희가 나의 앞에 보이러 오지만, 누가 너희에게 그것을 요구했느냐? 나의 뜰만 밟을 뿐이다! 다시는 헛된 제물을 가져오지 말아라. 다 쓸모없는 것들이다. 분향하는 것도 나에게는 역겹고, 초하루와 안식일과 대회로 모이는 것도 참을 수 없으며, 거룩한 집회를 열어놓고 못된 짓도 함께 하는 것을, 내가 더 이상 견딜 수 없다. … 너희가 팔을 벌리고 기도한다 하더라도 나는 거들떠보지도 않겠다. 너희가 아무리 많이 기도를 한다 하여도 나는 듣지 않겠다. 너희의 손에는 피가 가득하다. … 내가 보는 앞에서 너희의 악한 행실을 버려라. 악한 일을 그치고, 옳은 일을 하는 것을 배워라. 정의를 찾아라. 억압받는 사람을 도와주어라. 고아의 송사를 변호하여 주고 과부의 송사를 변론해 주어라(이사야 1:12-17).

문서 예언자들이 종교 지도자들의 존재를 거부하거나 예배를 전면 부정한 것은 아니다. 단지 그들은 올바른 예배가 일상의 삶 속에서의 올바른 행위와 분리되지 않으며, 정의롭게 살아가는 것이 진정한 예배라고 선포했다. 정의가 실천되는 그곳이 바로 하나님이 예배되는 곳이라는 것이다. 참 예배, 참 종교는 정의를 실천하고, 사랑을 행하며, 하나님과 동행하는 것이라는 예언자의 선포(미가 6:8)는 세상에서의 윤리적인 실천과 하나님을 예배하는 것이 밀접하게 관련되어 있음을 강조한다.

돈을 받고 계시를 말하는 예언자들에 대한 비판은 당시 거짓 예언자가 성행했다는 것을 보여준다. 정의를 상실한 공동체가 종말을 향해 가고 있는 상황에서도 거짓 예언자들은 평화를 외치며 백성들을 안심시킨다. 하나님이 그들과 함께 계시다며 백성들을 속인다(미가 3:11). 거짓 예언자들의 선포는 물질을 얻기 위한 수단으로 전락하여 백성들을 잘못된 길로 인도한다. 거짓 예언자들은 백성들이 현실을 올바로 보지 못하도록 이들의 눈과 귀를 막는다. "예언자라는 자들이 나의 백성을 속이고 있다. 입에 먹을 것을 물려주면 평화를 외치고, 먹을 것을 주지 아니하면 전쟁을 벌일 준비를 한다"(미가 3:5). 이제 예언자들은 더 이상 하나님으로부터 어떠한 계시도 받지 못해 본래 예언자로서의 역할을 상실한다(미가 3:6). 정의를 외면한 정치, 종교 지도자들과 백성들을 향한 하나님의 진노는 공동체에 대한 심판이다. 이스라엘을 자신의 백성으로 선택하고, 그들을 모든 위협으로부터 지켰던 하나님의 구원의 날은 심판의 날로 변한다. 하나님이 선택한 도시 예루살렘과 하나님의 성전은 폐허가 될 것이라고 예언자들은 외친다. 기쁨의 노래가 울려 퍼지던 공동체에는 애곡하는 소리로 가득찰 것이며 이들은 포로로 끌려갈 것이라고 예언자들은 외친다. 왜냐하면 이들은 정의를 버리고, 가난한 자들과 약자들을 외면했기 때문이다.

③ 하나님을 신뢰하지 못하는 백성들과 정치 지도자들에 대한 비판

이스라엘의 하나님 야웨를 신뢰하지 못하고 다른 신, 특히 바알(Baal)을 따르는 백성들을 향한 비판도 문서 예언자들의 선포 내용 중 하나다. 예를 들어 기원전 8세기 북이스라엘은 점차 정치적 혼란기를 맞이하면서 빈번하게 왕들이 암살되었고, 강대국 앗시리아의 위협과 전쟁으로 경제적으로도 쇠퇴하기 시작했다. 바알은 가나안 원주민들의 실질적인 최고신으로, 비를 주관하여 풍요와 다산을 가져온다고 믿어진 남신(男神)이다. 가나안 지역의 계절 변화와 관련하여 이해된 바알은 가나안의 건기(4-10월) 동안에는 죽은 신으로, 배우자인 여신 아세라(Aserah)의 도움으로 다시 살아난 후 그녀와 성적인 결합을 통해 가나안에 비를 내리고 풍요를 가져온다. 가나안 땅에 정착한 이스라엘 백성들에게 풍요와 다산을 제공하는 바알은 매력적인 신이었고, 이스라엘 백성들은 풍요를 기원하며 자신들의 하나님인 야웨를 버리고 바알 종교에 심취하기 시작했다. 때로는 바알을 찾아가 거기서 야웨 하나님에게 예배를 드리면서 두 종교가 혼합되기도 했다. 물질적인 풍요를 갈망하며 야웨 하나님을 버리는 이런 상황에서 예언자 호세아(Hosea)는 백성들에게 하나님께로 돌아오기를 촉구한다. 이스라엘 백성들이 누리는 모든 것은 바알이 아닌 그들의 하나님이 주신 것임을 상기시킨다. 자신들의 하나님이 누구인지를 바로 알고, 하나님과 사랑했던 관계를 회복하도록 호세아는 백성들에게 호소하지만, 결국 하나님을 신뢰하지 못한 북이스라엘은 기원전 722년에 앗시리아 제국에 의해 멸망한다.

문서 예언자들은 정치적인 위기 상황 속에서 하나님을 신뢰하지 못하는 왕들도 비판한다. 북이스라엘은 멸망하기 이전 시리아와 연합군을 형성하여 남유다를 침공한다(기원전 734-733년경). 이때 불안한 정치 상황 속에서 예언자 이사야는 남유다 왕에게 하나님만을 신뢰하도록 권고하며, 강대국 앗시리아와의 동맹을 하나님에 대한 불신으로 간주한다. 이후 앗시리아 제국은 새로 등장한 바빌론 제국에 의해 멸망하고, 남유다는 바빌론의 지속적인 위협 아래 놓이게 된다. 그리고 친바빌론파와 반바빌론파의 의견 대립으로 혼란한 정치 상황 속에서 남유다 왕은 예언자로부터 하나님의 말씀만을 신뢰하고 따르도록 권고받지만 받아들이지 않는다. 결국 남유다도 기원전 587년 바빌론에 의해 멸망하면서 도시 예루살렘과 성전은 파괴되고 지도자들은 바빌론에 포로로 끌려간다. 이렇게 포로로 잡혀간 유대인들은 문서 예언자들이 선포한 심판의 말씀이 거짓이 아닌 참 예언이었다는 것을 깨닫고 예언자들의 말씀을 모으고, 정리하고, 때로는 새로운 상황 속에서 재해석한다. 이것이 문서 예언서들이 탄생하는 계기가 된다.

④ 희망의 약속과 메시아 탄생 예고

나라를 잃고 바빌론으로 끌려가 절망에 빠진 포로들에게 문서 예언자들은 새로운 시대가 올 것이라는 희망과 위로의 말씀을 선포한다. "예루살렘 주민을 격려하고, 그들에게 알려주어라. 이제 복역 기간이 끝나고,

죄에 대한 형벌도 다 받고, 지은 죄에 비하여 갑절의 벌을 받았다고 외쳐라"(이사야 40:2). 하나님의 심판을 통해 백성들의 죄는 용서받았고, 이제 하나님은 자신의 백성들을 구원할 것이라는 희망의 선포다. 죽음의 골짜기에 널브러진 마른 뼈와 같았던 포로들은 마른 뼈에 살이 붙고 가죽이 생기면서 다시 살아나는 말씀을 통해 희망을 보기도 한다(에스겔 37장). 바빌론을 멸망시키고 새 강대국으로 등장한 페르시아 제국의 왕 고레스는 포로들이 고향으로 돌아가도록 칙령을 선포한다. 거대한 바빌론 제국의 수호신 마르둑(Marduk) 앞에서 무력해 보이기만 했던 야웨 하나님은 포로기에 활동했던 예언자들에 의해 온 우주의 역사를 지배하고 통치하는 존재로 선포된다. 또한 그들의 하나님, 야웨만이 유일한 신이라는 개념이 포로기를 거치면서 선포되고 형성된다. 기원전 539년부터 포로들은 고향인 유다 땅으로 귀환하면서 새 성전을 건립하고 공동체를 재정비하는 일을 추진하지만, 다양한 갈등 상황은 지속된다.

한편 이스라엘 백성들의 삶을 어둠에서 빛으로 변화시킬 새로운 왕의 도래에 대한 기대는 메시아 사상을 태동시킨다(이사야 9, 11장). 새로운 왕은 다윗 가문에서 태어날 것이며(이사야 11:1) 평화를 실현하고 공의와 정의로 새 나라를 다스릴 것이다(이사야 9:6-7). "가난한 사람들을 공의로 재판하고, 세상에서 억눌린 사람들을 바르게 논죄한다. … 그는 정의로 허리를 동여매고 성실로 그의 몸의 띠를 삼는다. 그때에는, 이리가 어린 양과 함께 살며, 표범이 새끼 염소와 함께 누우며, 송아지와 새끼 사자와 살진 짐승이 함께 풀을 뜯고, 어린아이가 그것들을 이끌고 다닌다"(이사야 11:4-6). 착취와 억압이 없는 평화로운 세상, 먹고 먹히는 관계를 넘어서 모두가 함께 사는 평화의 시대가 새로운 왕의 탄생과 함께 시작된다는 선포다. 이러한 구약성서의 메시아 사상은 신약성서에서 예수의 탄생과 연결되어 해석되었다. 하지만 이것은 초대 기독교인들의 신앙 고백으로 이해해야 할 것이다. 구약성서에 등장하는 새로운 왕에 대한 기대는 지금은 정확히 알 수 없는 이스라엘의 구체적인 역사적 상황에서 배태된 사상이다. 정의를 실현하지 않는 왕들에 대한 비판과 실망, 나라를 잃고 왕이 부재한 상황 속에서 새로운 왕이 도래할 것이라는 소망은 시간이 지나면서 하나님이 백성들의 왕이라는 사상으로 발전되어 가기도 한다. 그럼에도 예언자들이 선포한 메시아가 바로 예수이며, 예언자들의 약속이 예수에게서 성취되었다고 보는 것은 자칫 구약의 예언을 신약성서의 관점에서 해석하게 할 수 있어, 구약의 문서 예언자들을 폭넓게 이해하는 데 걸림돌이 될 수도 있다.

예언자와 여성 및 남겨진 과제들

문서 예언자들의 선포의 말씀은 인간의 억압과 차별, 특히 가난하고 힘없는 자들에 대한 착취와 횡포를 통렬히 비판함으로써 이스라엘 종교의 윤리적인 측면을 강조하는 긍정적인 결과를 가져왔다. 물론 오늘날 우리 시대에 재해석이 필요한 부분도 분명 존재한다. 예를 들어 가나안 원주민들의 신 바알이나 바빌론의 신 마르둑에 대한 예언자들의 비판은 고대 이스라엘의 구체적인 배경 속에서 이해되어야 하며, 이웃 종교와의 대화가 요청되는 현시대에 적용하기 어려운 말씀이다. 강대국의 위협 속에서 갈등하는 정치 지도자들을 하나님에 대한 불신으로 비판하는 예언자들의 말씀도 마찬가지다. 이것은 당시 역사적 상황 속에서 하나님의 말씀에 집중하고자 한 문서 예언자들의 시각으로 이해해야 할 것이다.

그러나 무엇보다 현시대에 가장 재해석이 필요한 부분은 여성을 바라보는 예언자들의 시각이다. 여성이 남성의 부속물로 취급되었던 고대 이스라엘 사회에서 가장 차별받았던 여성들에 대해 예언서는 무관심하다. 오히려 여성들의 성(sexuality)과 몸은 하나님을 배반하는 이스라엘 백성들을 비유적으로 표현하기 위하여 예언자들에 의해 부정적으로 묘사됨으로써 자칫 여성 혐오의 근거로 오용될 수도 있다는 점을 현대의 독자들은 간과하지 말아야 할 것이다. 물론 문서 예언자들이 살아가던 사회의 시대적인 한계였을 것이다. 또한 이름이 알려지지 않은 채 '여성 예언자'로 등장하는 이사야의 아내에 대한 간략한 언급(이사야 8:3)은 '(해석에 대한 논란에도 불구하고) 문서 예언자로 기록되지 못하고 사라져간 다른 여성 예언자는 없었을까'라는 의문을 품게 한다. 그럼에도 문서 예언서의 핵심 선포인 사회 정의와 약자에 대한 관심은 오늘날에도 여전히 유효하며, 각자의 삶의 자리에서 이것을 어떻게 실천할 것인가는 독자들의 과제로 남겨두고자 한다.

3. 성문서

성문서(聖文書)는 네 종류의 문학 단위를 포함한다. 즉 성문서는 소분류로 시가서(詩歌書: 시편, 욥기, 잠언), 다섯 두루마리(룻기, 아가, 전도서, 애가, 에스더), 묵시(다니엘서), 역사(에스라/느헤미야, 역대기)로 구분된다. 다양한 문학 형태의 성문서를 주제별로 시와 노래, 지혜, 여성 주인공, 묵시로 나누어 살펴보고자 한다.

시와 노래

구약성서에서 가장 대표적인 시와 노래 모음집은 시편이다. 시편은 찬양시, 감사시, 제왕시, 순례시, 탄원시, 지혜시 등 다양한 형태의 노래시 150편을 모아놓은 시집이다. 이 중에서도 시편에서 가장 많은 부분을 차지하는 유형은 탄원시라는 점이 눈길을 끈다. 시편은 개인적인 소회를 담은 시들로 구성되어 있지만, 대개는 성전 예배를 전제로 한다는 점에서 공동체 시를 포함한다는 특징을 지닌다. 예컨대 공동체 탄원시의 경우, 이스라엘 백성 전체가 망국이라는 국가적 비극 앞에서 탄식하고 하나님께 대적을 물리쳐달라고 탄원한다. 대표적인 공동체 탄원시인 시편 74편의 일부는 다음과 같다.

> 하나님, 어찌하여 우리를 이렇게 오랫동안 버리십니까?
> 어찌하여 주님의 목장에 있는 양 떼에게서 진노를 거두지 않으십니까?
> 먼 옛날, 주님께서 친히 값 주고 사신 주님의 백성을 기억해주십시오.
> 주님께서 친히 속량하셔서 주님의 것으로 삼으신 이 지파를 기억해주십시오.
> 주님께서 거처로 삼으신 시온 산을 기억해주십시오.
> 원수들이 주님의 성소를 이렇게 훼손했으니, 영원히 폐허가 된 이곳으로 주님의 발걸음을 옮겨놓아 주십시오.
> 주님의 대적들이 주님의 집회 장소 한가운데로 들어와서 승전가를 부르며, 승리의 표로 깃대를 세웠습니다.
> 그들은 나무를 도끼로 마구 찍어내는 밀림의 벌목꾼과 같았습니다.
> 그들은 도끼와 쇠망치로 성소의 모든 장식품들을 찍어서, 산산조각을 내었습니다.
> 주님의 성소에 불을 질러 땅에 뒤엎고, 주님의 이름을 모시는 곳을 더럽혔습니다.
> 그들은 '씨도 남기지 말고 전부 없애버리자' 하고 마음먹고, 이 땅에 있는, 하나님을 만나 뵙는 장소를 모두 불살라버렸습니다.
> 우리에게는 어떤 징표도 더 이상 보이지 않고, 예언자도 더 이상 없으므로, 우리 가운데서 아무도 이 일이 얼마나 오래갈지를 아는 사람이 없습니다.

> 하나님, 우리를 모욕하는 저 대적자를 언제까지 그대로 두시렵니까?
> 주님의 이름을 모독하는 저 원수를 언제까지 그대로 두시렵니까?
> 어찌하여 주님께서 주님의 손, 곧 오른손을 거두십니까?
> 주님의 품에서 빼시고, 그들을 멸하십시오(시편 74:1-11).

이스라엘 민족은 성전을 잃고, 나라를 잃고, 예언자도 없는 망국의 현실을 신에게 버림을 받은 것으로 생각하고 탄식한다. 이제 그들은 자신들의 상황을 반전시키고, 대적을 멸해달라고 간청하는 탄원시를 노래한다. 이스라엘의 개인과 국가의 삶에서 가장 많은 부분을 차지하는 것이 슬픔과 고통이었음을 시편의 거의 3분의 2를 차지하는 탄원시를 통해 확인할 수 있다. 그러나 동시에 찬양시는 삶이 평탄할 때 기쁨의 순간을 노래하고, 하나님을 찬양하라고 권한다.

시편의 탄원시와 유사한 시 모음집은 애가다. 애가는 제목 그대로 망국의 한을 다섯 편의 시로 표현한 공동체 탄원시다. 처음 네 편의 시는 히브리어 알파벳의 순서대로 배열한 이합체(acrostics) 형식을 갖추고 있고, 마지막 다섯 번째 시는 알파벳 순서를 따르지 않는다. 애가의 첫 네 편의 시는 이스라엘 백성이 예루살렘 성전의 붕괴를 한탄하는 마음을 담고 있는 비가이지만, 그렇다고 애가가 단순히 망국이라는 비극 앞에서 좌절과 절망을 토로하기만 하는 것은 아니다. 그들은 자신들의 죄와 부정으로 인해 참담한 비극을 겪게 되었음을 고백한다. 특히 애가는 망국의 원인을 바빌론의 절대 우위에서 찾지 않고 하나님에게서 비롯된 것이라고 고백한다. 그래서 애가는 하나님을 예루살렘을 치러 오는 용사로 표현한다. 그렇기에 마지막 시에서 하나님을 향하여 공동체를 기억하고 회복시켜 달라고 호소한다.

문학적 장르라는 면에서 시편이나 애가와 같이 시문학이지만, 구약성서에는 완전히 다른 주제를 다루는 시모음집인 아가가 있다. 아가는 히브리어로 '노래 중의 노래(song of songs)'라는 뜻으로, 이것은 사랑하는 남녀의 독창과 친구들의 합창으로 구성된 사랑 노래 시집이다. 특히 아가는 고대 이스라엘의 가부장제 사회에서 저작된 점을 고려할 때, 여성이 남성의 육체적 아름다움을 과감하게 표현하고 사랑의 감정을 격정적으로 드러낸다는 점에서 매우 독특하다. 매우 세속적이며 에로틱한 사랑 시집인 애가가 구약의 정경 중 한 권이 된 것에 대해서 많은 의문과 해석이 제기되었다. 그래서 전통적으로 유대교는 하나님의 이스라엘을 향한 사랑을, 기독교는 하나님의 교회를 향한 사랑을 은유적으로 표현한 것이라고 해석했다.

지혜

히브리어로 지혜는 '호크마(chokmâh)'다. 그런데 호크마는 기본적으로 추상적이기보다 구체적인 삶의 기술을 지칭한다. 이런 호크마의 기본 뜻을 가장 잘 드러내는 책은 이스라엘의 지혜 문학이라 불리는 잠언이다. 잠언은 이스라엘의 역사적 여정이나 계약, 율법과 같은 신학적 주제를 다루지 않는다는 점에서 구약의 다른 책들과 구분된다. 이런 특징 외에도 잠언은 지혜와 우매, 언어 생활, 가정 생활, 부와 가난, 겸손과 교만, 근면과 게으름 등의 삶의 기술을 다루기 때문에 세속적이라는 평가를 받기도 한다. 대표적인 잠언의 가르침 중에 몇 가지를 살펴보면 이런 평가는 타당한 것처럼 보인다.

- "재물은 친구를 많이 모으나, 궁핍하면 친구도 떠난다"(잠언 19:4).
- "가난하지 않으려면 잠을 좋아하지 말고, 먹을거리를 풍족히 얻으려면 깨어 있어라"(잠언 20:13).
- "늘 술에 취해 있으면서 먹기만을 탐하는 사람은 재산을 탕진하

게 되고, 늘 잠에 빠져 있는 사람은 누더기를 걸치게 된다"(잠언 23:21).

하지만 이 모든 세속적 주제에도 불구하고, 잠언은 궁극적인 지혜의 근본을 종교적 토대에 두고 있다. 잠언이 말하는 지혜의 근본은 '하나님을 경외'하는 것에서 출발한다. 때로는 엄격하지만 사랑에서 비롯된 부모의 훈육을 따라갈 때 자녀들이 잘되는 것처럼, 하나님을 경외하는 지혜로운 자는 악을 피하고 선을 추구하고, 결국 이 세상에서 행복한 삶을 살게 된다. 그러나 잠언의 인과율은 그러한 원칙이 현실이 되지 않는 상황 앞에서 도전을 받게 된다.

욥기는 잠언의 인과율이 지켜지지 않는 현실을 욥(Job)이라는 한 의로운 남자의 고난을 통해 고발한다. 욥기 첫 장의 첫 구절은 주인공 욥을 '온전하고, 정직하여 하나님을 경외하며 악에서 떠난 자'라고 소개한다. 잠언에서 말한 행복한 삶을 살아갈 표본적 인물이 바로 욥이다. 그런데 욥은 하루아침에 모든 재산을 잃고, 사랑하던 7명의 아들과 3명의 딸마저 잃는다. 설상가상 욥은 건강까지 완전히 잃어버려 아내로부터 '하나님을 욕하고 죽으라'는 말을 듣는 지경에 이른다. 욥의 모든 고통이 그의 잘못으로부터 비롯된 것이 아니라는 것을 욥기는 첫 장에서부터 알려준다. 마치 주인공만 알지 못하고 관객들은 처음부터 다 알고 전개되는 연극처럼, 욥기는 서두에서 이 모든 고통의 이유는 하나님과 사탄의 거래로부터 시작된 것임을 알려준다. 하나님은 사탄에게 "너는 내 종 욥을 잘 살펴보았느냐? 이 세상에는 그 사람만큼 흠이 없고 정직한 사람, 그렇게 하나님을 경외하며 악을 멀리하는 사람은 없다"(욥기 1:8)고 말한다. 그러자 사탄이 오히려 되묻는다. "욥이 아무것도 바라는 것이 없이 하나님을 경외하겠습니까? 주님께서 그와 그의 집과 그가 가진 모든 것을 울타리로 감싸주시고 그가 하는 일이면 무엇에나 복을 주셔서 그의 소유를 온 땅에 넘치게 하지 않으셨습니까?"(욥기 1:9-10). 사탄은 아무 염려와 걱정거리가 없을 정도로 부유하고 여유로운 욥이 하나님을 경외하는 것은 당연하며, 욥이 아무것도 바라는 것도 없이 하나님을 경외하는 것이 아니라고 반박한다. 사탄의 반박은 종교를 갖는 이유에 대한 근본적 의도를 질문한다는 점에서 매우 의미심장하다. 욥기에 등장하는 사탄은 흔히 알려진 뿔 달린 악마의 모습이 아니라, 하나님과 대화를 주고받고, 하나님이 아닌 사람들과 대적하는 존재로 나타난다. 무엇보다도 놀라운 점은 사탄의 반박을 받은 하나님이 사탄에게 욥이 온갖 고통을 겪도록 허락했다는 점이다. 왜 하나님은 잘못이 없는 자에게 이유 없는 고통을 허락하는지, 혹은 욥처럼 의로운 자가 의로움 때문에 고통을 감내해야 하는지, 또 사탄의 질문처럼 인간의 부유함과 여유로움은 인간의 의로움의 이유인지 아니면 결과인지에 대한 질문이 제기된다.

욥기는 이런 질문에 대하여 모든 것을 잃고 절망에 빠진 욥을 찾아온 세 친구와의 세 번에 걸친 대화를 통해 답하고자 한다. 그러나 세 친구와 마지막에 등장하는 젊은 친구는 잠언에 이미 나타난 인과율에 철저하게 근거하여 욥이 오늘 당하는 모든 고통은 그가 미처 다 고백하지 않은 악한 행위에서 비롯된 것이라고 단정한다. 이들은 욥에게 죄를 고백하면 용서를 받을 것이라고, 대화가 진행될수록 강도를 더해가면서 강요한다. 첫 번째 친구가 다음과 같이 말한다. "잘 생각해보아라. 죄 없는 사람이 망한 일이 있더냐? 정직한 사람이 멸망한 일이 있더냐?"(욥기 4:7), "나 같으면 하나님을 찾아서, 내 사정을 하나님께 털어놓겠다"(욥기 5:8). 욥은 자신의 유죄를 전제하고 회개하라고 말하는 친구를 향해 비난한다. "그런 말은 전부터 많이 들었다. 나를 위로한다고 하지만, 오히려 너희는 하나같이 나를 괴롭힐 뿐이다"(욥기 16:2). 두 번째 친구는 자신의 무죄를 주장하는 욥에게 "어찌 사람이 하나님 앞에서 의롭다고 하겠으며, 여자에게서 태어난 사람이 어찌 깨끗하다고 하겠는가?"(욥기 25:4) 하고 말하며 나무란다. 욥은 이 친구에게 "너희는 내 친구들이니, 나를 너무 구박하지 말고 불쌍히 여겨다오"(욥기 19:21)라고 호소했지만, 그는 고통 속에 있는 친구를 향한 동정심보다 인과율이라는 엄격한 기준을 갖고 판단한다. 세 번째 친구 역시 욥을 위로하는 듯 말하지만, 욥의 불행에는 이유가 있다는 확신 속에서 "악한 자의 승전가는 언제나 잠깐뿐이었으며, 경건하지 못한 자의 기쁨도 순간일 뿐"(욥기 20:5)이라고 말한다. 욥은 이 친구들의 위로가 더는 위로가 아니라고 보고 "너희는 빈말로만 나를 위로하려 하느냐?"(욥기 21:34) 하고 탄식한다.

욥기는 구약성서의 내적 통일성에 도전을 던지는 책이다. 욥의 친구들은 잠언에 나타나는 인과율을 일관되게 지지하지만, 주인공 욥은 오히려 자신의 무죄함을 고통과 분노로 가득 차서 항변하며 인과율의 무원칙성을 고발하기 때문이다. 욥기는 주인공처럼 개인적인 고난을 인내하고 본받으라고 가르치는 책이 아니다. '삶의 온갖 부조리에도 불구하고 신은 정의로운가' 하는 문제(신정론)를 끝까지 붙들고 인생을 향한 신의 대답을 간구하는 욥의 인내를 가르치는 책이다. 욥은 자녀를 잃고, 건강을 잃고, 아내로부터 외면당한 무죄한 자의 고통, 고정관념에 가득 찬 친구들의 몰이해, 심지어 신으로부터도 확실한 대답을 듣지 못하는 답답함을 견디고 견디면서도 신과의 관계를 굳건하게 유지한다.

잠언과 욥기가 인과율의 원칙을 논하고 있다면, 전도서는 '인간은 삶을 열심히 살아야 한다'는 전제 자체에 의문을 던진다. 전도서라는 제목은 히브리어 '코헬렛(Qoheleth)'의 번역으로, 그 뜻은 '설교자'다. 이 책의 시작과 마지막 부분은 3인칭으로 되어 있지만 나머지 부분은 1인칭으로 되어 있다. 즉 전체적으로 이 책은 1인칭으로 이루어져 지극히 개인적 · 주관적이며 심지어 인생의 모든 수고를 '헛되고 헛되다'라고 외치는 비관적 인생관을 서술한 책으로 보인다. 그런데도 "사람이 세상에서 아무리 수고한들, 무슨 보람이 있는가?"(전도서 1:3)라는 질문은 많은 생각을 하게 한다. '해 아래 새것이 없다'라고 말하는 전도서는 오히려 자연의 위대함 앞에서 인간의 유한함, 응보적 정의(retributive justice)의 무기력함, 죽음 앞에서 만인의 평등함 등을 관조적으로 서술한다. 그래서 매우 역설적으로 전도서는 이런 암울한 현실 앞에서 '인간은 현재를 즐기고 살아야 한다(Carpe diem)'는 것을 설교한다(전도서 9:7-10).

여성 주인공

구약성서에는 여성이 주인공으로 등장하는 두 권의 책이 있다. 첫 번째 책은 룻기다. 이 책이 더 특별한 이유는 룻(Ruth)이 이스라엘 여성이 아니라 모압 여성이기 때문이다. 룻은 자신의 고향 땅에서 이스라엘 남자와 결혼했다. 하지만 남편이 죽자 시어머니 나오미(Naomi)를 따라 이스라엘 땅으로 와서 정착하고, 이스라엘의 독특한 '가난한 친족 구휼 정책'인 '고엘(go'el)' 제도에 의해 재혼하여 이후 이스라엘의 두 번째 왕이 된 다윗의 증조모가 된다. 이 책은 이스라엘의 다윗 왕가가 다문화 가정의 후손이라는 점을 알려준다. 이런 사실을 기반으로 룻의 이야기는 단순히 다윗 왕조의 혈통의 계보를 알려주는 것 외에도, 하나님은 인종에 관계없이 고통받는 자들의 삶과 함께하심을 전한다.

두 번째 책은 에스더다. 오늘날 이스라엘의 어린이들이 미국의 할로윈처럼 자신이 선택한 복장을 하고 즐겁게 하루를 보내는 날인 부림절(Purim)은 주사위를 의미하는 히브리어 '푸르(pur)'에서 그 이름이 유래한다. 페르시아 제국의 에스더(Esther)와 그녀의 삼촌 모르드개(Mordecai)의 대적으로 등장하는 하만(Haman)은 유대인을 학살하기 위해 푸르를 던져 날짜를 정한다. 그렇게 유대인 대학살의 날이 정해지자, 유대인 공동체는 금식하며 삼베옷을 입고 잿더미 위에 앉아 애곡을 한다. 그때 페르시아의 왕비였던 에스더는 모르드개로부터 "왕후께서는 궁궐에 계시다고 하여, 모든 유다 사람이 겪는 재난을 피할 수 있다고 생각하십니까? 이런 때에 왕후께서 입을 다물고 계시면 유다 사람들은 다른 곳에서라도 도움을 얻어서 마침내는 구원을 받고 살아날 것이지만, 왕후와 왕후의 집안은 멸망할 것입니다. 왕후께서 이처럼 왕후의 자리에 오르신 것이 바로 이런 일 때문인지를 누가 압니까?"(에스더 4:13-14)라는 말을 전달받는다. 이 말을 전해들은 에스더는 3일을 금식한 후 왕을 만나러 가서, "임금님, 내가 임금님께 은혜를 입었고, 임금님께서 나를 어여삐 여기시면 나의 목숨을 살려주십시오. 이것이 나의 간청입니다. 나의 겨레를 살려주십시오. 이것이 나의 소청입니다. 나와 내 겨레가 팔려서 망하게 되었습니다. 살육당하게 되었습니다. 다 죽게 되었습니다. 우리가 남종이나 여종으로 팔려가기만 하여도 내가 이런 말씀을 드리지 않을 것입니다. 그만한 일로 임금님께 걱정을 끼쳐드리지는 않을 것입니다"(에스더 7:3-4)라고 간청한다. 왕은 에스더의 간청을 받아들이고, 결과는 반전되었다. 유대인을 집단 대학살하려고 계획했던 하만은 오히려 죽임을 당했고, 모르드개가 하만의 자리를 차지하면서 유대인들의 생존은 보장되었다. 에스더서는 몇 가지 점에서 독특하다. 에스더는 외국 사회와 문화 속에서 왕비가 되기까지 철저하게 동화되는 길을 선택한다. 이것은 중심부 문화를 철저하게 거부하고 차단함으로써 흡수될 위험을 피하는 전략과는 매우 거리가 멀다. 오히려 최고 권력에 저항하기보다 정치적 권력을 이용함으로써 유대 민족의 생존을 보장받는 것이 낫다는 메시지를 전달한다.

묵시

다니엘서는 구약에서 유일하게 묵시 문학 장르로 분류된다. 다니엘서의 전체 12개 장 중에서 첫 6개 장은 '영웅 소설'로 분류된다. 에스더처럼 주인공 다니엘(Daniel) 역시 외국의 궁정에서 지내며 교육을 받는 등 외국 문화 자체에 저항하지는 않는다. 하지만 다니엘은 왕에게 절을 하라는 명령과 유대인의 음식법에 충돌되는 문제에 부딪치자 격하게 저항한다. 따라서 다니엘서 1-6장은 궁중을 배경으로 하는 역사 소설의 형식을 통해, 디아스포라(Diaspora: '흩어진다'는 뜻의 그리스어에서 온 말로, 팔레스타인을 떠나 온 세계에 흩어져 살면서 유대교의 규범과 생활관습을 유지하는 유대인을 지칭함)에서 외국인으로 살아가는 유대인들에게 행동 규율을 지시하는 안내서의 역할을 한다. 즉 이 부분에서는 유대인은 자신들이 살아가는 문화와 사회에 동화하지만 종교적 문제에서는 타협하지 않아야 한다는 메시지를 던지고 있다.

한편 다니엘서의 후반부인 7-14장은 전반부와 달리 '묵시 문학'으로 분류된다. '묵시'라는 말은 그리스어 '아포칼립시스(ἀποκάλυψις)'에서 유래하는데, 그 뜻은 '숨겨진 것을 밝히고 드러낸다'는 것이다. 성서에서 묵시는 앞으로 다가올 일, 특히 역사적 시간의 끝(종말)과 그 끝에 이른 후에 다가올 새로운 질서를 밝힌다. 또한 다니엘서 7-14장에서 보듯이 반드시 역사적 현실을 배경으로 한다. 다니엘서 7-14장은 알렉산드로스(Alexandros) 대왕이 페르시아 제국을 무너뜨리고 급작스럽게 사망한 후, 그의 장군들 사이에서 권력 각축의 장이 된 헬라 제국을 배경으로 한다. 예컨대 다니엘서 7장의 '네 번째 짐승'은 헬라 제국을 지칭하는 것이고, 이 짐승의 머리에 난 '열 개의 뿔'은 이집트와 시리아를 각각 차지한 프톨레마이오스 제국과 셀레우코스 제국의 왕들을 지칭하며, 이 뿔들을 뽑아버리는 눈과 입이 있는 '작은 뿔'은 이후 시리아의 왕이 된 안티오쿠스 4세(Antiochus IV)를 지칭한다. 특히 다니엘서 7장 이후의 장들은 바로 이 '작은 뿔'로 등장하는 안티오쿠스 4세가 기원전 167년 예루살렘 성전에 제우스 신상을 세우고 유대교를 탄압한 구체적 사건을 배경으로 한다. 이 사건 전까지 이스라엘이 겪었던 고난이 종교적 불신실함의 처벌 결과였다면, 지금 이들이 겪는 것은 경건한 자들의 고난이라는 점에서 새로운 신학적 문제를 제기했고, 새로운 신학적 이해가 필요하게 되었다. 안티오쿠스 4세의 유례없는 종교 탄압이라는 역사적 사건을 겪으면서, 유대인들은 현재의 질서가 끝나고 신적 통치(메시아 왕국)가 직접 이루어지는 세상을 희망하게 된다. 바로 이처럼 현재의 질서가 끝나고 새로운 질서가 시작되리라는 희망적 기대가 바로 '종말 사상'이다. 종말의 서막은 현재의 탄압과 절망이지만, 하나님이 직접 선두에서서 지휘하는 종말 전쟁을 통해 사악한 대적들은 파국을 맞게 되고 하나님의 의롭고 경건한 남은 자들은 구원을 얻게 된다. 이 사상의 연장선상에서 안티오쿠스 4세의 유대교 탄압 시기에 죽은 순교자들에 대한 보상으로 등장하는 것이 바로 다니엘서 12장의 '부활' 개념이다. 구약 전체에서 유일하게 이 장에서, 이 세상의 부정의의 희생양이 된 개인에 대한 이 세상에서의 직접적인 보상이 아니라, 다가올 종말의 세상에서 주어질 보상으로 부활 개념이 등장한다.

제7장

신약성서

1. 복음서와 예수

복음서의 형성

복음서는 예수의 생애에 관한 가장 중요한 자료라고 할 수 있다. '복음서'라는 책의 명칭은 그리스어로 '유앙겔리온(εὐαγγέλιον)', 즉 '좋은 소식'이라는 말에서 비롯되었다. 원래 이 말은 그리스어로 국가의 승전보 등을 뜻했는데, 구약성서를 그리스어로 번역할 때는 여기에 '하나님이 구원하신다'는 좋은 소식의 뜻으로 확장되었다. 이 말이 지금의 복음서들을 지칭하게 된 것은 비교적 후대의 일이지만, 초기 기독교인들은 예수의 삶과 가르침, 그의 죽음과 부활 전체를 하나님으로부터 온 좋은 소식으로 이해했다고 볼 수 있다. 사실 초기 기독교인들은 부활한 예수가 곧 다시 올 것이라는 종말론적 기대 속에 살았기 때문에 예수의 생애나 가르침을 기록해둘 필요성을 느끼지 못했다. 따라서 복음서 저작은 비교적 늦게 이루어졌다. 이들은 예수에 대한 기억을 복음서로 문서화하기보다 예수의 가르침을 삶 속에서 실천하는 신앙의 공동체를 꾸리고, 예수가 보여준 새로운 세계에 대한 전망을 구현하는 것에 더 관심을 두었던 것으로 보인다. 그러나 점차 이 공동체가 지역적으로는 팔레스타인을 넘어, 시리아, 소아시아, 아프리카, 그리고 멀리 로마까지 확산되고, 세대적으로도 예수를 직접 만나지 못한 새로운 세대, 다양한 인종들로 확산되면서 점차 공동체의 성원들은 예수의 행적과 말씀을 정리해서 기록해야 할 필요성을 절감하게 되었던 것 같다. 공동체 내부적으로는 결속을 다지고, 외부적으로는 공동체를 변호하려는 신앙 공동체의 요구에 의해 복음서가 탄생하게 된 것이다.

현재 기록으로 남아 있는 복음서들은 다양하지만 그중에서 정경에 포함된 사복음서로 마태복음서, 마가복음서, 누가복음서, 요한복음서가 있다. 이 복음서들은 현재까지 발견된 복음서 중에서는 가장 오래된 것으로 역사적 예수를 연구하는 데 중요한 사료적 가치를 갖는다. 이 복음서들은 예수에 대한 신앙인들의 체험을 다룬 다양한 전승들, 구전 혹은 기록된 수집물들을 사용해 형성되었다. 이 중에서 마태복음서, 마가복음서, 누가복음서 세 복음서는 '공관복음서(共觀福音書)'라고 부를 만큼 비슷한 내용을 담고 있다. 여기서 가장 기초가 되는 복음서는 마가복음서이다. 무엇보다 마가복음서는 예수의 수난과 부활에 대한 이야기의 맥을 잡아주었고, 이것이 예수의 수난을 인류 구원을 위한 하나님의 대속의 섭리로 이해하게 만드는 복음서 신학의 기본적인 틀을 형성해주었다. 그리고 이를 토대로 한 마태복음서는 가장 유대적인 복음서라고 할 만큼 다양한 구약의 내용을 사용했다. 여기서는 예수가 유대 최고의 지도자인 모세보다 나은 가르침을 주는 교사, '율법보다 나은 의'를 제시하는 참된 선생님으로 그려진다. 그래서 마태복음서에는 기독교인들이 사랑하는 산상수훈(山上垂訓)처럼 아름다운 예수의 가르침이 많이 나온다. 이와 달리 '누가복음서'는 예수의 사건을 역사적으로 접근했다. 곧 로마 시대의 역사적 사건들, 특히 그 시기에 내전을 종식시키고 본격적으로 황제정을 시작한 아우구스투스 황제가 로마 제국에 팍스 로마나(Pax Romana, 로마의 평화)를 가져온 구세주로 선전된 것을 염두에 두고, 그 시대와 병행하여 예수 생애를 서술했다. 곧 진정으로 세상에 평화를 가져온 구세주는 로마 황제가 아닌 예수임을 밝히고자 한 것이다. 한편 공관복음서와 전혀 다른 맥락에서 저작된 요한복음서는 아름다운 상징어를 통해 예수를 빛과 진리, 그리고 세상을 창조한 하나님의 말씀, 그 말씀의 성육으로 묘사했다. 어둠은 빛을 이길 수 없기에 참 빛으로 오신 예수는 영원한 진리라고 말한다.

이렇듯 기본적으로 복음서들은 기독교 신앙과 관련하여 다양한 고백들을 담고 있지만, 동시에 역사적 예수의 삶에 대한 거의 유일한 사료라고 할 수 있다. 로마 제국 시대에 기독교를 탄생시킨 예수라는 인물은 과연 누구인지, 역사적으로 그는 고대 세계에 어떤 파장을 일으켰는지 이해하려면 이 네 복음서를 토대로 살펴보아야 한다.

예수 시대 팔레스타인의 역사적 배경

복음서에 의하면 예수는 1세기 로마 제국 치하의 유대 출신이다. 유대는 기원전 63년부터 로마의 지배를 받게 되었다. 지리적으로 유대는 로마 제국의 변방에 위치했는데, 당시 로마는 변방의 정복지에는 그 지역의 세력가들을 가신으로 두고 그들에게 제국의 질서와 변방의 수비를 맡겼다. 심지어 당시는 유대인도 아닌 이두메 출신의 헤롯(Herod)이 로마의 가신으로 유대의 통치자가 되었다. 그의 가문이 로마가 공화정에서 제정으로 이행하며 벌였던 수차례의 내전 동안 늘 승자들을 도우며 정복자들의 총애를 받아왔기 때문이다. 헤롯은 로마의 가신으로서의 의무를 충실히 이행했다. 그는 로마로부터 할당받은 막대한 액수의 세금은 물론 각종 조공을 바치거나 다른 이웃 지역에서도 건축 사업을 벌였다. 그는 거대한 건축 사업을 벌인 것으로 유명했는데, 자신에게 호의를 베푼 로마의 황제를 기리는 도시들을 건설하며 많은 건축물들을 지은 것이다. 극장이나 신전, 왕궁은 물론 예루살렘의 성전도 크게 증축했다. 그의 사후에도 그의 세 아들들이 유대 땅을 나누어 통치하며 지속적으로 로마의 가신 노릇을 했다. 이들도 각종 건축 사업 등을 통해 통치자로서의 위용을 과시하는 동시에 로마에 충성했다. 이 시기에 유대는 남쪽의 유대, 북쪽의 갈릴리, 그리고 그 외 동북쪽의 지역으로 나누어 헤롯의 세 아들들에게 분할되었는데, 예루살렘이 있는 유대 지역은 기원후 6년부터는 로마의 총독이 직접 통치했다. 바로 이 위기의 시대에 예수는 북쪽의 갈릴리 지역을 중심으로 활동했고, 유대 예루살렘에서 성전 모독죄로 체포되어 로마의 총독에 의해 처형되었던 것이다. 로마는 헤롯 왕가와 500년 이상 지속해온 예루살렘의 사제 정권을 인정했기 때문에 성전의 지배 세력도 여전히 존재했지만, 대제사장은 헤롯의 권한으로 임명되었기에 이들은 긴밀한 관계를 유지했다. 즉 로마, 헤롯 가문, 예루살렘 성전의 지도부는 모두 공조 관계를 유지하며 백성들에게 각기 세금을 거두어들였던 것이다.

예수가 활동했던 갈릴리는 척박한 남쪽 유다 지역과 달리 비옥한 농업 지역이었다. 남쪽 지역이 상대적으로 척박했기 때문에 사실상 갈릴리는 전 유대 지역의 식량 보급지였다고 할 수 있다. 밀을 비롯한 다양한 곡물들은 물론, 포도, 올리브, 무화과 등 과실 작물이 풍부했고, 갈릴리 호수에서는 어업이 성행했다. 그러나 이 지역은 서방과 동방 제국들의 가교라는 불운 속에서 걸핏하면 전쟁터가 되는 지역이기도 했다. 로마 시대에도 이 지역에는 여러 군단들이 배치될 만큼 지정학적 요충지였다. 제국들이 노리는 정치군사적인 요충지이면서 곡창 지대였던 갈릴리는 자주 수탈의 대상이었고 제국들의 전쟁터였다. 더욱이 로마 제국으로 편입되면서 갈릴리의 수탈은 더욱 심해졌다. 이 지역의 농민들은 로마와 예루살렘 성전, 헤롯 왕가에게 삼중의 조세를 바쳐야 했기 때문이다.

갈릴리 촌락민들에게 조세 제도는 단순히 수입의 일부를 떼이는 것이 아니라 생존에 위협이 되는 치명적인 것이었다. 당시의 기록은 이들이 만성적인 채무에 시달린 것을 반영하는데, 이것은 가혹한 징세와 결코 무관하지 않았다. 더욱이 헤롯이 벌인 대규모 건축 사업은 갈릴리 촌락민들을 더욱 피폐하게 만들었다. 헤롯의 사후에 갈릴리를 통치했던 헤롯의 아들 안티파스(Antipas)도 갈릴리에 자신을 위한 신도시 티베리아스를 건설한 후, 여기에 왕궁과 왕실 은행을 두고 촌락민들을 수탈했다. 따라서 1세기를 전후로 헤롯가에 대한 저항도 심했다. 이 당시 갈릴리를 중심으로 대중적인 메시아 운동이 일어나기 시작했고, 대중적 인기를 끌었던 세례자 요한의 등장도 이러한 정치역사적 상황과 관련이 있었다. 예수는 이러한 역사적 위기 속에서 활동했던 것이다.

이 시기에 일어났던 다양한 대중적 메시아 운동은 유대인들의 고달픈 역사 속에서 탄생한 종말론을 배경으로 한다. '메시아'란 유대인들의 언어인 히브리어로 '기름 부음을 받은 자'라는 의미를 지니는데, 전통적으로 유대의 왕이나 사제 예언자 등 정치적 · 종교적 지도자, 특히 왕이 직무를 맡을 때 머리에 기름을 부었던 것에서 유래한 말이다. 이것을 그리스어로 번역한 말이 '크리스토스(Χριστός)', 곧 '그리스도(Christ)'다. 그러나 유대의 험난한 역사 속에서 실제 나라를 통치할 군주를 세울 수 없었던 이들은 하나님으로부터 오는 왕, 메시아를 대망하게 되었고, 메시아가 가져올 하나님의 통치의 때를 기다린다는 메시아 사상을 발전시키게 된 것으로 보인다. 특히 헬라 제국들의 통치하에서 역시 종교적으로도 박해를 당하면서 유대인들은 악한 이 세계를 종식시키고 새로운 신의 통치의 때를 기다리는 유대교 종말론을 더욱 발전시켰다. 로마 통치 하에서 사회적 층위마다 그 담론의 강조점은 다르다 해도, 신으로부터 도래하는 새로운 세상에 대한 기대, 곧 하나님 나라에 대한 대망은 유대 사회 전반에서 나타났다.

예수와 하나님 나라

예수는 바로 이 시기에 하나님 나라에 대한 희망을 전파하며 그의 공생애를 시작했다. 예수는 갈릴리의 나사렛이라는 작은 마을 출신이었다. 그는 가난하고 힘없던 갈릴리 촌락민들과 동일한 사회적 배경을 가졌고, 주로 그 가난한 사람들과 함께 활동했다. 그는 사람들의 병을 고쳐주고 하나님 나라에 대해 가르치며 제자들과 함께 마을에서 마을로 다닌 것으로 보인다. 복음서에 의하면 예수의 주 활동 무대는 가버나움과 같은 갈릴리 호수 주변의 읍내나 작은 마을들인데, 당시 이 지역에는 200여 개의 작은 촌락들이 있었던 것으로 추정된다. 전통적으로 이 지역은 농어촌 마을들로 예수가 만나는 대부분의 사람들은 농사를 짓거나 갈릴리 호수에서 고기를 잡으며 생활했다. 당시 갈릴리에는 세포리아스, 티베리아스와 같은 큰 도시들이 있었지만, 예수는 그런 도시들을 공생애의 주요 활동지로 삼지 않았던 것으로 보인다. 또 예수가 공생애 이전에 어떤 종교적 수행을 위해 갈릴리 지역을 잠시 떠났을 가능성도 있지만, 그의 공생애의 종교적 활동은 종파적이거나 고립된 은둔자들의 수행이 아니었다. 그것은 갈릴리 시골의 촌락민들의 삶에 깊이 관여하며 그들과 함께하는 공동체적 방식이었다.

이러한 삶의 자리에서 예수는 새로운 하나님 나라의 도래를 선포했다. 원래 하나님 나라는 유대 전통에서 나온 중요한 개념으로 하나님의 통치, 또는 하나님의 때라는 유대인들의 대망과 관련되었다. 하나님이 유대의 역사에 개입하여 억압의 때를 끝내고 새로운 역사를 시작하기 바라는 일종의 민족적 · 국가적 전망이라고 할 수 있다. 유대 민족의 억압이 종식되는 새로운 역사를 이루는 신의 시간, 신의 나라는 유대 민족에게는 국가적인 승리와 관련되었기 때문에, 때로 이들의 전통 속에서 하나님 나라란 우주적인 대 파국, 거룩한 천상의 전쟁과 같은 이미지가 수반되기도 했다. 그러나 예수가 말하는 하나님 나라는 이러한 유대적 전망 속에서 고대하는 하나님의 때, 하나님의 통치라는 개념을 넘어 새로운 세계를 지향하고 있었다.

예수가 하나님 나라를 설명하는 다양한 방식 중에는 비유라는 독특한 양식이 있다. 복음서에는 약 70여 개의 예수의 비유가 나온다. 예수의 비유에는 짧은 격언부터 비교적 긴 내러티브까지 다양한 형태가 나타나며, 주로 하나님 나라가 어떤 곳인지 빗대어 설명하는 방식으로 되어 있다. 고대 세계에서 글을 사용하는 계층은 아주 제한되어 있었고 예수가 만나는 대부분의 사람들은 문자에 익숙한 식자층이 아니었기 때문에, 예수는 쉽게 이해할 수 있고 기억할 수 있는 구전 이야기의 형태로 하나님 나라에 대해 이야기했다. 그리고 이야기의 소재는 갈릴리 촌락민들이 일상적으로 마주하는 삶의 터전, 이웃, 가족에 관한 것들이었다. 사람들의 소소한 일상들, 들에서 일을 하고, 빵을 반죽하고, 집 안을 청소하고, 양을 치고, 가끔 하늘에 날아가는 새를 보거나 들에 핀 꽃을 보는 그런 시골의 평범하고 소소한 일상이 예수가 하나님 나라를 소개하기 위해 쓴 비유의 소재들이었다.

그런 일상적인 이야기를 통해 예수는 하나님 나라를 양치기가 잃어버린 한 마리 양을 찾은 기쁨, 자고 일어나면 저절로 싹트는 씨앗들, 작은 겨자씨가 싹터서 자라나는 이야기, 집 나간 아들을 기다리는 아버지와 같다고 빗대어 설명했다. 이렇게 예수의 이야기 속에 자리한 하나님 나라의 기본적인 공간은 집, 마을과 같이 갈릴리 촌락민들에게 익숙한 그들의 일상적인 삶의 공간이었다. 즉 예수의 비유 속의 하나님 나라는 유대 전승에서처럼 미래에 도래할 어떤 거대한 군사적 · 정치적 승리와 결부된 국가적 이미지가 아니라, 친근하고 익숙한 생활의 터전, 집이나 마을과 같은 공간 속에서 살아가는 사람들의 이야기들로 표현되었고, 그 하나님 나라의 주인공들을 평범한 갈릴리 사람들처럼 느껴지게 했다.

무엇보다도 예수가 말하는 하나님 나라에서는, 기존의 하나님 나라에서 강조되었던 왕으로서의 하나님의 이미지보다 부모와 같은 이미지로서의 하나님으로 은유의 초점이 옮겨졌다는 점이 달랐다. 고대 세계에서 신성은 주로 왕과 결부되어 있었고, 유대 전통에서도 하나님은 지속적으로 왕으로 나타났다. 또한 유대인들의 종말론적 담론에서 왕으로서의 하나님은 세속 군주의 전횡을 견제한다는 신의 통치와 관련되기 때문에 중요한 정치사회적 함의를 갖고 있었다. 이방 제국의 지배를 지속적으로 받아온 유대인들에게 왕으로서의 하나님의 이미지는 중요한 것이었다. 그런데 예수는 강력한 왕으로서의 신의 이미지보다 친근하고 좋은 부모로서의 신의 이미지를 강조했다. 사실 유대 전통에서도 하나님의 자녀라는 말은 이스라엘 사람들이 자신들에 대해 사용한 은유였다. 그렇지만 이스라엘 민족은 스스로를 하나님의 자녀로 지칭하면서도 하나님을 직접적으로 아버지로 부르는 경우는 많지 않았다. 간혹 왕의 권위를 확인시키는 제왕시들에서 왕을 하나님의 아들로 호칭하는 경우는 있었지만, 유대인들에게 거룩한 신을 함부로 부르거나 개인적으로 친밀하게 아버지라고 부른다는 것은 어려운 일이었다. 그러나 예수는 언제나 하나님을 친밀한 부모로 표현했고, 모든 사람들이 바로 하나님의 자녀라는 점을 확인시켰다. 그가 하나님을 부를 때는 주로 친근하게 '아버지'라고 불렀고, 또 사람들에게도 하나님을 '우리들의 아버지', 또는 '당신들의 아버지'라고, 평범하고 친근한 모두의 아버지라고 불렀다. 가부장제적인 고대 세계의 한계로 인해 예수가 하나님을 직접 어머니라고 호칭하지는 않았지만, 놀랍게도 그가 묘사하는 아버지는 당시 어머니들의 모습에 훨씬 더 가까웠다. 그에게 하나님은 고대 사회에 일반적이었던 전형적인 가부장제적이고 권위적인 아버지가 아니라 친밀하고 자애로운 어머니의 모습이었다. 아이들이 다정히 부를 수 있고, 필요한 것을 마음껏 요구하면 흔들어 눌러 안겨주는 존재, 늘 자식 때문에 애태우고 먹을 것을 준비하고, 자식을 먹이는 엄마와 같은 부모의 모습이었다. 중요한 것은 예수가 이렇게 부모로 하나님을 형상화할 때 그 부모는 언제나 자비롭고 선한 분으로 묘사되었다는 점이다.

예수의 비유 중에는 '돌아온 탕자'라 불리는 비유(누가복음 15:11-32)가 있다. 누가복음서에 실린 이 이야기의 세계 속으로 들어가보자.

어떤 사람에게 두 아들이 있었다. 그런데 작은아들이 아버지에게 자신이 받을 유산을 미리 달라고 요구한다. 아버지가 유산을 나누어주자 아들은 재물을 챙겨 먼 도시로 가 아버지의 유산을 모두 탕진하고 거지꼴이 되어 돌아온다. 그러나 매일 아들이 돌아오기를 기다린 아버지는 아들을 보자마자 기뻐 잔치를 베푼다. 이를 보고 화가 머리끝까지 치민 큰아들은 아버지를 향해 모욕적인 언사로 불만을 표현한다. 그런 큰아들에게 아버지는 "아들아, 너는 항상 나와 같이 있으니, 내 것이 다 네 것이구나. 다만 네 동생은 죽었다가 살아났고, 내가 잃었다가 얻었으니, 같이 기뻐하자"고 타이른다.

예수가 살았던 고대 세계에서는 작은아들처럼 아직 생존해 있는 부모의 유산을 탐한다는 것은 있을 수 없는 행위였다. 또 큰아들처럼 아버지를 모욕하거나 아버지에게 분노를 표출하는 행위도 당시 고대법에 의하면 처벌을 받아야 했다. 곧 이 비유 속의 두 아들 모두 처벌을 받을 만한 행위로 아버지의 권위를 훼손하며 아버지의 권위에 도전했다. 그러나 이 비유 속의 아버지는 자식들을 처벌하여 자신의 권위를 세우지 않는다. 이 아버지는 자신의 유산을 탕진하고 거지꼴로 돌아온 작은아들이나, 그를 오해하고 모욕하는 큰아들을 모두 감싸주는 행위를 통해 고대 세계의 전형적인 권위적인 가부장의 개념을 깨뜨린다. 그는 자식에게 늘 져주는 자비로운 존재다. 늘 자식 때문에 애태우는 전형적인 어머니의 모습과도 같다. 이렇듯 예수는 자비로운 부모로 대표되는 하나님의 이미지를 통해 신은 "은혜를 아는 자나 모르는 자 모두에게 비를 내려주는 자비로운"(마태복음 5:45) 존재라고 강조했던 것이다.

이런 방식으로 예수는 신의 이미지를 부모의 모습으로 형상화하면서 갈릴리 촌락의 가난한 사람들이 바로 하나님의 자녀라는 점을 강조했다. 예수의 첫 설교로 알려진 하나님 나라 설교에서 예수는 "가난한 사람들은 복이 있습니다. 하나님 나라가 여러분의 것입니다"(누가복음 6:20) 라고 선포한다. 예수는 '가난한 사람들'이 하나님 나라를 상속받는 하나님 나라의 주역이라고 말한다. 그런데 여기서 말하는 가난한 사람들이란 당시 대부분의 갈릴리 촌락민, 또는 고대 세계의 평범한 보통 사람들을 의미한다고 볼 수 있다. 유대 사회에서 가난한 사람이라는 말은 소농, 일꾼, 소작농, 품꾼 등, 극소수의 일부 지배층을 제외한 대부분의 평범한 사람들을 포괄적으로 지칭했기 때문이다. 결국 예수가 말하는 여기서의 '가난한 사람들'은 당시 예수와 함께했던 평범한 사람들, 대부분의 갈릴리 촌락민들을 의미한다고 하겠다. 예수는 이렇게 보통 사람들을 "하나님 나라의 상속자"라고 선언함으로써 하나님 나라가 모두에게 개방되었음을 천명했다. 그리고 부모와 같은 하나님을 강조함으로써 국가보다 훨씬 근원적인 인간 삶의 조건, 즉 가정 · 집을 통해 그가 그리는 새로운 세계상을 전개하기 시작했다. 무엇보다도 모두에게 개방된 하나님 나라에서는 모든 사람이 하나님을 부모로 한다는 점에서 평등했다. 로마식의 세속 권력 구조나 유대 전통의 종교적 관행을 넘어서는 하나님 나라에서는 하나님을 부모 삼았다는 점에서 모두가 평등했다. 심지어 예수는 하나님의 나라에서는 지극히 낮은 자가 가장 큰 자보다 크다고 선언했다.

또 다른 예수의 비유를 살펴보자. 예수의 비유 중에는 '열매 맺지 못하는 무화과나무' 비유가 있다. 비교적 짧은 이 비유를 누가복음서는 다음과 같이 전해준다.

> 예수께서는 이런 비유를 말씀하셨다. "어떤 사람이 자기 포도원에다가 무화과나무를 한 그루 심어놓고 그 나무에서 열매를 얻을까 해서 왔으나 찾지 못하였다. 그래서 그는 포도원지기에게 말하였다. '보아라, 내가 세 해나 이 무화과나무에서 열매를 얻을까 해서 왔으나 찾지 못하였다. 찍어 버려라. 무엇 때문에 땅만 버리게 하겠느냐?' 그러자 포도원지기가 그에게 말하였다. '주인님, 올해만 그냥 두십시오. 그동안에 제가 그 둘레를 파고 거름을 주겠습니다. 그렇게 하면 다음 철에 열매를 맺을지도 모릅니다. 그때에 가서도 열매를 맺지 못하면 찍어버리십시오.'"(누가복음 13:6-9)

이 이야기는 그래서 그 무화과나무가 일 년 후 열매를 맺었는지, 아니면 그때도 열매를 맺지 못해서 결국에는 나무가 베어졌는지 결론을 알려주지 않는다. 다만 "주인님, 일 년만 더 기회를 주시면 제가 거름을 주어 잘 길러보겠습니다. 그래도 열매를 못 맺으면 그때 가서 베겠습니다"라고 하는 과원지기의 애원으로 끝난다. 삼년이나 길렀어도 결실이 없어 기대를 저버린 이 보잘것없는 무화과나무에 대한 과원지기의 애정은 마치 완벽한 내일의 보장이 없는 삶, 성공보다는 실패가 더 많은 우리의 현실에 필요한 것이 무엇인지를 보여주는 것 같다. 성과를 내지 못하는 데 대해 실패한 삶이라고 매몰차게 비판하는 주인의 시선보다는 아직 열매를 맺지 못한 것뿐이라며 무화과나무를 바라보는 과원지기의 따뜻한 시선, 삶에서 기회란 한 번씩은 늘 더 주어져야 하는 것이라고 말하는 것 같은 그런 과원지기의 온유한 눈길이 있는 곳, 예수는 그곳이 하나님 나라라고 말했던 것이다.

이렇게 자비로운 하나님과 그 나라의 관용을 말하면서 예수는 바로 거기에 기대어 '자비'와 '관용'이라는 공동체적 윤리를 요청했다고 할 수 있다. 예수가 그렇게 강조했던, 하나님의 자녀가 된다는 새로운 정체성 혹은 자의식이란 결국 하나님처럼 자비로우라는 윤리적 요구의 전제였음을 알 수 있다. 예수는 우리가 하나님의 자녀라서 하나님처럼 자비로울 수 있다고 말한다. '선인도 악인도 가리지 않고 모두에 자비를 베푸시는 하나님을 닮아 서로에게 자비로우라' 예수는 요청한다. 이것이 예수가 비유를 통해 제시하려 했던 하나님 나라 선포의 핵심이라고 할 것이다. 그리고 이러한 자비에 대한 요청의 이면에는 갈릴리의 위태롭고 급박한 현실이 있었다.

예수의 기적과 밥상 공동체

1세기 갈릴리 지역에 대한 고고학적 · 사회학적 연구들은 이 시대의 촌락민들이 로마와 지배층의 수탈로 더 이상 전통적인 삶의 방식, 곧 상호 호혜적인 농경 사회의 전통을 유지하기 힘들었던 상황을 밝혀주었다. 이런 현실 속에서 예수가 가르쳤던 하나님 나라는 촌락민들이 자발적으로 서로를 도우며 자신들의 삶의 터전을 회복할 희망이 되었을 것이다. 예수가 보여준 하나님 나라의 새로운 전망은 그의 말과 가르침에 그치는 것이 아니었다. 그는 구체적으로 사람들의 아픔을 치유해주면서 하나님의 자비를 실천해 보였다. 복음서에 의하면 예수는 수많은 사람들의 병을 고쳐주었다. 당시 가난으로 피폐해진 갈릴리 촌락 사람들은 대부분 잘 먹지 못했고, 때문에 만성적인 영양실조로 인한 각종 질병에 시달렸다. 그리고 정신적으로도 건강하지 못했을 것이다. 무력에 기반한 지배층의 통치는 폭력을 일상화했고, 그러한 폭력적인 억압을 늘 마주하며 빚에 쫓기거나 굶주림에 시달렸던 사람들에게 소위 귀신들림과 같은 정신적인 이상은 어쩌면 당연한 일이었을 것이다. 복음서에는 예수가 군대귀신들린 자를 고쳐주는 이야기가 나온다. 여기서 사용된 군대라는 말은 로마의 군단 레기온(legion)을 말하는 것이었다. 복음서는 예수가 행한 대부분의 일들이 이렇게 귀신들린 사람들에게서 귀신을 쫓아주고, 병든 자들을 고쳐주는 일이었다고 말한다. 예수는 언제나 자신에게 요청하는 누구나 가리지 않고 무상으로 병을 고쳐주었다. 그러나 이렇듯 모든 사람을 포용하는 그의 태도는 신분 질서와 위계가 중요했던 고대 사회의 기준에 맞지 않았다.

예수의 이런 관용적인 태도는 일상적으로 나타났다. 그는 주로 사람들과 함께 밥을 먹는 자리에서 가르침을 전파했는데, 그의 밥상에는 사회적으로 용인될 수 없는 신분의 사람들도 거리낌 없이 함께 자리했다. 당시 유대 사회는 정치적으로는 로마 제국과 이방인 출신의 왕이 지배했지만, 사회문화적으로는 유대인의 율법이 지배하고 있었다. 페르시아 시대 이후 비록 정치적 실권은 없지만 간신히 국가 형태의 공동체를 재건했던 유대인들에게, 당시 그들의 민족적 동일성을 확보해줄 정체성, 즉 하나님의 백성이라는 종교적 정체성을 수호하는 일은 매우 중요했기 때문이다. 유대인들에게 하나님으로부터 받은 율법을 수호하는 일은 이들의 민족적 정체성을 지키는 일과 같았다. 이방 제국의 통치자들은 바뀌어도 그들이 성전을 수호하고 율법을 지키는 한, 신은 그들을 지켜줄 것이었다. 이들은 율법을 지키는 일, 곧 안식일을 지키고, 율법이 금한 죄를 짓지 않는 것을 중요하게 생각했으며, 이것을 일상에서도 유지하려 했다. 즉 율법에 합당하게 정결한 것과 부정한 것을 나누고, 부정한 것은 철저히 배제했다. 특히 병에 걸리는 것은 죄의 결과라고 간주하여 병자는 죄인으로 취급했다. 따라서 죄인은 일정한 절차를 통해 속죄받지 않는 한 공동체에서 배제되어야 했다. 율법을 지키지 않는 이방인들과 접촉하는 것, 월경 중의 여성 등은 물론 부정했고, 이러한 죄인이나 부정한 것과 접촉해도 부정한 죄인이 되었다. 이 시대는 한마디로 죄인을 양산하는 시대였다.

그러나 복음서에 의하면 예수는 모든 부정한 자들, 안식일에도 쉬지 못하고 일을 해야 했던, 하루 벌어 하루 먹는 가난한 사람들, 못 먹어서 병에 걸린 병자들, 귀신들린 자들, 하혈하는 여자, 심지어 이방인의 수하에서 일하는 세리들과도 어울리며, 거리낌 없이 이런 약자들과 함께 밥을 먹었다. 그의 밥상에는 일반적으로 환영받지 못하는 부정한 사람들이 모여들었다. 이렇게 모인 사람들과 함께 밥을 먹었던 예수의 밥상 공동체는 유대의 정결법에 정면으로 도전하는 것이었고, 죄인과 의인, 정결함과 부정함의 차별을 깨트리는 평등의 공동체였다. 예수는 이렇게 거침없이 가난하고 힘없는 자들과 함께하며, 그들이야말로 바로 하나님 나라의 상속자들이라고 선포하고 다녔던 것이다.

나아가 예수의 치유 사역은 사회적으로도 중요한 파장을 가져왔다. 예수는 병을 고쳐주면서 언제나 죄 사함을 선포했다. 이것은 한편으로 '병은 죄의 결과'라는 인식 때문에 죄인으로 낙인찍힌 병자가 다시 공동체로 복귀할 수 있는 중요한 절차이기도 했다. 당시 죄인은 율법에 정한 율례대로 성전이나 사제를 찾아 일정한 의식을 행한 이후에 죄 사함을 받아야 했다. 그러나 예수는 그러한 절차 없이, 가난해서 헌물을 가지고 성전이나 사제를 찾을 수 없었던 모든 병자들에게 그들의 죄가 사함받았음을 선포하고 다녔다. 이러한 그의 죄 사함의 선포는 결과적으로 큰 사회적 파장을 일으켰다. 페르시아 시대 이후 유대 사회의 핵심인 성전의 중요한 기능 중 하나는 바로 죄를 사하는 속죄의 제사였다. 예루살렘 성전은 그 제사를 위해 사용되는 수많은 헌물과 희생 제물들을 거둬들임으로써 막대한 재원을 확보하고 있었고, 수백 년 이상 지속된 이 성전 체제는 유대 사회의 지배층, 곧 귀족 사제 가문들의 실질적인 물적 토대가 되어주었다. 이런 상황에서 성전의 제사도 없이 죄를 사하는 예수의 죄 사함의 선포란 성전 체제에 대한 심각한 도전으로 간주되었을 것이고, 예수의 활동은 단지 유대 정결법을 훼손하는 것에 그치지 않는, 보다 큰 사회적 · 정치적 파장을 몰고 왔을 것이다.

한편 예수는 이렇게 사람들에게 용서를 선포하면서 동시에 그들 자신도 서로 용서할 것을 촉구했다. 여기서 용서란 단지 심리적 차원에 국한되지 않는, 빚 탕감이라는 사회경제적 차원을 포함하는 것이었다. 그 당시 예수가 사용한 언어인 아람어로 '죄'라는 말과 '빚'이라는 말은 동의어였다. 곧 남의 죄를 용서한다는 말에는 빚을 탕감해준다는 뜻이 포함되었다. 복음서에는 예수가 가르친 유일한 기도로 주기도문이 나오는데, 이 기도문에는 바로 이런 의미에서의 용서, 곧 우리에게 빚진 자의 빚을 탕감한다는 분명한 빚 탕감의 내용이 포함되어 있다.

당시 갈릴리 촌락민들은 대부분 소농 또는 소작농으로, 겨우 6명 내지 9명의 식구가 연명할 만한 농지로 생계를 꾸렸고, 삼중의 조세와 만연한 부채 문제, 이외에도 흉작 등으로 인해 허덕였다. 소농들은 땅을 잃는 경우가 허다했고 대부분 이 땅들은 소수의 도시 엘리트에게로 돌아갔다. 전통적인 자급자족의 방식으로 가족의 삶을 영위하며 이웃들과 물물 교환, 또는 노동 교환 등의 상호 협력 체제를 유지했던 촌락민들의 삶의 방식은 로마 시대에 들어와서는 더 이상 지탱하기 어려웠고, 이런 상황에서 빚을 돌려받지 못한 이웃들은 원수 사이가 되었을 것이다. 복음서에는 그러한 현상들이 반영되어 있는데, 빚에 대한 언급, 돈을 빌려주거나 곡식을 빌려주고 빚을 못 갚아서 벌어지는 재판이나 다툼들이 자주 묘사되었다. 바로 이런 현실 속에서 예수는 서로 용서하기를 요청했던 것이다. 모두가 다 가난한 촌사람들이지만, 없는 살림살이 속에서도 더 어려운 이웃을 돌봐주기를 예수는 요청했던 것이다. 그리고 여기서 한 발 더 나아가 그는 이웃 간에 서로 필요한 것이 있으면 돌려받을 계산을 하지 말고 그냥 서로의 필요에 응하라고 요구한다. 자비로운 하나님이 모두의 부모라고 강조한 예수의 하나님 나라 선포 뒤에는 이런 가슴 아픈 갈릴리의 현실이 있었고, 바로 그 한가운데서 예수는 그것을 넘어설 용서와 자비라는 구체적인 지혜를 가르쳤던 것이다.

하나님을 선한 분으로, 자비로운 부모로 제시하면서 예수는 제국의 논리와 율법의 한계를 넘어 사람들이 지향할 수 있는 새로운 세계의 가능성을 보여주었다. 그것은 선하신 하나님의 자녀인 선한 사람들에 대한 기대에서 출발했다. 그래서 예수는 사회적 윤리의 마지막 경계, 친구와 적을 나누는 기준조차 허무는 원수 사랑의 실천을 가르쳤던 것이다(누가복음 6:27). 예수는 고대 세계에서 가장 기초적인 사회적 통념, '친구에게는 사랑을, 적에게는 미움을'을 넘어 모두가 하나님의 자녀라는 새로운 인간성의 기준을 제시함으로써 앞으로 세워질 기독교 공동체의 기본적인 틀을 제시해주었다. 그가 보여준 자비와 평등의 삶과 가르침은 당시 로마 세계나 유대 전통이 따라올 수 없는 새로운 세상에 대한 전망이었다. 예수가 가르친 평등과 자비라는 하나님 나라의 공동체적 비전은 사회적 통념과 국가적 한계를 넘어섬으로써 폭력과 무력을 기반으로 한 로마 제국도, 율법과 성전 체제 수호에 몰두한 유대 전통의 종교적 전망도 따라올 수 없는 탁월한 공동체적 이상이 되어준 것이다.

2. 바울과 초대 교회

기독교는 예수의 가르침을 기반으로 시작되었는데, 그 핵심은 하나님 나라의 도래였다. 예수는 지금 이 순간에라도 정의가 지배하는 하나님 나라가 올 것이고, 하나님 나라의 백성이 되고자 하는 이들은 이에 준비되어 있어야 한다고 가르쳤다. 사실 예수는 새로운 종교를 만들 의도도 없었고, 실제로 종교 조직이나 제도를 남겨놓지도 않았다. 반면 예수만큼 절대적 권위를 가지고 있지는 못해도 예수의 권위에 의지하여 그의 복음을 전파했던 사도 바울(Paul)에 대해서는 좀 더 복잡하고 다양한 의견들이 있다.

예수가 부활하고 승천한 후 그의 제자들과 추종자들은 그 가르침을 전승하여 이를 전파하면서 예수를 섬기는 공동체를 세워나갔는데, 그 제자들 중 한 명이 바울이었다. 바울이 한 일은 하나님 나라의 도래와 함께 다시 인간들에게 돌아오실 예수 그리스도를 기다리는 공동체를 세워가는 것이었다. 바울은 논란의 인물이었다. 그는 이방인을 교회 공동체에 받아들이는 문제와 관련하여 예루살렘 교회와 대립했다. 그는 예수 그리스도의 십자가와 부활을 통해 하나님이 이스라엘과 새로운 계약을 체결했고, 여기에는 이방인들도 조건 없이 포함된다고 주장했다. 이방인들이 이 새로운 계약 관계에 들어오는 데 유대 율법은 필요조건도 충분조건도 아니었다. 이방인들도 조건 없이, 하나님의 은혜로 하나님의 새로운 계약 백성이 될 수 있다. 이러한 바울의 주장은 당시 초기 기독교 공동체 안에서 논란을 불러일으켰고, 예루살렘 교회와의 화해를 위해 기울였던 그의 노력은 그의 살아생전에는 실패했을 것으로 추정된다. 아마도 그는 고집불통의 골칫거리로 여겨졌을 가능성이 높다. 당시는 아직 유대교와 기독교 사이의 분리가 이루어지지 않았고, 유대인에게 율법이란 그렇게 간단히 되돌릴 수 있는 것이 아니었기 때문이다.

그러나 66-70년 유대 전쟁으로 인해 팔레스타인 유대교가 무너지고, 그동안 유대교라는 우산 아래 '유대교 내 예수파'로 존재했던, 오늘날 초기 기독교인이라 불리는 집단이 유대교로부터 분리 · 독립해가는 과정에서 상황이 반전했다. 이때 바울의 이방인 선교와 신학은 각광을 받게 되었다. 말하자면 1세기 말, 오늘날 초기 기독교인이라 불리는 집단 내에서 이방 기독교인 집단이 주류가 되어가는 과정을 통하여 바울은 재평가되고 환영받게 된 것이다. 그래서 신약성서는 1세기 초대 교회 형성 과정에서 활동했던 많은 사도들 중에서 바울의 편지들을 가장 많이 포함하고 있으며, 그의 편지들은 후대의 기독교 신학을 형성하는 데 있어서 예수 다음으로 영향을 끼쳤다고 볼 수 있다.

바울은 신약성서 내에서 중요한 공적을 세운 인물로 추앙받는 한편으로 많은 기독교인들과 비기독교인들의 비난의 대상이 되기도 한다. 어니스트 헤밍웨이의 소설 『무기여 잘 있거라(A Farewell to Arms)』(1929)에서 '리날디'라는 등장인물은 바울에 대하여 '여자만 밝히는 술꾼이었던 주제에 그런 일들에 싫증이 나니 다른 사람들은 그런 쾌락을 추구하지 못하게 금지시켜버렸다'고 풍자적인 발언을 한다. 바울이 정말로 그런 인물이었는지 역사적으로 확증할 수는 없지만, 서구 유럽인 일반이 기독교의 억압적인 금욕주의 형성의 책임을 바울에게 돌리는 부정적 평가를 해왔음을 짐작할 수 있다. 더욱이 기독교 신학자들조차도 모두 바울에 호의적인 것은 아니다. 신학자들 가운데는 바울이 진실되게 예수의 가르침을 전달했는지에 의심을 표명하고 그가 예수의 순수한 가르침을 왜곡시켰을 가능성을 제기하는 사람들도 있다. 인간 예수를 신적인 존재로 추상화했다고 비난하는 학자들도 있다. 영적인 가르침을 가르치던 유대인 예수를 하나님이 보낸 구세주로 변형시켰다고 보는 것이다. 바울은 이렇게 논란이 많은 인물이지만 기독교의 형성과 발전 과정에서 중요한 인물임은 부정할 수 없는 사실이다. 그의 가르침을 들여다보지 않고는 오늘날의 기독교를 이해하는 것 자체가 불가능하다.

부활 신앙과 초대 교회의 형성

바울을 알기 위해서는 바울의 활동 배경을 이루는 초대 교회를 살펴보아야 한다. 예수가 로마 정부에 의하여 십자가 처형을 당한 다음 그의 추종자들이 모여서 예수에 대한 기억과 가르침을 공유하기 시작한 것이 초대 교회의 시작이다. 성서에서는 예수의 처형 이유가 신을 모독했다는 종교적인 것으로 나타나지만, 과연 순전히 종교적인 이유로만 처형되었을지는 의문스럽다. 당시는 오늘날과 달리 종교와 정치의 분리가 이루어지지 않았고, 예수의 활동은 개인의 내면과 내세에 국한된 것이 아니었기 때문이다. 십자가 처형은 정치적 반란범에게 시행하는 잔인한 형벌이었고, 이것은 당시 로마 법정이 예수에게서 주목한 것이 그의 활동의 정치적 함의였음을 의미한다. 예수가 직접적으로 로마 제국의 통치에 반기를 들지는 않았어도 그의 활동과 가르침의 정치적 의미는 당시 유대 땅에서 이루어진 로마 지배 권력의 유지에 방해가 된다고 판단되었음에 틀림없다. 예수는 하나님 나라의 메시지를 선포하면서 세상의 종말이 곧 올 것이고 그때에는 하나님의 나라가 이 땅에 임할 것이라고 가르쳤다. 말하자면 기존 지배 질서에 대한 심판과 전복을 내포하는 그의 종말론적 선포가 로마 당국, 또 그들과 결탁했던 예루살렘 성전 체제의 심기를 거슬렀을 가능성이 높다.

이렇게 해서 로마 제국에서도 가장 잔인한 처형 방법이었던 십자가형에 의해 예수가 수난을 당하고 죽었을 때 예수의 추종자들은 큰 충격을 받았다. 그 처형은 로마 제국의 권력에 의한 것이었으므로 그들 자신도 예수와의 긴밀한 관계 때문에 구속되고 처벌될지 모른다는 공포에 떨었다. 거대 권력이 압박해오는 어려운 상황에서 예수를 따르는 삶은 쉽지 않았을 것이다. 그럼에도 불구하고 그들은 모여서 작은 공동체를 형성하고 예수의 죽음은 헛된 것이 아니고, 그는 부활했으며, 하나님 나라가 도래할 때에 세계의 통치자로 재림(再臨)하실 것이라고 선언했다. 이 부활과 종말에 대한 신앙으로 그들은 로마 제국에 대한 두려움을 떨쳐버리고 예수 신앙의 전통을 유지해나갈 수 있었다.

신약성서에서 사도들의 활동상을 기록한 책인 사도행전은 예수 추종자들의 모임이 예루살렘에서 시작되었고, 이들이 모였을 때 하늘에서 내려오는 뜨거운 성령을 경험함으로써 더욱 힘을 모으고 활발하게 선교 운동을 시작했다고 서술한다. 예수가 없는 이 세상에서 그들이 경험한 영적 체험은 그들을 부활 신앙에 굳게 서게 하고 선교의 원동력을 지속시켜주었다. 그들은 자신들의 종교인 유대교를 예수에 대한 신앙으로 조금씩 변형시켜나갔고, 그러면서 기독교의 기초가 형성되기 시작했다. 사도행전은 이들이 이상적인 그리스도 공동체의 모습을 이루고 있었다고 기록한다. 그들은 재산을 공유하고, 매일 함께 성전에 모여서 하나님을 찬양하고 식사를 함께했으며, 결과적으로 신도의 수는 많이 늘어났던 것으로 나타난다.

이 공동체의 핵심적인 신앙 고백은 하나님 앞에서 만민이 평등하다는 믿음이었다. 갈라디아서 3장 27-28절은 다음과 같이 말한다. "누구든지 그리스도와 연합하여 세례를 받은 사람은, 그리스도로 옷을 입은 사람입니다. 유대 사람이나 그리스 사람이나, 종이나 자유인이나, 남자나 여자나 차별이 없습니다. 그것은 여러분이 그리스도 예수 안에서 다 하나이기 때문입니다." 즉 인종(유대인/그리스인)이나 계급(노예/자유인)이나 성별(남자/여자)에 상관없이 예수를 믿는 사람들은 모두 평등하다는 말이다. 이 구절은 바울이 쓴 편지에 포함되어 있으나 바울 자신의 창작이라기보다는 당시 그리스도 공동체에서 사용되던 세례 의식문을 인용한 것으로 추측된다. 이는 초기 기독교의 핵심 사상이었으며, 따라서 그리스 사람들뿐만 아니라 노예(종)들이나 여자들도 적극적으로 공동체에 참여할 수 있게 했다. 예수의 추종자들은 신 앞에서 모든 인간이 하나이며 평등하다고 믿었고, 이러한 믿음은 예수를 알지 못했던 이들이 그리스도의 공동체에 매력을 느끼게 만드는 구심점이 되었다.

그러나 인간들이 모여드는 곳에서는 늘 갈등이 일어난다. 그리스도 공동체가 확장되고 신자들이 늘어나는 과정에서 그들 사이에 의견차로 갈등이 생겨나기 시작했던 것으로 보인다. 그 갈등의 성격을 이해하는 데는 사도행전 6장에 나오는 에피소드가 도움을 줄 수 있다. 그에 따르면 그리스 말을 하는 유대인들이 히브리 말을 하는 유대인들에게 불평을 터뜨렸는데, 그 이유는 교회에서 베푸는 구제 사업에서 자기네 쪽 과부들이 불공평하게 대접받았기 때문이었다. 즉 어렵게 사는 과부들을 구제하는 과정에서 히브리 말을 하는 유대인들 쪽의 과부들을 더 우대했다고 불만이 제기되었던 것으로 보인다. 그 결과 재정 관리를 할 인품이 뛰어난 사람 7명이 선출되는데, 그들은 스데반(Stephen), 빌립(Philip) 등 그리스어 계열의 이름을 가진 것으로 나타난다. 즉 그리스 말을 하는 유대인들이 재정 관리직에 뽑혔던 것이다.

이 사건이 일어나게 된 배경을 이해하기 위해서는, 그 당시 예루살렘의 그리스도 공동체에서는 이스라엘 땅에 거주해왔던 토박이 유대인들과 해외에서 살다가 이스라엘로 옮겨온 유대인들이 함께 예수를 섬기고 있었음을 알아야 한다. 여기서 토박이 유대인들의 그룹은 히브리파로, 해외 즉 로마 · 그리스 등지에서 살다 와서 그리스어를 주로 쓰는 유대인들의 그룹은 헬라파로 분류될 수 있다. 지금으로 치면 한국에 사는 한국인들과 미국으로 이민 갔다 귀국한 한국인들이 서울에 모여 하나의 교회를 이루고 활동하는 셈이라고 가정할 수 있겠다. 히브리파 사람들은 유대교의 전통을 보수적으로 지키자고 주장했던 반면, 이스라엘 바깥에서 다른 나라의 다양한 문화들을 경험했던 헬라파 사람들은 좀 더 자유로운 태도로 예수의 부활 신앙을 기초로 하여 유대교 전통을 수정해나갈 것을 주장했다.

그 두 파당 사이의 갈등이 심화되고 있는 한편으로 초기 그리스도 공동체와 유대교 공동체 사이에서도 갈등이 일어났고, 이는 유대 당국에 의한 초기 그리스도인들의 탄압으로 이어진다. 그리고 이 탄압은 초기 그리스도인들 중에서도 율법과 유대 전통에 대해 상대적으로 자유로웠던 헬라파 유대인들을 주요 대상으로 했던 것으로 보인다. 사도행전은, 앞의 과부 구제 에피소드에서 재정 관리자로 선출되었던 스데반이 결국 유대 당국에 의해 순교했고, 함께 선출되었던 빌립은 에티오피아로 떠났다고 보도한다. 반면 베드로 등의 토박이 유대인 지도자들은 예루살렘에서 안정된 공동체 생활을 했다. 율법에 대해 비교적 자유로웠던 헬라파 유대인들을 향한 탄압이 시작되면서 예루살렘 공동체에는 대체로 보수적 성향의 사도들이 주류를 이루게 되었던 것으로 보인다. 이렇게 교회 형성의 초기 단계에서 다양한 지도자들이 나타났고, 그들은 갈등을 일으키거나 합의를 하기도 하고, 실수를 하거나 훌륭한 업적을 세우기도 하며 부활한 그리스도를 섬기는 전통을 탄탄하게 쌓아나갔다.

바울의 회심과 선교

① 바울의 편지들

우리가 바울에 대해 알 수 있게 해주는 주요 자료는 그가 쓴 편지들이다. 신약성서에는 그의 이름으로 쓰인 편지들이 13개 있고, 그밖에 히브리서도 교회의 전통 안에서는 바울의 편지라고 간주되었다. 그러나 학자들이 주의 깊게 연구한 결과, 바울이 직접 쓴 편지는 로마서, 고린도전서, 고린도후서, 갈라디아서, 빌립보서, 데살로니가전서, 빌레몬서 7개로 밝혀졌다. 나머지 편지들인 에베소서, 골로새서, 데살로니가후서, 디모데전서, 디모데후서, 디도서는, 바울에 이어서 그리스도 공동체에서 활동했던 저자들이 그의 권위를 빌어 교회의 가르침을 정당화하기 위해 그의 이름을 편지에 집어넣은 것이라고 보며, '제2 바울 서신'으로 분류한다. 바울이 쓴 편지들 중 빌레몬서만이 빌레몬(Philemon)이라는 개인에게 보낸 것이고, 나머지 6개의 편지들은 다 지리적 명칭들이다. 즉 로마, 고린도, 빌립보, 데살로니가는 다 로마 제국의 도시 이름이며, 예외적으로 갈라디아만이 로마의 속주 이름이다.

이 도시들과 속주에는 바울이 세웠거나 바울과 긴밀한 친분 관계가 있는 그리스도인 공동체들이 있었다. 바울은 그 공동체들에서 생겨나는 문제들에 대한 해결책을 제공하려는 목적으로 편지들을 썼다. 즉 인간들의 집단에서 일어나는 구체적인 문제들을 해결하기 위해 편지들을 썼던 것이지 일종의 체계적이고 신학적인 논문을 쓰고자 했던 것은 아니다. 바울은 예수 그리스도의 복음을 전달할 뿐만 아니라, 그를 섬기는 공동체들의 크고 작은 문제들을 돌보면서 그리스도의 메시지와 공동체의 활동이 어떻게 조화를 이루며 발전해나갈 수 있는지 신경 써야 했다. 따라서 편지에서 그는 기독교 신학 체계를 세우기보다는 철저히 현실에 뿌리박은 구체적인 가르침을 전달하고자 했다.

② 바울의 생애와 회심 경험

원래 바울은 그리스도인들을 탄압하던 극단적인 보수주의자 유대인들 중 한 명이었다. 사도행전에 따르면 바울은 다소(Tarsus)라고 하는 소아시아(현재의 터키 지역)의 도시에서 태어났다고 한다. 즉 그는 이스라엘 국가 본토에서 태어난 것이 아니라 타지에서 태어난 유대인이었다. 당시 이스라엘은 정치적으로나 경제적으로 살기에 열악한 나라였고, 강대국들의 침입이 빈번했기 때문에 자의 혹은 타의에 의해 많은 유대인들이 타지에 이민을 가서 살고 있었다. 바울은 이러한 디아스포라 유대인이었던 것이다. 그는 외국에 사는 유대인으로서 그리스어 이름인 '바울' 말고도 히브리어로 '사울'이라는 이름을 가지고 있었다.

바울은 그레코 로마 시대의 사람이었으므로 당연히 그리스어를 주로 썼다. 그가 작성한 편지들을 보면, 플라톤이나 아리스토텔레스처럼 세련된 그리스어를 쓴 것은 아니지만 어느 정도 수준이 있는 수사학을 구사할 수 있었던 것으로 보인다. 고대 시대에는 기본적인 학교 교육도 비용이 많이 드는 일이었다. 그리스 로마 시대에 대략 85-90%의 인구가 문맹이었다고 추정되는 사실을 고려해볼 때, 바울이 비교적 유창하게 글을 쓸 수 있었다는 사실은 그가 여유 있는 가정에서 태어났으며 수준 있는 교육을 받았음을 짐작케 해준다. 바울이 신도들에게 자신처럼 독신으로 사는 것이 좋다고 권고하는 것을 보면 선교 활동을 하던 시기에는 독신이었던 것으로 보인다. 외모는 그다지 잘생기지 않았다는 언급들이 나온다. 바울 스스로도 자신의 편지를 읽고 감명받았던 사람들이 실물을 보고는 변변치 않다고 평했다고 기록한다. 2세기 문헌인 『바울과 테클라 행전(*Acts of Paul and Thecla*)』이라는 외경에 보면 좀 더 자세한 표현이 나온다. 키가 작고 대머리에 다리는 휘고, 두 눈썹은 맞닿아 있고 매부리코에 매우 친절해 보였으며, 인간이면서 천사의 얼굴을 가지고 있었다고 한다. 그는 대체로 호남형은 아니었던 것으로 알려져 있다. 그럼에도 많은 사람들이 그의 선교에 의해 예수를 믿겠다는 결단을 내렸다. 이렇게 다수의 공동체들을 설립할 수 있었던 것으로 보아 그는 인간적인 매력과 카리스마가 넘치는 인물이었던 것으로 추측된다.

빌립보서의 자기소개에 따르면 바울은 확고한 유대교 신앙을 가지고 있었음이 드러난다. "나는 난 지 여드레 만에 할례를 받았고, 이스라엘 민족 가운데서도 베냐민 지파요, 히브리 사람 가운데서도 히브리 사람이요, 율법으로는 바리새파 사람이요, 열성으로는 교회를 박해했고, 율법의 의로는 흠 잡힐 데가 없습니다"(빌립보서 3:5-6). 바리새파는 당시 유대교에서 성전 제의를 중심으로 활동했던 사두개파와 달리 일상생활에서 모세의 율법을 잘 지키는 것에 집중했던 종파였고, 현대의 랍비 유대교의 원조라고 볼 수 있다. 바울은 유대교를 공부함에 있어서도 자신이 함께 공부했던 동갑내기들 중에서 가장 뛰어난 학생이었고 누구보다도 조상의 전통, 즉 유대교의 전통을 지키는 데 열심이었다고 한다(갈라디아서 1:14). 바울은 열정이 넘치고 무엇을 하든 열심히 하는 사람이었던 것 같다. 그는 유대교에 헌신하는 바리새인으로서 예수의 추종자들을 용납할 수 없었다. 바울에게는 그들이 정통 유대교를 따르지 않고 예수라는 수상쩍어 보이는 인물을 추종하는 이단자들로 보였다. 따라서 그는 열성적으로 그리스도의 추종자들을 탄압했었다고 고백한다(빌립보서 3:6; 갈라디아서 1:13, 23; 고린도전서 15:9). 사도행전에서도 바울은 스데반이 순교당하는 장면에서 처음 등장한다. 예수를 설파하는 스데반의 설교에 분노한 유대인 대중이 그를 돌로 쳐 죽일 때 바울은 동조자로 그들의 옷을 맡아두고 있었고, 스데반의 죽음을 마땅하다고 여겼다. 이러한 바울이 어떻게 180도 방향을 바꾸어 열성적인 그리스도교 선교사가 되었을까?

바울은 자신의 회심의 동기를 명확하게 설명하지 않는다. 사도행전은 바울이 갑작스럽게 일어난 예수와의 신비적 만남을 통해 회심하고, 예수를 박해하는 자에서 예수를 선포하는 자로 바뀌게 되었다고 기록한다. 이처럼 바울이 예수를 만나는 장면을 길고 자세하게 여러 번 묘사하는 사도행전(9, 22, 26장)과 대조적으로, 그 자신은 이 경험을 매우 간략하게 묘사한다. 예수가 부활하여 게바(Cephas, 베드로[Peter Simon]라는 이름으로 더 잘 알려져 있다), 열두 제자, 500명이 넘는 다른 신도들, 그리고 예수의 형제이며 예루살렘 공동체의 지도자였던 야고보(James)와 그 밖의 모든 사도들에게 나타난 후 자기 자신에게도 나타났다고 언급할 뿐이며, 이 만남이 어떠한 것이었는지 구체적으로 서술하지 않는다(고린도전서 15:4-8, 비교: 갈라디아서 1:16). 어쨌든 이 회심 경험 이후 바울은 이전에 열렬히 그리스도인들을 탄압했던 그 열성으로 이제는 그리스도를 전파하게 된다. 회심 이후 바울은 유대인이 아닌 이방인들에게 복음을 전파하기 시작했고, 많은 교회들을 세웠다. 갈라디아, 골로새, 데살로니가, 빌립보, 에베소, 고린도 등지에 교회를 세웠다고 알려진다.

③ 바울의 선교 전략과 신학

초보 선교사였던 바울에게 닥쳐온 가장 큰 문제는 '어떻게 이방인들에게 그리스도의 복음을 전하는가'였다. 예수는 팔레스타인 땅에 살았던 유대인이었고 복음을 전하는 떠돌이 설교자이며 귀신 축출자, 치병가였다. 그는 갈릴리 농촌을 돌아다니면서 세상의 종말에 나타날 새로운 세계인 하나님의 나라를 선포했다. 반면 바울은 그레코 로마 세계를 여행하며 전도하는 선교사였고 그의 선교 대상은 헬레니즘 도시들에 거주하는 다양한 배경을 가진 도시인들이었다. 따라서 예수가 동일한 종교 문화적 배경을 가진 농부들에게 전했던 메시지를 바울이 새로운 상황에 적용해야 하는 것은 불가피했다. '어떻게 다양한 인종과 문화적 배경을 가진 이방인들을 포용하여 그리스도를 따르는 공동체를 형성하는가'가 그 앞에 던져진 과제였다.

이 주제를 그는 갈라디아서에서 자세하게 기록한다. 우리는 예수 운동이 예루살렘에서 시작되었기 때문에 바울도 예루살렘 지도자들의 지도하에 있었을 것이라고 생각하기 쉽다. 그러나 바울은 갈라디아서 1장 16절에서 자신이 오로지 예수의 계시만을 따르고 있었고 예루살렘 공동체의 지도자들에게 지도를 받지 않았음을 강조한다. 선교 활동을 하면서 그는 바나바(Barnabas), 디도(Titus) 등의 다른 선교사들과 함께 일하게 되었고, 그들과 함께 자신들의 선교 활동을 예루살렘 공동체에 설명하기 위해 여행길에 올랐다. 같이 갔던 디도는 유대인이 아닌 그리스인, 즉 이방인이면서 할례를 받지 않은 자였다. 바울은 의도적으로 그를 예루살렘에 데려갔다. 그 당시 그의 선교 활동에서 가장 논란거리가 되었던 것이 바로 '이방인이면서 새롭게 예수를 믿게 된 사람들이 그리스도 공동체의 일원이 되고자 할 때 어떤 조건을 충족시켜야 하는가'였다. 할례가 논란거리가 된 이유는 그것이 유대인 남자가 행해야 할 중요한 임무이면서 위험한 수술이었기 때문이다. 할례는 포경 수술로, 현대에서는 수술 기구와 약이 발달해 있기 때문에 며칠만 지나면 회복되는 간단한 의료 행위가 되어버렸지만 수술 기구조차도 미비했을 고대에는 간단한 문제가 아니었다. 유대인들은 태어나자마자 갓난아기 때 할례를 받아서 위험 부담도 적었고 익숙한 일이었지만, 평생 유대 문화와 상관없이 살아왔던 이방인 성인 남성들에게 그런 수술은 큰마음을 먹고 넘어야 할 위험한 관문이었다. 갈라디아서를 읽어보면 예루살렘의 지도자들과 바울 일행은 논의를 통해 야고보, 게바(베드로), 요한 등 예루살렘의 사도들은 할례받은 사람들에게 복음을 전하고, 바울과 그의 동료들은 할례받지 않은 사람들에게 복음을 전하도록 하자고 선교 정책의 방향을 정한 것으로 나온다(갈라디아서 2:7). 즉 예루살렘 교회는 유대인들을, 그리고 바울의 교회는 이방인들을 각각 선교 대상으로 삼도록 영역을 구분했던 것이다. 이 예루살렘 회의에서 예루살렘 교회는 이방인들이 당시 유대교 내 소종파였던 그리스도 공동체의 일원이 되는 것에 대한 충족 기준들을 완화하는 데 어느 정도 동의한 것으로 보인다.

그러나 이방인이 유대교의 율법을 어디까지 지켜야 그리스도 공동체의 정식 일원으로 인정될 수 있느냐는 논의는 한 번의 회의로 해결될 문제가 아니었다. 급기야 시리아의 안디옥에서 이방인 선교와 관련해 큰 파문을 일으킬 사건이 터지게 된다. 소아시아 지역의 안디옥 교회는 상당히 많은 사람들이 예수를 섬기는 공동체를 이루고 있었고, 여기서 바울은 바나바와 함께 사역 중이었다. 그런 와중에 베드로가 방문했고, 베드로는 바울, 바나바를 포함한 그 지역의 그리스도인들과 함께 식사했다. 그들 사이에는 당연히 이방인들도 포함되어 있었다. 식사 중에 예루살렘에서 야고보가 보낸 사람들이 도착했다는 소식이 전해지자 베드로는 자신이 이방인들과 함께 식사를 하는 모습을 들키게 될까 두려워 식탁을 급히 떠났고, 그곳에 있던 바나바와 다른 유대인들도 함께 모습을 감추었다. 이방인들에게 개방적이면서도 그런 입장을 예루살렘의 보수적인 그리스도인들에게는 숨기려고 하는 베드로의 이중성에 대해 바울은 분노하고 비판한다(갈라디아서 2:11-14).

이 이야기에서 추측할 수 있는 것은, 첫째로 당시 유대인의 식사에 대한 율법이 상당히 엄격했고, 그 법을 어기면 엄중하게 비난받게 되어 있었다는 것이다. 지금도 유대교에서는 코셔(Kosher) 음식, 즉 율법을 엄격히 지켜서 만든 음식만을 먹도록 되어 있다. 베드로가 예루살렘으로부터 도착한 동료들의 등장에 당황한 이유는 아마도 이방인들과 같이 음식을 먹었다는 사실 때문이 아니라 이방인들이 먹는 음식, 즉 유대교 율법에서 벗어나는 음식을 먹고 있었음을 들키는 게 두려웠기 때문일 것이다. 둘째로 보수적인 예루살렘 공동체 내에도 야고보처럼 철저하게 유대교 율법을 지키려는 지도자와 베드로처럼 경우에 따라서 유연하게 처신하는 개방적인 지도자가 공존하고 있었으며, 그리스도의 추종자들이 유대 율법을 어디까지 적용하는가에 대한 기준이 모호했다는 것을 알 수 있다. 이 사건의 결과로 바울은 절친한 선교사였던 바나바와 결별하고 안디옥 교회를 떠난 것으로 보인다.

앞에서 거론한 두 사례를 통해 당시 바울이 마주하고 있었던 이방인 선교의 문제점들이 드러난다. 예루살렘을 근거로 하여 유대교를 믿다가 예수를 따르게 된 유대인들에게는 유대교의 모든 율법을 지키면서 그리스도 공동체에 참여하는 것이 익숙하고 수월한 과정이었다. 바울처럼 이스라엘 밖에 살면서 유대 전통을 충실히 지켜온 디아스포라 유대인들에게도 유대 율법을 지키는 그리스도인이 되는 것은 어렵지 않은 일이었다. 문제는 유대 전통과 전혀 상관없이 태어나서 살아온 이방인들이 그리스도 공동체로 들어오도록 하기 위해 유대교의 엄격한 율법들을 다 지키도록 요구해야 하는가 하는 것이었다. 이러한 상황에서 바울은 이방인 선교를 위해 '율법이 아니라 믿음에 의해 의롭다 여김을 받는다'는 칭의론(稱義論)을 주장하게 된다.

학자들이 칭의론을 논할 때에는 흔히 '바울이 이를 통해 율법을 부정한 것이 아니었는가?', '바울에게 율법은 무엇을 의미하는 것인가?' 등의 물음을 제기한다. 하지만 바울은 율법 전체를 부정한 것이 아니라, 이방인 선교에 방해가 되는 율법의 기능을 파기해야 한다고 주장했던 것이다. 앞에서 언급한 할례나 음식에 관한 율법들이 바로 그런 것들이었다. 이 전제를 가지고 바울의 서신들을 읽어보면 율법보다 믿음이 중요하다고 하면서도 엄격하게 윤리적인 삶을 살 것을 요청했던 그의 자가당착적으로 보이는 주장들이 이해가 된다. 즉 그는 조직화되고 추상적인 교리를 세우려고 했던 것이 아니라, 선교의 현실에서 상황마다 그리스도의 계시를 받아 가장 적절하다고 생각되는 원칙들을 세워나갔고, 그러한 견지에서 칭의론을 주창했던 것이다.

그러나 믿음에 의한 칭의는 단지 현실적 필요성에서만 나온 것은 아니었다. 그것은 바울의 선교적 필요성에 적합한 원칙이기도 하면서 본질적으로 그리스도교의 보편성을 구현하는 데 기반이 되는 신학적 논리였다. '하나님과의 관계는 율법을 얼마나 잘 지키는가에 근거하는 것이 아니라 믿음에 근거한다'는 입장은 하나님과의 관계에서 율법을 잘 지켜왔던 유대인이나 율법을 알지도 못하고 살았던 이방인이나 다 평등하다는 의미를 함축한다. 이러한 칭의론은 기독교의 핵심적 가치관인 만인평등설을 지향한다. 믿음만을 요하는 하나님 앞에서의 평등함은 인종, 성, 계급을 초월하는 것이다. 따라서 갈라디아서 3장 28절에서 바울은 "유대 사람이나 그리스 사람이나, 종이나 자유인이나, 남자나 여자나 차별이 없습니다. 그것은 여러분이 그리스도 예수 안에서 다 하나이기 때문입니다"라는 당시 그리스도 공동체의 신념을 선언했던 것이다.

바울의 메시지의 주축이면서 초기 기독교 신앙 고백의 핵심은 바로 그리스도의 죽음과 부활이다. 바울은 인간 예수가 어디에 살았고 무엇을 했는지는 거의 언급하지 않았다. 단지 그가 십자가에서 돌아가셨고 부활하셔서 자신 앞에 나타났다는 것이 바울이 우리에게 전하는 예수 그리스도에 대한 정보의 주요 골자다. 메시아인 예수 그리스도는 하나님에 의해 인간의 몸으로 이 세상에 왔고, 인류의 죄로 인하여 십자가에서 죽었다. 하나님은 그를 죽은 자들로부터 부활하게 하시고 주(主, Lord)로 높이셨고, 종말 때의 통치자로 명하셨다. 그 결과 그리스도 안에서 사는 이들은 이미 죄에 대해 죽었고, 새로운 삶을 시작했다. 그들은 이미 새로운 피조물이지만, 그러면서도 이 세상에서 완전히 벗어나지 못하고 고통을 겪으면서 그리스도가 오실 종말의 시간, 언제 올지 모르는 그 시간을 기다린다. 즉 지금은 과거의 악으로 점철되었던 시대도 아니며, 그렇다고 온전한 그리스도의 정의가 확고하게 자리 잡은 종말의 시대도 아닌 두 시대 사이에 낀 긴장의 시간이라고 바울은 설파한다. 믿음으로 칭의를 얻는다는 개념도 실은 종말론적이다. 칭의는 죄가 없다고 선언하는 것이거나 도덕적으로 완전해진다는 의미가 아니다. 바로 최후의 심판 때에 하나님에 의해 무죄 선언을 받고 '의로움'으로 인해 하나님의 백성에 포함될 것이라는 믿음이다. 이러한 하나님의 종말론적 심판은 우주적 사건이며, 모세를 통해서 하나님과 이스라엘 백성이 맺은 계약의 궁극적 완성이고, 세상적 질서의 전복을 의미한다.

종말에 새로운 세상이 올 것이라는 가르침은 세속적인 권력과 질서를 부정한다. 바울은 종말이 어느 순간에라도 올 수 있으며, 그렇게 되면 기존의 세상 질서는 붕괴되고 새로운 세상이 올 것이니, 모두들 깨어서 준비되어 있어야 하고 현세적 질서에 너무 얽매이지 말아야 한다고 가르쳤다. 이런 측면에서 바울은 매우 혁신적인 복음을 전했다고 볼 수 있다. 반면에 그는 다음과 같이 말하기도 한다. "사람은 누구나 위에 있는 권세에 복종해야 합니다. 모든 권세는 하나님께로부터 온 것이며 이미 있는 권세들도 하나님께서 세워주신 것이기 때문입니다. 그러므로 권세를 거역하는 사람들은 하나님의 명을 거역하는 것이요, 거역하는 사람은 심판을 받게 될 것입니다"(로마서 13:1-2). 이 구절에 근거해서 바울을 연구하는 학자들은 그가 로마 제국에 조용히 복종하고, 그 정부를 세상에서 하나님이 사용하는 도구로 보라고 하는 친 제국적인 입장을 밝히고 있다고 보기도 한다. 그러나 "이 세상 통치자들 가운데는 이 (하나님의) 지혜를 안 사람이 하나도 없습니다. 그들이 알았더라면, 영광의 주를 십자가에 못 박지 않았을 것입니다"(고린도전서 2:8)라고 말하는 데서 볼 수 있듯이 바울은 그리스도 신앙이 세상 권력과 충돌한다고 여겼다. 따라서 로마서의 발언을 문자 그대로 받아들이기는 어렵다. 오늘날 학자들에 따르면 세상 권력에 복종하라는 로마서의 권고는, 당시 로마에서 일어났던 유대인 소요와 세금 거부 운동, 그리고 이에 대한 로마 제국의 피비린내 나는 보복을 염려하여 바울이 마치 친아버지와 같이 노심초사하는 마음으로 쓴 것일 가능성이 있다.

아마도 바울은 어마어마한 물리적 힘을 지닌 로마 제국과 예수 그리스도의 십자가의 복음 사이에서 생존과 저항의 어려운 줄다리기를 했던 것으로 보인다. 이러한 바울의 선교 방식은 타협 아니면 저항이라는 양자택일적인 것이 아니라, 그리스도 공동체의 유지·존속과 정체성의 확보라는 긴장된 양극단 사이에서 끊임없이 고투하며 그때그때 구체적인 상황에 근거하여 행동하고 판단한 결과였다. 이를테면 그는 근본주의자가 아니라 위협적인 상황 속에서 복음의 원리를 지켜가고자 했던 그리스도 현실주의자였다.

기독교는 1세기에 신원을 알 수 없는 한 무명의 죄수를 믿어야 한다고 주장하는 기괴해 보이는 종교였다. 예수의 출신 사회 계급은 결코 높지 않았고, 따라서 그를 추종하는 사람들도 대부분 특권층이 아니었으며, 교육 수준도 높지 않았다. 그러므로 로마 당국이 그리스도 공동체를 배척하거나 탄압 · 붕괴시켜버리기는 쉬운 일이었다. 이런 어려운 상황에서 바울은 로마 제국과의 갈등을 피함으로써 자신의 선교를 제한하는 장벽들을 제거하려고 노력했다. 예수가 하나님 나라 운동을 일으킴으로써 로마 제국에 의해 처형되었듯이, 종말에 닥쳐올 그리스도의 새로운 질서를 설파했던 바울 역시 그레코 로마의 기득권층이 볼 때에는 반사회적인 선동 세력으로 간주될 가능성이 충분히 있었고, 실제로 바울은 로마 제국에 의해 처형당했다. 이처럼 바울과 그의 동료들이 설립해갔던 공동체들은 로마 사회에 의해 탄압받고 불온시 될 가능성이 높았고, 바울은 이를 의식하고 불필요한 마찰을 줄이기 위해 노력했던 것으로 보인다.

이러한 바울의 선교 전략을 고려할 때 그가 여성에 대해 보이는 모순된 태도도 이해가 된다. 바울은 가정 교회의 지도자인 브리스가(Prisca), 사도 유니아(Junia), 집사 뵈뵈(Phoebe), 빌립보의 유오디아(Euodia)와 순두게(Syntyche) 등 많은 여성들과 선교 사업을 펼쳤다. 그리고 여성들에게 주님이 오실 종말이 멀지 않았으니 가능하면 결혼하지 않는 것이 좋다고 했다(고린도전서 7장). 당시 남성 중심의 가부장제적 사회에서 여성의 정체성은 남성과 관련해서만 규정되었다. 즉 여자는 어느 남자의 아내, 딸, 어머니로서 사회적 정체성이 규정되었다. 그런 시대에 여성이 결혼하지 않을 수 있다고 한 것은 파격적이라고 볼 수 있다. 또한 바울이 받아들인 공동체의 세례 고백문(갈라디아서 3:27-28)에 묘사된 주 안에서 남자와 여자가 동등하다는 믿음 역시 바울의 선교 방향과 초대 교회 내에서의 여성의 지위에 영향을 끼쳤을 것이다.

그러나 바울은 교회 안에서 여자는 머리 가리개를 써야 하고(고린도전서 11장) 조용히 있어야 한다(고린도전서 14장)고 말하기도 했다. 이 구절들의 경우 실제로 바울이 쓴 것인지에 대해 학자들 사이에 논란이 있다. 그러나 실제로 바울이 이 구절들을 썼는지 여부를 떠나서 바울이 그렇게 말하고 있다는 사실 자체가, 당시 지배적인 문화와 달리 바울이 세운 공동체들 안에서 여성들의 활동과 발언이 활발했다는 사실을 전제한다. 바울 시대의 교회들에서는 두각을 나타내는 여성 지도자들이 많았고, 그들은 설교도 하고 공공 기도도 하고 책임 있는 직위에 있었던 것으로 보인다. 만일 앞의 구절들을 바울이 직접 썼다면, 아마도 그는 당시 가부장제적 사회 규범에 여성들이 순응할 것을 요구함으로써 교회와 지배 사회 사이의 마찰을 줄이고자 한 것일 수 있다. 말하자면 그는 갈라디아서 3장 28절에 나타나는 복음의 '해방적 평등'의 메시지와 '공동체의 유지'라는 두 가지 목표 중 어느 하나도 놓칠 수 없었고, 그 둘 사이에서 흔들리고 고투하면서 우리 모두와 마찬가지로 때로는 실패하기도 하고 때로는 성공하기도 했던 것이다.

기독교는 사회에서 소외받는 사람들이 시작한 종교였다. 그렇다면 어떻게 해서 약한 자들의 천시를 받는 종교였던 기독교가 당시 헬레니즘 세계의 수많은 종교들과의 경쟁에서 살아남고 로마 제국의 종교가 될 수 있었을까? 당시 기독교의 성공은 무엇보다도 하나님 앞에서 누구나 평등하다는 복음의 해방 선포 때문이었을 것이다. 이러한 평등의 메시지가 당시 차별과 억압에 시달리던 로마 제국의 수많은 시민과 노예 계급 사람들에게 큰 울림을 주었고, 그들을 그리스도 공동체로 이끌었을 것이다. 그리고 바울의 칭의론은 유대인을 넘어, 세상에 수고하고 무거운 짐을 진 모든 사람이 그리스도 공동체에 들어올 수 있도록 문을 열어 놓았다. 까다로운 가입 조건들을 다 철폐하고 당사자의 결단만으로 그리스도 공동체에 들어갈 수 있도록 만든 셈이다.

바울 이후 교회의 발전

바울은 예수의 하나님 나라에 관한 복음을 전파하면서 여러 가지 문제에 부딪쳤다. 이방인 선교 과정에서 맞닥뜨렸던 유대교 율법 문제, 상존하는 로마 제국의 위협, 갈릴리 농민들에게 선포되었던 예수의 복음을 헬레니즘적 대도시 거주자들에게 어떻게 선포하는가 하는 문제 등이었다. 바울의 편지들에서는 이러한 문제들을 해결해나가고자 하는 바울의 노력과 고민이 나타나며, 기존 제도와 그리스도 신앙 사이의 긴장 관계, 그 둘 사이에서 균형을 이루려는 바울의 시도가 엿보인다.

그러나 바울의 후계자들이 쓴 것으로 추측되는 제2 바울 서신들에서는 그러한 균형이 깨진다. 첫째로 종말의 긴박성이 약화된다. 바울은 언제라도 종말이 올 것이니 준비하고 있으라고 했지만, 바울 이후의 편지들은 종말이 먼 미래에 일어날 것이라며 그 긴박성을 약화시킨다. 예를 들어 바울이 쓰지 않은 것으로 보이는 데살로니가후서에서는 세상의 종말이 오기 전에 배교(背敎)가 일어나고 불법을 행하는 자들이 나타날 것이므로 당장 종말이 온다고 주장하는 자들에게 속아 넘어가지 말라고 가르친다. 즉 종말이 오기까지는 아직 시간이 많이 남아 있다고 보는 것이다. 실질적인 예로 결혼에 대한 바울의 교훈을 들 수 있는데, 고린도전서 7장에서 바울은 '세상의 종말이 언제 올지 모르므로 결혼을 안 하는 것이 더 좋다'고 한다. 반면 후기 교회에서 작성된 것으로 보이는 디모데전서 5장 14절에서는 '젊은 과부들은 재혼을 해서, 아이를 낳고, 가정을 다스리는 것'이 좋다고 한다. 종말이 금방 올 것이라는 기대감이 사라졌음을 나타내는 것이다.

둘째로는 느슨한 형태를 이루고 있던 바울 시대의 공동체들이 계층화되고 위계화가 이루어짐을 알 수 있다. 바울은 교회 내 직위인 감독, 장로, 집사 등의 임명과 자격에 대해 논한 적이 없다. 그러나 제2 바울 서신들을 보면 이런 직분들에 관심이 많고 그 자격에 대해 자세하게 규정하고 있다. 종말론의 약화와 연결시키면, 바울 이후 그리스도 공동체는 애초에 생각했던 것보다 이 세상에서 더 오래 존속해나가야 한다는 것을 깨닫고, 세상에서 살아남을 방편으로 제도화를 진행시켜나간 것으로 볼 수 있다.

마지막으로 여성에 대한 입장이 상당히 가부장제적으로 변모하고 있음을 알 수 있다. 여자들은 남편에게 순종할 것을 강력하게 권고하고(에베소서 5:21-24; 골로새서 3:18), 여자의 옷차림은 검소해야 하며 행실을 조심하고 남자를 가르치려 들지 말라(디모데전서 2:9-15)는 가르침들이 나타난다. 즉 바울 이후의 교회는 점점 가부장화되어 여성들이 주변으로 밀려난 것으로 보인다.

과거 바울을 연구한 학자들은 초기 그리스도 공동체가 주로 그레코로마 사회의 가난한 하층 계급 출신들로 이루어졌다고 보았다. 그러나 근래에 와서 상류층 사람들도 이 공동체에 참여했을 가능성이 높다는 의견들이 나옴에 따라 바울과 그의 후계자들이 활동했던 1세기 초대 교회가 좀 더 다양하고 복잡한 모습으로 이해되기 시작했다. 주로 하층민들로 구성되었지만 소수의 상류층 인사들도 끼어 있는 다양한 사회 계층을 이루고 있었으리라는 것이다. 당시 로마 사회의 다른 공동체들은 지역이나 계급, 직업 등을 기준으로 사교 클럽이나 길드의 성격을 가진 폐쇄적인 집단들이었던 반면, 그리스도 공동체는 인종, 성별, 계급에 상관없이 누구나 가입할 수 있었고, 신 앞에서의 평등을 보장받는 모임이었다. 기독교의 이러한 개방성이 당시 로마 사회에서 많은 이들을 불러 모았고, 그 후 역사에서 기독교가 지배적인 종교로 자리매김하는 원동력이 되었다고 볼 수 있다.

제2부에서 인용된 책들과 더 읽을 책들

박경미(2017).『시대의 끝에서, 성서와 역사 이야기』. 한티재.

왕대일(2010).『구약성서이해 열마당(2판)』. 도서출판 새길.

이희학(2010).『예언자들의 신앙과 삶』. 프리칭 아카데미.

Borg, Marcus J., & John D. Crossan (2015).『바울의 첫 번째 복음(*The First Paul: Reclaiming the Radical Visionary Behind the Church's Conservative Icon*)』. 김준우 옮김. 한국기독교연구소. (원저는 2009년에 출판).

Borg, Marcus J., & Nicholas T. Wright (2001).『예수의 의미(*The Meaning of Jesus*)』. 김준우 옮김. 한국기독교연구소. (원저는 1999년에 출판).

Bornkamm, Günther (1978).『바울: 그의 생애와 사상(*Paulus*)』. 허혁 옮김. 이화여자대학교출판문화원. (원저는 1969년에 출판).

Cook, Stephen (2016).『예언과 묵시: 포로기 이후 묵시 사상에 대한 사회학적 연구(*Prophecy & Apocalypticism The Postexilic Social Setting*)』. 이윤경 옮김. 새물결플러스. (원저는 1995년에 출판).

Fretheim, Terence E. (2015).『오경(*The Pentateuch*)』. 이영미 옮김. 대한기독교서회. (원저는 1996년에 출판).

Gowan, Donald E. (2004).『구약 예언서 신학(*Theology of the Prophetic Books: The Death and Resurrection of Israel*)』. 차준희 옮김. 대한기독교서회. (원저는 1998년에 출판).

Grabbe, Lester L. (2012).『고대 이스라엘 역사: B.C. 2000년경~B.C. 539년(*Ancient Israel: what do we know and how do we know it?*)』. 류광현 · 김성천 옮김. CLC. (원저는 2007년에 출판).

Horrell, David G. (2016).『바울 연구 입문(*An Introduction to the Study of Paul, 3rd Ed.*)』, 이승호 옮김, 기독교문서선교회. (원저는 2015년에 출판).

Lucas, Ernest (2008). 『시편과 지혜서(*Exploring the Old Testament (Vol. 3): The Psalms and Wisdom Literature: Psalms And Wisdom*)』. 박대영 옮김. 성서유니온선교회. (원저는 2003년에 출판).

Mann, Thomas W. (2004). 『구약오경 이야기(*The Book of the Torah*)』. 김은규 옮김. 맑은울림. (원저는 1988년에 출판).

Nelson, Richard D. (2015). 『역사서(*The Historical Books*)』. 이윤경 옮김. 대한기독교서회. (원저는 1998년에 출판).

Newsom, Carol, Sharon H. Ringe, & Jacqueline E. Lapsley (ed.). (2015). 『여성들을 위한 성서주석: 구약편(*Women's Bible Commentary, 3rd Ed.*)』. 이화여성신학연구소 옮김. 대한기독교서회. (원저는 2014년에 출판).

Perrin, Norman (1991). 『새로운 신약성서개론(*The New Testament, an Introduction: Proclamation and Parenesis, Myth and History*)』. 박익수 옮김. 한국신학연구소. (원저는 1974년에 출판).

Powell, Mark A. (2016). 『예수에 대한 다양한 이해: 현대 역사적 예수 연구자들의 신학적 관점(*Jesus as a Figure in History: How Modern Historians View the Man from Galilee*)』. 최재덕 · 김의성 옮김. 대한기독교서회. (원저는 1998년에 출판).

Shanks, Hershel (2005). 『고대 이스라엘(*Ancient Israel: From Abraham to the Roman Destruction of the Temple, Revised Ed.*)』. 김유기 옮김. 한국신학연구소. (원저는 1988년에 출판).

Sweeney, Marvin A. (2015). 『예언서(*The Prophetic Literature*)』. 홍국평 옮김. 대한기독교서회. (원저는 2005년에 출판).

Wills, Garry (2007). 『바울은 그렇게 가르치지 않았다(*What Paul Meant*)』. 김창락 옮김. 돋을새김. (원저는 2006년에 출판).

제3부

기독교가 걸어온 길

제8장

기독교의 역사

1. 고대 교회부터 중세까지

제국 기독교의 성립

기독교는 팔레스타인의 유대인 공동체를 중심으로 퍼져 나갔으나, 열렬한 바리새인이었던 바울의 회심을 계기로 새로운 전기를 맞게 된다. 그는 소아시아와 그리스 지역에서 비유대인들을 대상으로 전도하기 시작했다. 또한 유대인 중심의 기독교 문화를 당시의 보편적인 헬레니즘 패러다임으로 바꾸었다. 이에 1세기 말에는 로마를 비롯한 지중해 전체에 신앙 공동체가 형성되기에 이르렀다.

초기 기독교 공동체가 직면한 두 가지 커다란 문제는 로마 제국의 탄압, 그리고 교리의 미정립 상태에서 일어난 논쟁들과 이단의 난립이었다. 기독교가 탄압받은 원인에는 여러 가지가 있었다. 로마의 신들에 대한 숭배를 거부해 반국가적 단체라는 낙인이 찍혔으며, 보이는 신상에 경배를 드리지 않고 보이지 않는 신을 믿는다고 해서 무신론자들이라 비난받기도 했다. 어두컴컴한 지하 무덤에 모여 성찬식을 거행하는 것이 식인(食人) 행위로 오해받기도 했으며, 신자들이 서로를 형제자매라고 부르고 사랑한다고 말하는 문화가 와전되어 근친상간의 무리라는 누명을 쓰기도 했다. 이러한 나쁜 인식과 오해로 인해 기독교인은 약 280년간 박해를 당해야 했다. 이러한 박해는 313년 콘스탄티누스 1세(Constantinus I)의 밀라노 관용령에 의해 기독교가 공인될 때까지 지속되었다.

콘스탄티누스 1세는 균열 양상이 확연했던 로마 제국의 시민들을 종교를 통해 정신적으로 통일시킬 필요를 느꼈다. 그는 종래의 황제들처럼 기독교를 박해하기보다 제국의 정신적 통일의 축으로 삼는 길을 택했다. 기독교는 많은 신들과 철학의 홍수 속에서 하나의 신을 믿고, 하나님을 사랑하고 이웃을 사랑하라는 단순한 길을 제시했다. 또한 신앙의 내용을 그리스 철학의 개념과 용어를 빌려 체계적 · 합리적으로 설명하고자 했다. 뿐만 아니라 약자를 사랑하는 기독교인들의 윤리적인 삶의 태도가 사회적으로 신뢰를 얻었다. 따라서 콘스탄티누스는 '한 하나님—한 황제—한 제국—한 교회—한 신앙'이라는 표어를 가지고 기독교를 통한 제국 통합의 길을 열고자 했다. 비록 그의 관심이 종교적인 이유보다는 정치적인 이유에 있었을지라도, 이로써 기독교는 오랜 박해 시대를 종식하고 신앙의 자유를 확보할 수 있었다. 뿐만 아니라 391년 테오도시우스 1세(Theodosius I)가 기독교 이외의 다른 신에 대한 제사를 금지함으로써 기독교는 로마 제국에서 국교의 지위를 누리게 되었다.

그러나 이러한 기독교의 위상의 변화가 꼭 좋은 것만은 아니었다. '탄압받던' 기독교의 주교들은 제국의 고위 인사에 상응하는 사회적 지위를 누리게 되었고 시민들의 송사를 판결할 사법권을 부여받았으며 면책 특권을 얻었다. 교회는 제국의 행정 조직과 같은 외연적 통치 기술과 정치 권력을 교회 내로 흡수했고, 저항적 신앙은 점차 체제 옹호를 위한 신학으로 변모해갔다. 기독교는 '제국의 교회'가 되어갔던 것이다. 교회 사가들이 기독교 역사를 콘스탄티누스 1세 이전과 이후로 나누는 것은 이 때문이다.

기독교 신앙 고백문의 완성

성서의 결집 이후, 지금까지는 제국 안의 지역이나 교회가 조금씩 다른 신앙 고백문을 사용해왔지만 이제 제국 교회는 통일된 보편적 신앙 고백문이 필요했다. 특히 성부 하나님과 성자 예수 그리스도 그리고 성령의 관계를 어떻게 규정할 것인가를 놓고 4대 보편 공의회가 소집되어 오랫동안 토의를 거듭했다. 4대 보편 공의회는 니케아(Nicaea) 공의회(325), 콘스탄티노플(Constantinople) 공의회(381), 에베소(Ephesus) 공의회(431), 칼케돈(Chalcedon) 공의회(451)다. 이 가운데 신앙 고백을 형성한 핵심 공의회는 니케아 공의회와 칼케돈 공의회로, 그 내용은 삼위일체, 즉 하나의 실체에 성부, 성자, 성령이라는 세 위격이 있으며, 예수 그리스도는 '신성'과 '인성'이라는 두 본성을 가지고 있지만 한 위격이라는 것이었다. 이러한 기독교의 신앙 고백은 한 명의 뛰어난 신학자가 개별적 취향으로 만든 것이 아니며, 신앙 고백 한 자 한 자가 교회 공동체를 이루는 여러 사람의 마음이 한데 모여 교회의 전통 안에서 만들어진 것이다. 처음 니케아 공의회부터 마지막 칼케돈 공의회까지 126년이라는 시간이 걸렸다.

기독교의 최고의 스승 아우구스티누스

초기 기독교에는 신앙 고백문을 확정하는 것 이외에도 신학적으로 정리해야 할 사항들이 산적해 있었다. 무엇보다도 유대 팔레스타인에서 탄생한 기독교 사상을 그리스 로마 문화와 융합시킬 필요가 있었다. 이 난제를 해결하고 그것을 완성한 사람이 바로 히포의 주교 아우구스티누스(St. Augustine of Hippo: 354-430)였다. 젊은 날 방황하던 그는 죄의 사슬에서 벗어나는 길을 고민하던 중, 어느 날 바깥에서 노래하는 "톨레 레게, 톨레 레게(Tolle Lege, Tolle Lege)!"라는 소리를 들었다. 즉 '집어라, 읽어라'라는 뜻이었다. 그는 성서를 펼쳐 들어 읽었는데, 이러한 내용이었다. "밤이 물러가고 낮이 가까이 왔습니다. 그러니 … 홍청대는 술잔치와 만취, 음탕과 방탕, 다툼과 시기 속에 살지 맙시다. 그 대신에 주 예수 그리스도를 입으십시오. 그리고 욕망을 채우려고 육신을 돌보는 일을 하지 마십시오"(로마서 13:12-14). 이 구절을 읽은 후 그는 지금까지 부와 명예를 추구하며 오만했던 자신을 반성하고 진심으로 회개했다. 이후 그는 히포의 주교가 되어 목회 활동을 하면서 방대한 저술을 남겼다. 그의 주요 저서로는 『고백록(*Confessions*)』, 『삼위일체론(*De Trinitate*)』, 『신국론(*De Civitate Dei*)』 등이 있다. 아우구스티누스는 플라톤 사상을 계승하면서도 기독교의 신관에 의거해 플라톤 사상을 수정했다. 아우구스티누스가 이룬 그리스 철학과 기독교 사상의 융합은 13세기에 들어 아리스토텔레스 사상과 융합하기 전까지 거의 1,000년에 걸쳐 서구 사상사를 규정하는 공통 유산으로 자리매김했다.

교황 수위권(首位權, Primatus)의 확립

당시 교회는 로마, 알렉산드리아, 안티오키아, 예루살렘, 콘스탄티노플의 총대주교 중심 체제로 운영되었다. 특히 최고의 교회로 인정받았던 것은 로마 교회였다. 이는 로마가 베드로와 바울이 순교한 지역이며 사도적 계승권을 인정받았기 때문이다. 이러한 구도는 331년 콘스탄티노플 천도 이후에도 유지되었다. 그렇다고 로마의 주교가 오늘날의 교황과 같은 지위를 누렸던 것은 아니다. 공의회 소집자가 황제였던 것만큼 로마의 주교는 어디까지나 제국의 그늘에 있었다. 그러나 476년 게르만족의 일족인 서고트족에 의해 서로마 제국이 멸망한 이후, 이탈리아에 대한 동로마 제국의 영향력이 상실되어가면서부터 상황은 달라진다.

그 계기는 새로운 유럽의 주인, 즉 게르만족이라는 이민족과의 조우였다. 교회는 날로 서방에 대한 영향력을 잃어가는 동로마 제국의 그림자에서 완전히 벗어나 자신의 새로운 동맹자를 이민족들 안에서 찾았다. 명민한 레오 1세(Leo I) 교황은 이 새로운 국면을 재빠르게 감지했고 자기 스스로를 로마인들의 주교가 아닌 '롬바르디아인들의 주교(vescovo di Lombardi)'로 명명했다. 이렇게 고대의 유산을 이민족들에게 전해주며 중세 문명 탄생의 용광로 역할을 했던 교회는 정치 차원에서도 중세 정치문화 탄생에 일조한다. 이민족들은 로마의 후예가 아니다. 그렇다고 낯선 환경에서 넓은 지역을 통치할 만한 나름의 문화나 정치적 역량을 지닌 존재들도 아니었다. 따라서 통치를 위한 나름의 '권위'가 필요했다. 그리고 이 결핍을 채워준 것이 바로 교회였다. 교황들이 이민족들의 왕들을 '축성'했던 것이다.

교황은 대관식을 치루면서 왕들을 기름 부어 축복했고, 이로써 왕들은 종교적 성성(聖性)을 지니게 되었다. 교회는 세례를 통해 자신의 자녀가 된 세속 군주들에게 세속을 다스리는 권한을 잠시 '빌려'준다는 의미에서 대관식을 통해 축성했던 것이다. 그러나 그 권한은 어디까지나 한시적이었다. 곧 신의 자녀로서, 또 신의 지상 대리인인 교황에 충실한 가신으로서 의무를 다할 때만 행사할 수 있는 권한이다. 신자의 의무를 방기하거나 교회를 거스르는 결정을 내릴 때는 통치의 권한까지 잃게 되는 것이다. 결론적으로 유럽의 새 주인인 이민족 군주들은 교회를 통해 자신에게 부족한 '정통성'을 채웠고 교회는 이를 통해 위상을 굳건히 했다. 그러나 이러한 '교환 동맹'은 실제로는 그렇게 순탄하지 않았다. 중세 내내 교황과 황제 중 누가 더 우월한 힘과 권위를 갖는가 하는 서임권 투쟁이 반복되었다. 대표적인 것으로 교황 그레고리우스 7세(Gregorius VII)와 신성 로마 제국 황제인 하인리히 4세(Henry IV) 사이에 일어난 1077년의 '카노사의 굴욕'을 들 수 있다.

교황 그레고리우스 7세는 세속 지배자가 성직자의 직무를 상징하는 직장을 수여하던 의식에 반대하는 법령을 시행하고자 했다. 이에 황제 하인리히 4세는 성직자를 임명 · 통제하는 황제의 오랜 권리가 박탈당할 것에 반발했다. 결국 교황은 황제를 파문한 뒤 세속 군주로서의 그의 모든 권력을 정지시켰다. 이 결정을 되돌리기 위해 하인리히 4세는 교황이 머무는 카노사라는 이탈리아 북부 도시의 성문 앞에서 눈발이 흩날리는 가운데 맨발로 무릎을 꿇은 채 용서를 구했던 것이다. 이렇게 시작된 서임권 투쟁은 이후에도 계속되다가 1122년, 교황 칼릭스투스 2세(Callistus II)와 황제 하인리히 5세(Henry V) 사이에 체결된 '보름스 협약'에 의해 종식되었다. 이 협약의 의의는, 서임권 투쟁이 황제의 위신을 하락시키고 교황의 위신을 드높였다는 사실에 있었다. 이후 12세기 대부분의 교황들은 '교황 군주 국가'라는 목표에 헌신했다. 12세기에는 교황의 지도하에 교회 법의 토대가 놓이게 되었고 교회 법은 온갖 종류의 사건에 대한 교회 재판권을 주장했다. 특히 인노켄티우스 3세(Innocentius III)는 중세 전성기의 교황들 중 가장 유능하고 성공적인 교황이었다. 그는 교황의 주도하에 유럽 전체의 기독교 세계를 통합하고 '세상의 올바른 질서'를 확립하고자 했다.

수도원의 발전

유럽의 중세가 교황을 통한 기독교권의 정치문화적 통합의 시대였다면, 이 시기는 또 다른 한편으로 수도원의 시대이기도 했다. 기독교에 대한 박해가 중단되고 교회가 힘을 가지고 부유해졌을 때부터 하나님의 복음에 완전히 일치하는 생활을 해야 한다고 생각하는 사람들이 등장했다. 그들은 세속적인 도시를 버리고 광야로 나갔다. 당시 매우 소박한 은둔 생활을 함으로써 '수도자들의 아버지'라 불린 사람이 있었으니, 바로 이집트의 안토니우스(Antonius: 251-356)였다. 그리고 이러한 은둔 생활의 수도 형태에 새로운 개념을 도입한 사람이 베네딕투스(Benedictus: 480년경-574년경)다. 그는 정주(定住) 생활, 수도자다운 생활, 영적 아버지에 대한 순명이라는 개념을 도입하여 정주 수도원의 효시가 되었다. 그는 수도원의 정신을 '오라 에트 라보라(Ora et labora)', 즉 '기도하고 일하라'라고 했다. 기도만 하고 남에게 얻어먹지 말고 스스로 육체 노동을 통해 자립할 수 있도록 노력하라는 것이었다. 베네딕트 수도원은 영국에 파견되고 이후 8세기에는 독일에 파견됨으로써 유럽 전역에 확산되었다. 이후 거의 500년을 '수도회의 시대'라고 부른다. 유럽 전역의 수도회들은 로마 제국의 멸망 이후 문화가 거의 없던 게르만 지역에서 문화의 촛불을 밝혔다. 수도사들이 책들을 필사하면서 문화를 보존했고 교육을 담당했던 것이다.

동서 교회의 분열

교회는 하나의 보편 교회를 이루고 있었으나, 동서 교회의 분열 조짐은 오래전부터 존재했다. 서방 교회와 동방 교회에서 사용하는 공용어가 각기 달랐던 것이다. 로마를 중심으로 하는 서방 교회가 라틴어를 사용할 동안 동방 교회에서는 그리스어가 공식적으로 사용되었다. 이러한 언어의 차이는 신학의 차이로 연결되었다. 동방 교회는 성서의 영적인 의미를 비교 · 유추하는 방식으로 해석했다면, 서방 교회는 본문의 문자적 의미에 충실한 성서 해석을 강조했다.

이러한 동서방 교회의 분열 조짐은 서방 교회의 지도자였던 교황 레오 9세(Leo IX)의 독단적인 교권 행사와 동방 교회의 지도자였던 콘스탄티노플의 대주교 미카엘 케룰라리오스(Michael Cerularius)의 성격 차이로 인한 감정 충돌로 격화되었다. 성령의 발원(發源)을 어디로 볼 것인가를 둘러싼 '필리오케 논쟁'이 등장하면서 교황과 콘스탄티노플 주교가 서로를 상호 파문에 처했던 것이었다. 이 사건을 역사가들은 '동서 교회의 대분열'이라고 부른다.

제2차 바티칸 공의회 이후에는 가톨릭 교회와 동방 정교회 간의 화해 분위기가 고조되었다. 1965년에는 교황 바오로 6세(Paulus VI)와 대주교 아테나고라스 1세(Athenagoras I)가 만나 1054년의 상호 파문을 철회하기로 합의했기 때문이다.

십자군 전쟁

중세 유럽의 기독교가 이슬람을 집단적으로 만난 것은 십자군 전쟁을 통해서였다. 십자군 전쟁이 발발한 직접적 원인은 1095년 비잔틴 황제 알렉시우스 1세(Alexius I)가 지원을 호소한 데서 찾을 수 있다. 예루살렘은 오랫동안 많은 순례객들이 다녀가는 평화로운 성지였으나 셀주크투르크족이 예루살렘을 점령하면서 그 평화가 깨지게 되었다. 알렉시우스 1세는 투르크족에게 빼앗긴 소아시아의 비잔틴 영토를 되찾고자 했고 이를 위해 교황에게 도움을 요청했다. 그러나 서유럽은 예루살렘을 이슬람의 수중에서 탈환할 목적으로 대규모의 지원군을 파견했다. 당시 로마 교황은 우르바누스 2세(Urbanus II)였다. 그가 십자군을 파견한 이유는 크게 네 가지였다. 첫째, 그는 동방 교회, 즉 그리스 정교회를 로마 교회로 통합시키고자 했고, 둘째, 교황의 최대의 적인 독일 황제를 곤경에 빠뜨리기 위한 것이었으며, 셋째, 대규모 병력을 외부로 방출시킴으로써 유럽의 대내적 평화를 이루기 위해서였고, 마지막으로 넷째, 예루살렘 성지의 회복이라는 목표 그 자체가 동기가 되었다.

당시 예루살렘 성지 순례는 기독교인들 사이에서 가장 널리 행해진 고해 방식이었기 때문에, 이교도로부터 성지를 되찾기 위해 무장으로 순례하는 것은 단연 최대의 영적 보상을 가져다주는 일이었다. 이를 분명히 하기 위해 우르바누스 2세는 십자군 참가자들에게 모든 고해의 면제를 약속했고, 참가 도중 사망한 영혼은 곧장 천국으로 갈 수 있다는 약속 또한 해주었다.

제1차 십자군 전쟁은 클레르몽(Clermont) 공의회 이후 1096년에 시작되었다. 그리고 예루살렘 탈환을 위한 격렬한 전쟁 끝에 십자군은 예루살렘을 탈환할 수 있었다. 그러나 제1차 십자군 전쟁이 끝난 지 얼마 되지 않아 여러 가지 문제가 발생했다. 십자군들은 전쟁 이후 예루살렘을 포함한 중동 지역 곳곳에 눌러앉았고 몇몇 십자군은 잔혹한 방법으로 학살을 자행했다. 이로 인해 이슬람 사람들은 기독교인이 잔혹하고 무자비하다고 인식하게 되었고, 처음으로 이슬람에서 성전(聖戰)을 의미하는 '지하드(jihād)'라는 개념이 등장했다. 그리하여 이슬람은 본격적으로 반격을 하기 시작했고, 1144년 그들은 핵심 도시였던 에데사를 탈환했다. 이후 십자군 전쟁은 제8차에 이르기까지 계속되었으나, 결국 예루살렘을 점령하지 못한 채 실패로 끝났다.

십자군 전쟁은 이후의 유럽 역사에 몇 가지 긍정적인 결과를 가져왔다. 우선 십자군은 교황 군주 국가의 건설과 중세 유럽인의 자신감 고취에 크게 기여했다. 수백 년 동안 서유럽은 이슬람 세력에 밀려 수세에 놓여 있었는데, 극적인 승리로 12세기 유럽에는 낙관주의가 팽배해졌던 것이다. 또한 경제적으로 제1차 십자군의 성공이 서유럽인에게 동부 지중해라는 새로운 무역 활동의 무대를 제공함으로써 이탈리아 해상 도시들이 당시 해역의 상권을 제패하기 시작했고, 원격지로 대금을 송금할 필요성으로 인해 초보적인 금융 기법 또한 발달했다. 한편 정치적으로는 십자군 자금 조달 명목으로 부과하는 세금 징수의 형태가 발달했다. 더욱이 자금과 식량 조달을 통해 국왕의 십자군을 돕고자 국가를 조직화하다 보니, 신흥 국민 국가들의 효율적 행정 제도 발달에도 중요한 자극제가 되었다.

그러나 십자군은 부정적인 측면도 있었다. 그들은 유럽 내에서는 유대인을, 유럽 밖에서는 무슬림을 무자비하게 학살했다. 이를 통해 그들이 초반에 추구했던 종교적 순수성은 크게 훼손되었다. 또한 십자군은 서유럽과 비잔틴의 관계 단절을 더욱 가속화했고, 비잔틴 제국의 멸망과 잇따른 재난에 근본적인 영향을 미쳤다. 교황의 영향력도 급속히 약화되었고, 더 나아가 종교적 권위가 우위를 점령했던 기존의 중세 봉건 체제가 뿌리부터 흔들리게 되었다.

2. 종교 개혁부터 현대까지

마르틴 루터의 종교 개혁

마르틴 루터(Martin Luther)는 1483년 중부 독일의 만스펠트라는 광산촌에서 태어났다. 어렸을 때부터 가정과 학교에서 엄격한 훈육을 받아 공포 속에 자라난 그는 악마의 실재를 믿고 두려워 떨었다. '어떻게 하면 깨끗한 마음과 아름다운 행위를 가질 수 있고 지옥의 공포에서 자유롭게 될 수 있는가' 하는 문제가 숙제가 되어 그의 의식과 무의식을 압박했다. 학생 시절의 그가 손을 씻으면서 "씻을수록 더러워진다"고 중얼거리는 것을 들었다는 한 친구의 증언도 있다. 이런 것은 결벽증이 있는 사람에게 흔히 있는 일이지만, 루터의 경우는 설령 그것이 어느 정도 병적인 신경증으로 인한 것이었다 할지라도 본질적으로는 그의 예민한 도덕적 양심의 고민에서 나온 소리임에 틀림없었다. 또한 이것은 루터 개인의 고민이었을 뿐 아니라 실로 그 시대의 고민이었다. 유럽의 중세는 종교적인 시대였다. 그리고 동시에 미신이 성하던 시대였다. 사회적으로는 사제와 세속인, 제후와 자유 귀족, 상업 자본가와 국내 소비자, 지주와 농민, 장인과 도제(徒弟) 등의 대립이 점차 뚜렷해져서 지배 계급의 권력이 커지고 사치가 심해졌는데, 이에 따라 중산 계급은 독립된 지위를 위협받았으며 서민은 무지와 빈궁 속에 신음하는 등 사회 전체의 도덕적 질서와 의무 관념이 희박해졌다. 르네상스의 새벽은 이미 동트고 있었지만, 강건한 새 시대를 낳을 정신적 기력을 유럽은 아직 갖지 못했던 것이다.

루터는 1512년에 신학 박사의 칭호를 받고, 비텐부르크대학의 신학 주임 교수가 되어 신구약성서 강의를 담당했다. 그리고 마침내 '어떻게 하면 죄로 고뇌하는 양심이 평안을 얻을 수 있을까'라는 그의 숙제를 해결할 열쇠를 발견했다. 그는 로마서 1장 17절의 "하나님의 의"라는 말을, 벌을 주고 위협하는 것이 아닌 은혜에 의하여 용서한다는 뜻으로 해석해야 함을 깨달았던 것이다. 이 진리를 발견한 그는 마치 다른 사람이라도 된 듯 힘차게 로마서를 강의하고, 비텐베르크 성 교회 및 도시 교회의 강단을 담당하여 민중에게도 이 복음을 설교했다.

그러던 중 루터 앞에 예상치 못한 큰 문제가 닥쳤다. 도미니쿠스회의 수도사 요하네스 테첼(Johannes Tetzel)이 비텐베르크 근처까지 와서 면죄부(免罪符)를 판매한 것이었다. 교황이 주도하는 '면죄'의 제도는 9

세기부터 시작한 것이지만, 그것이 유가 증권의 형태를 취하여 대리인에 의해 판매되는 '신성한 상품'이 된 것은 1393년 이후의 일이었다. 이제 루터 앞에 나타난 면죄부는 레오 10세(Leo X)가 성 베드로 성당 건축비를 마련하고자 파는 것으로, 독일에서는 마인츠의 대주교 알브레히트(Albrecht von Mainz)가 그 판매권을 독점했다. 그는 테첼을 고용하여 여러 지역에서 면죄부를 팔게 했다. 테첼은 "돈이 상자 속에서 짤랑 소리를 내는 순간, 영혼은 연옥에서 날아간다" 등의 말을 하면서 민중의 구매욕을 자극했다.

이것은 신학 교수로서 루터가 도저히 방관할 수 없는 일이었다. 그는 면죄부의 효력을 밝히기 위한 토론을 열 목적으로 성교회의 문에 95개조의 토론 제목을 게시했다. 당시 성 교회의 문은 대학의 게시판으로 사용되었으며, 이렇게 게시를 하는 것은 대학 교수가 주최하여 공개 토론회를 열 때의 관례였다. 그러나 일은 루터가 예상했던 것보다 훨씬 커졌다. 루터가 게시한 글은 학문적 토론의 논제에 적합하도록 라틴어로 쓰였으나, 즉시 독일어로 번역되어 국내는 물론 국경을 넘어 날개가 돋친 것처럼 퍼져갔다. 마치 한 개비의 성냥을 그어 마른 풀밭에 불을 지른 것 같은 기세였다. 점화된 개혁의 불꽃은 전 독일을 뒤덮었고, 얼마 되지 않아 유럽 전체를 휩쓸었다.

마침내 1521년에 황제 카를 5세(Karl V)는 보름스 제국 의회를 열고 루터에게 그의 주장을 철회할 것을 요구했다. 이에 대해 그는 대답했다. "성서의 증언이나 명백한 이성의 근거에 의해서 본인이 틀리다고 증명되지 않는 한, 저로서는 취소하기가 불가능합니다. 본인은 회의나 교황의 결정이 오류일 뿐만 아니라 서로가 위배된다고 생각하기 때문입니다. 본인의 양심은 하나님 앞에서 전율을 느끼며, 이러한 양심을 거스르면서 행동하는 것은 정직하지도 못하고, 또한 안전하지도 못합니다. 하나님이여, 나를 도우소서! 아멘." 이어서 그는 유명한 "나 여기에 서 있고 다른 방도는 없다"는 말을 덧붙였다. '여기에 서 있다'라는 말은 물론 공간적인 의미가 아니다. 그것은 그 자신이 황제의 권력에도 교황의 권위에도 좌우되지 않는 '양심'이라는 법정에 서 있음을 의미했다. 그가 말하는 양심은 결코 인간의 생래적인 양심을 의미하는 것이 아니다. 이것은 신의 말씀이라는 초월적 권위에 결부된 양심을 의미한다. 따라서 오직 한 사람으로도 만인에게 항의하고 시대의 정신에 저항하며 굳게 설 수 있는 것이었다. 신의 말씀에 근거한 양심의 권위와 항의가 밀접히 결합된 루터의 태도는 이후 '프로테스탄트적 인간'의 원형이 되었다.

'프로테스탄트(protestant)'라는 말은 1529년 제2회 슈파이어 제국 회의에서 복음주의파 제후들과 도시의 대표들이 표명한 개념인 '프로테스타치오(protestatio)'에서 유래했다. 이들의 경우에도 복음에 근거한 양심과 항의는 긴밀히 결합되어 있었다. 프로테스타치오는 "우리들의 양심 때문에 … 성스러운 신의 말씀에 의해 우리들의 주님이신 신에게 의무와 책임을 짊어진다"고 주장하며 복음에 근거한 양심과 항의의 긴밀한 결합 관계에 대해 명확히 표명했다. 이들의 항의를 지탱하는 부동의 기반은 신의 말씀에 결합된 양심의 권위였던 것이다. 이후 항의자들을 프로테스탄트라 부르게 되었다.

루터의 종교 개혁 정신

프로테스탄트적 인간의 원형이 된 루터의 종교 개혁의 정신은 무엇인가. 그것은 오늘날 잘 알려진 대로, 첫째, 복음은 '복음적 율법'이 아니라 오직 신앙으로서 받아들여야 하는 은혜의 소식이라는 '신앙 의인론(信仰義認論)'이었다. 루터는 '율법적 심판'의 하나님이 아니라 '은총의 하나님'을 발견하려는 그의 오랜 과제를 로마서 1장 17절에 대한 언어학적 발견을 통해 해결했다. 신의 사랑, 신의 구원과 마찬가지로 신의 '의' 역시 인간의 노력이나 행위에 대한 보상이 아니라 신이 값없이 부여하는 은총의 선물에 다름 아니라는 발견이다. 따라서 이제 모든 역점은 참회나 자기 성화의 업적이 아니라 '신앙에 의한 의인'에 놓이게 된다. 여기에서 구원의 확실함에 대한 의문은 결정적으로 해소된다. 구원은 오직 '신앙에 의해서만(sola fide)' 얻어지는 것이 된다. 루터에 의하면 그리스도는 이 해방과 의인의 업적을 통해서 '나의 주'가 되어주신다. 그리고 나를 신 앞에 새로운 존재로 불러주신다. 이러한 로마서 1장 17절의 새로운 이해야말로 종교 개혁 운동을 지탱하는 원체험이었다. 루터의 이 발견은 코페르니쿠스적 전환에 필적할 만한 것으로, 전 중세의 붕괴를 불러일으킨 원리가 되었다.

둘째, '성서 원리'였다. 성서 원리는 몇 가지 층위를 가지는 바, 첫 번째는 성서야말로 신의 유일한 계시의 원천이라는 것이다. 그리고 두 번째는 성서 해석의 정당성을 판별하는 권한은 교황이나 교회 회의에 있는 것이 아니라 성서 자체에 있다는 것이다. 즉 성서는 그 내재적 의미 관련 속에서 성서 자체에 의해 해석되어야 한다는 것이다. 따라서 올바른 성서 해석을 위해 루터는 성서에 대한 언어학적 지식을 극히 중시했으나, 그러한 지식이 없는 평신도 역시 성서 해석의 권리와 능력이 있음을 명확히 승인했다. 평신도의 경우에도 그가 신앙이 깊고 성령으로 인도될 경우, 복음 내용과 멀리 떨어져 있는 성서학자보다 깊이 성서에 대한 올바른 이해에 도달할 수 있다고 보았다. 바로 이 평신도의 성서 해석의 권리가 종교 개혁이 수립한 성서 원리의 세 번째 특징이라고 말할 수 있다. 이렇게 하여 종래 성직자, 교회의 일정한 지도 아래에 제약되어 있었던 성서는 민중의 손에 되돌려졌다. 각자가 각자의 신앙에 근거해서 성서를 해석할 능력과 자격이 부여되었다는 것은 획기적인 사건이었다.

이러한 성서 원리를 바탕으로, 신앙 생활에 있어서 성서에 나타난 하나님의 말씀이 가장 중심적인 것이 되었다. 말씀을 통해서 신과 인간 사이의 교제가 가능해짐으로써 신앙은 정신적 · 인격적 관계로 이해되었다. 신의 말씀을 듣고 성서를 읽는 것을 통해서 신과의 교제가 열린다고 한다면, 여기에는 주체적인, 나아가 윤리적인 신앙이 문제가 된다. 따라서 교회는 권위주의적으로 구원을 관리하는 '은총의 기관'에서 그리스도의 부름을 듣고 응답하는 신도의 교제가 된다. 신과 인간의 관계가 제도적인 것으로부터 인격적인 것으로 전환되는 것이다. 신의 말씀은 직접 한 사람 한 사람에게 말 걸고 스스로 들을 수 있도록 해방시킨다. 어떠한 사람도 다른 사람보다 특별히 우선시되는 경우는 없다. 왜냐하면 만인이 이 말씀을 듣도록 초대되고, 그럼으로써 형제로서 서로에게 봉사하도록 명해지기 때문이다.

여기에서 루터는 세 번째의 '만인 사제주의'의 발견으로 옮아간다. 이제 신앙은 신의 말씀을 통해 가능하게 되는 인격적 책임과 체험의 사안이 된다. 여기에서 신과 인간 사이의 사제적 매개는 불필요해진다. 사제들로 구성된 성직자의 계층 제도 역시 소멸하게 된다. 사제의 매개 없이 신앙인 한 사람 한 사람이 신 앞에 서고 신으로부터 복음의 은혜를 받을 수 있는 것이다. 그러나 이러한 선물이 부여되었다는 것은 역으로 그것이 과제로서 부과되었다는 뜻이기도 했다.

이러한 의미에서 만인 사제주의에는 두 가지의 측면이 있다. 하나는 종래 성직자의 보호 및 감독과 교회적 후견 아래 있었던 미성년으로서의 신도에게, 이제 해방된 성인으로서의 자유와 권리가 부여된다는 점이다. 동시에 역으로 평신도 자신이 선교의 책임을 감당해야 하는 신앙적 의무도 부여받는다는 것이다. 이러한 만인 사제주의의 원리야말로 '평신도 종교'로서의 프로테스탄티즘의 가장 중요한 원리라고 할 수 있다.

만인이 사제라고 한다면 모든 인간에 대해 기독교 윤리는 원칙적으로 평등하게 적용된다. 반면 가톨릭에서 기독교 윤리는 원칙적으로 불평등하다. 성직자 계급에게 타당한 윤리와 일반 신도에게 타당한 윤리가 구별된다. 가톨릭에서 성직자 계급은 신에게 가까운 존재이고 신의 은총을 보다 많이 받는 것에 대응해서 그만큼 엄격한 윤리를 지켜야 했다. 이에 반해 일반 신도는 신과의 거리가 먼 존재로 지켜야 할 윤리도 느슨했다. 하지만 만인 사제주의에 의해 이러한 윤리의 단계적 구별은 일소된다. 동등한 엄격함으로 만인이 기독교적 윤리를 지켜야만 하기 때문이다. 더구나 이제 특수한 성직자적 계급이 없어진 이상 이러한 엄격한 기독교적 윤리는 세속적 생활 내부에서 관철되어야만 했다. 세속적 생활의 외측에 특수한 종교적 세계를 만들고 거기에서 기독교적 생활을 영위하는 것은 용인되지 않기 때문이다. 이 세상에서, 즉 가정, 노동, 나아가 일상생활의 평범한 삶 안에서 신의 동역자로서 사랑의 봉사에 매진해야 한다. 그것은 이 세상을 신이 창조한 세상으로 재발견하는 것을 의미했다. 즉 세상을 '신앙 의인'의 결과 발생하는 성화(聖化)를 실증하는 장소로서 받아들이고, 다름 아닌 여기에서 기독교인의 자유를 발휘하는 것을 의미했다.

이러한 사고방식을 가능하게 한 것이 루터의 '베루프(beruf)' 개념이었다. 베루프는 천직(=소명)이라고도 번역되고 '직업 소명관'이라고도 불린다. 루터에 의하면 모든 세속적 직업이 베루프였다. 즉 모든 직업이 천직으로, 신에 의해 불렸고, 그 직업을 감당함으로써 신의 뜻을 따르는 것이 되었다. 이는 거꾸로 말하면 종교적 행동과 생활이 세속적 형식 안에 포함됨을 의미한다. 세속의 일상생활이 다름 아닌 신에 대한 종교적인 예배 행위와 동등한 의미를 갖게 되었다는 것이다. 이제 나날의 생활에 전념하는 것 자체가 신에게 봉사하는 것(=신 예배)이 되는 것이다. 이 '일상생활=신 예배'라는 사상이야말로 직업 소명관으로서의 베루프의 본래적 내용을 형성하는 것이었다. 신 예배로서의 일상생활이 머지않아

직업 세계를 넘어 사회적 · 정치적 영역에까지 확장될 가능성은 이미 내포되어 있었다.

가톨릭의 종교 개혁(Catholic reformation)

루터의 종교 개혁으로 가톨릭 교회 역시 중세 1,000년을 마감하고 근대적 정체성을 확립할 것을 요구받게 되었다. 이 개혁을 단행한 대표적인 공의회로 트렌트 공의회(1545-1563)를 들 수 있다. 트렌트 공의회는 결과적으로 가톨릭 교회의 면모를 바꾸어놓았다. 첫째, 먼저 1564년 트렌트 신앙 고백(비오 4세[Pius IV])을 채택함으로써 분열은 이제 불가역적인 사실이 되었다. 이것은 이른바 '트렌트식', '가톨릭 교파'의 등장을 의미했다. 둘째, 교리와 규율에 질서와 정형을 부여했다. 셋째, 훈련과 훈육에 의한 사목적이고 내면적인 변화를 가져왔다. 혼란스러웠던 중세 말엽 교회에 대한 규제와 표준화가 강구되었고, 예수회와 같은 새로운 수도회와 사도직 단체들의 출현으로 이러한 조처들이 적극적으로 수용될 수 있는 전기가 마련되었다. 넷째, 가장 괄목할 만한 것으로는 주교와 성직자들의 상주 의무와 같은 성직 계급의 질적 쇄신, 그리고 사목자 양성에 초점을 맞춘 신학교 체제의 초안이 구상되었다. 그러나 질서와 훈육이라는 기조는 이전 세기까지의 교회 내 무질서에 대한 정화를 의미했지만, 또 다른 의미에서는 이미 균형을 잃은 이전 세기의 세계관을 수호하는 보수적인 전통의 구축을 의미했다. 이러한 가톨릭의 자의식은 1962-1965년의 제2차 바티칸 공의회에 의해 교회가 자기 스스로를 "순례하는 하느님의 백성"으로 정의하고 성직자 중심의 교회에서 벗어나 교회의 민주화와 평신도들의 광범위한 참여를 지향할 때까지 지속되었다.

한편 이 시기 가톨릭은 내적 정비 이외에도 외적 확장에 힘썼다. 지리상의 발견 등의 역사적 흐름과 더불어, 선교의 명암은 있지만 획기적인 세계 선교를 시작했다. 오늘날 '가톨릭 대륙'이라고 할 수 있는 남아메리카에의 선교, 중국, 일본, 한국 등의 아시아 대륙에의 선교가 이 시기에 이뤄졌다.

개신교의 발전

한마디로 종교 개혁이라고 하지만, 종교 개혁의 내부를 들여다보면 그 양상은 다양했다. 따라서 일부 학자들은 '종교 개혁들(reformations)'이라는 표현을 사용하기도 한다. 독일에서는 루터의 정신을 이어받아 루터교가 형성되었다. 또 다른 종교 개혁가인 장 칼뱅(Jean Calvin)은 한편으로는 종교 개혁의 신앙 및 신학을 집대성했고, 다른 한편으로는 개신교 신앙을 지닌 교인들을 위한 새로운 교회의 형태를 제시했다. 그는 교역자 간의 동등성, 그리고 교역자와 평신도의 공동 참여를 주장했으며, 목사, 교사, 장로, 집사 등의 네 가지 직제를 도입했다. 스위스와 프랑스에서는 칼뱅의 신학을 중심으로 개혁 교회가 성립했다.

또한 종교 개혁의 정신을 극단까지 관철시키려고 하는 이른바 '급진 종교 개혁(radical reformation)'의 흐름도 생겨났다. 여기에는 두 가지 흐름이 있었다. 하나는 개혁의 급진성을 보이면서 사회 개혁까지 추구하기 위하여 혁명을 불사했던 흐름이었고, 다른 하나는 평화주의자들로 사회 속의 제자도(弟子道) 집단을 구성하려는 흐름이었다. 주로 성인 세례를 강조함에 따라 '재세례파'라고도 부르는데, 이들 가운데 메노나이트파, 침례교 등이 있다. 이들은 오늘날 평화 운동에 힘써 '평화 교회'라고도 칭한다.

한편 영국에서는 성공회(聖公會)가 형성되었다. 성공회는 교황이 아닌 영국 왕을 교회의 머리로 삼는다는 교회 체제를 먼저 만들고 이후 교회 정치(church polity)와 신학을 형성한 것이 특징이다. 그 신학은 '중도(via media)'론이 특징이다. 성공회는 명칭이 다양한데, 영국, 특히 잉글랜드의 교회는 '영국 교회'나 '잉글랜드 교회'라고 하고, 그 밖의 전 세계의 교회는 국가명을 붙인 '○○성공회'라고 한다. 그러나 미국의 경우는 독립전쟁 당시 역사적 상황에 따라 '영국(Anglican)'이라는 국가명 대신 '감독(episcopal)'이라는 교회 정치 제도의 명칭을 택하기도 했다. 성공회 내에서 성화를 강조하는 감리교가 나왔고, 나중에는 성결을 특히 강조하는 성결교가 나왔으며, 성결교에서 다시 성령을 강조하는 오순절파가 나왔다.

이렇게 개신교는 다양한 종파 및 교단의 출현으로 이어졌다. 이들은 다양한 교회 정치를 채택함에 따라 상이한 모습을 드러냈다. 대표적인 교회 정치는 감독제, 대의제, 회중제다. 감독제는 동방 정교, 천주교가 채택한 제도이고, 개신교 중에서는 루터교와 성공회 등이 채택했다. 대의제는 여러 단계의 회의를 중심으로 하는 제도로 당회(개교회), 노회, 총회 등으로 구성되며, 장로교가 채택했다. 회중제는 감독제나 대의제와 달리 각 교회가 독립성을 갖되, 같은 종류의 교회끼리는 구속력이 없는 친교회를 둔다.

에큐메니컬 운동

19세기부터 개신교는 천주교에 뒤이어 세계 선교에 뛰어들었다. 개신교 선교사들은 선교 본부인 본국 교회와 멀리 떨어진 상황에서 무한한 과제 및 유한한 자원과의 싸움을 벌여야 했다. 이러한 상황에서 그들은 교파와 무관하게 선교의 연합과 협력을 도모하기 시작했다. 이러한 역량이 축적됨에 따라 이 운동은 선교의 에큐메니컬(Ecumenical) 운동을 넘어서서 선교지 교회의 에큐메니컬 운동으로 이어졌고, 나아가서 본국 교회의 에큐메니컬 운동으로 이어졌다.

선교사의 에큐메니컬 운동의 결정체는 1910년 영국 에든버러에서 개최된 세계 선교 대회였다. 이 대회는 교리와 교회 정치 같은 문제는 제외한 일종의 사업 회의였지만, 결국 그 대회를 가능하게 했던 연합과 협력, 그리고 일치의 정신은 대회를 넘어서까지 결정적인 영향을 미치게 되었다. 그리고 그 결실로 마침내 1948년 세계 교회 협의회가 탄생되었다. 동방 정교회도 세계 교회 협의회 결성 초기부터 일부가 참여했고, 1960년대부터는 본격적으로 참여했다.

한편 가톨릭의 경우, 제2차 바티칸 공의회는 가톨릭 자체에도 획기적인 변화를 가져왔지만, 에큐메니컬 운동에도 마찬가지의 변화를 낳았다. 가톨릭은 현대성을 획득하고자 했고, 기독교의 타 종파 및 교단과 우호적 관계를 맺고자 했으며, 세상과 적극적인 소통을 추구했다. 그 결과 타 종파 및 교단은 이단이 아닌 형제자매 교회가 되었고, 그 구원 기관으로서의 역할도 인정하게 되었다. 그리고 구체적인 실천을 통해 세계 교회 협의회 일부 기구의 회원으로 활동하고 있다.

에큐메니컬 운동의 다면적 측면과 신학

에큐메니컬 운동은 크게 대화, 연대, 참여의 세 분야에서 이루어진다고 할 수 있다. 한국 개신교는 '대화'라는 단어에 대하여 부정적인 인식을 갖는 경우가 종종 있다. 그러나 종교는 다르더라도 우리 모두가 인류라는 점에서, 그리고 특정 지역 및 국가를 제외하고 대부분의 국가들, 특히 아시아 국가들에서 기독교는 소수 종교에 불과하다는 현실이 대화를 중요하게 만든다. 따라서 기독교 내의 대화뿐만 아니라 타 종교, 무신론, 기타 이데올로기를 망라하여 대화가 확대될 필요가 있다.

에큐메니컬 대화 이상으로 현실 세계에서 중요한 것이 바로 에큐메니컬 연대다. '에큐메니컬'이라는 단어의 원래 의미는 '인간이 사는 세상'이었다. 따라서 에큐메니컬 운동이 에큐메니컬 대화를 넘어서서 인간 세상의 문제에 관심을 가지고 해결하기 위한 노력을 해야 한다는 것이 바로 에큐메니컬 연대다. 한국의 3 · 1 독립 운동과 민주화 운동을 에큐메니컬 연대의 대표적인 사례로 손꼽을 수 있다.

마지막으로 에큐메니컬 운동은 그 본질상 참여에 관심을 갖는다. 따라서 서구, 남성, 중년, 교역자 위주의 운동에서 비서구, 여성, 청년, 평신도의 참여를 통한 균형 잡힌 운동으로 나가는 데도 관심을 갖고 있다. 최근에는 이와 같은 맥락에서 장애인의 참여도 중요한 문제로 대두되고 있다.

에큐메니컬 운동과 더불어 에큐메니컬 신학 역시 계속 발전해왔다. 오늘날에는 현대 사회의 주요 이슈인 정의, 평화, 생태계를 주제로 삼는 신학이 주목받는다. 즉 '정의, 평화, 창조 질서의 보전 신학(Justice, Peace and the Integrity of Creation: JPIC)'이다. 현재 기독교의 지도력은 여러 가지 이유로 거부되고 제한되고 있다. 그러므로 이제 기독교는 사회 문제에 있어서 참여자의 자리로 겸손히 내려와, 사회의 일부로서 공공선을 추구하는 자세를 취할 수 있어야 할 것이다.

제9장

한국 기독교의 역사

1. 수용부터 식민지 시대까지

가톨릭의 수용과 박해

양반 관료 사회를 근간으로 한 조선의 전통적인 지배 체제는 16-17세기에 걸친 임진왜란과 병자호란을 겪으며 그 근본에서부터 동요하기 시작했다. 파괴된 생산 기반을 복구하는 과정에서 필연적으로 수반된 생산력의 증대는 상업과 수공업의 발전을 촉진시켰으며, 동시에 신분 질서를 동요시켰다. 이러한 변화는 결과적으로 서민 경제를 활성화시키는 계기를 마련했으며, 양반 관료 사회의 모순을 속속 노정시켰다. 조선 사회는 그 사상적 토대로서의 유교에 대한 심각한 비판과 반성에 직면하게 되었다. 그리고 이 과정에서 조선은 새로운 학문으로서 서학과 접촉하게 되었다.

조선의 서학 수용은 북경에 간 사절단을 통해 이루어졌다. 당시 중국은 16세기 말에서 17세기에 걸쳐 서학을 도입했다. 예수회 선교사인 마테오 리치(Matteo Ricci, 중국식 이름은 이마두[利瑪竇])는 이질적인 유교 문화권에 가톨릭을 전파하는 효율적인 방법은 가톨릭과 유교 간의 상이점보다는 유사점을 발견하고 이를 보완시켜주는 것이라고 믿었다. 그는 『천주실의(天主實意)』를 비롯한 많은 가톨릭 서적을 한문으로 번역 · 출판하는 작업에 몰두하며 가톨릭의 중국 토착화를 시도했다.

중국에서의 이러한 흐름이 북경을 방문한 사절단을 통해 조선에도 전해졌다. 서양의 과학 문물과 사상은 봉건 왕조 사회의 모순을 극복하려했던 조선의 지식 계층인 실학자들에게 자연스럽게 수용되었다. 그 결과 일부 실학자들은 이를 학문(西學) 영역으로서만 수용하는 데 그치지 않고 그 종교(西敎: 가톨릭)까지 받아들이게 되었다. 권철신(權哲身), 권일신(權日身), 정약용(丁若鏞), 정약전(丁若銓), 정약종(丁若鍾), 이가환(李家煥), 이벽(李蘗), 이승훈(李承薰), 이기양(李基讓) 등의 학자들이 여기에 속했다. 이들 학자들은 1779년부터 경기도 광주에 있는 천진암, 주어사 등에서 이벽을 중심으로 모여 강학회(講學會)를 열고 가톨릭 교리를 연구했다. 이들은 아침과 저녁 기도, 주일의 노동 금지 등의 계율을 지키기 시작했고, 이벽은 '천주공경가(天主恭敬歌)', 정약전은 '십계명가(十誡命歌)', 이가환은 '경세가(警世歌)'를 짓기도 했다. 이승훈은 북경에 가서 1784년 1월 한국인으로서 최초로 세례를 받고 '베드로'라는 세례명을 얻게 되었다. 이렇게 하여 가톨릭은 1년도 안 되어 서울, 경기도, 충청도, 전라도 등지로 퍼져 나가면서 자생적인 신앙 공동체를 형성하게 되었다.

가톨릭의 수난

그러나 이후 가톨릭은 조선 사회에서 약 100년 동안 박해의 시련을 겪었다. 1785년 집회가 발각되어 김범우(金範禹)가 첫 순교자가 되었으며, 정조는 천주교 서적을 불태우고 국내 반입을 금지했다. 1791년에는 윤지충(尹持忠)과 권상연(權尙然)이 제사를 폐지하고 그 신주를 불태움으로써 신해교난(辛亥敎難)이 일어났다. 이를 계기로 하여 가톨릭은 조선 사회의 근간을 뒤흔드는 무군무부(無君無父)의 사교(邪教)로 지목되어 권력층과 극심한 갈등을 겪게 되었다. 1801년 순조의 수렴청정을 하던 정순황후는 천주교를 말살시키기 위해 신유박해(辛酉迫害)를 일으켰다. 처형된 자 100여 명, 유배자 400여 명으로 총 500여 명의 희생자를 낸 대박해 사건이었다. 1839년의 기해박해(己亥迫害) 사건으로는 로랑-조제프-마리위스 앵베르(Laurent-Joseph-Marius Imbert) 주교를 비롯한 프랑스 신부들과 신자 54명이 참수되었다. 1846년의 병오박해(丙午迫害)에는 최초의 한국인 신부인 김대건(金大建) 신부가 순교하기도 했다. 마지막 박해는 대원군 시대에 시작되어 그가 실각한 1873년까지 계속되었는데, 이로 인해 전국에서 순교한 교인 수는 약 8,000명으로 추산된다.

이것은 단순한 반서교 박해로 끝나지 않았다. 당시의 양반 지배 계층은 서교와 서학을 구별하지 않고 한데 묶어 배척함으로써 주자학 중심의 유교적인 소우주를 고수했다. 이로써 서학을 선택적으로 수용하자는 남인 계열의 온건 개화파마저도 재기 불능 상태에 빠지게 되었다. 이러한 조선의 상황은 서구 열강에 의해 주도된 개항 및 문호 개방의 움직임에 반하는 것이었다. 그러나 개항과 근대화에 대한 요구는 피할 수 없는 세계사적 조류였던 바, 급기야 1876년 일본의 무력에 의해 강제로 문호를 개방하게 되는 암울한 결과를 초래하게 되었다.

그러나 조선에서도 국가적 차원에서는 채용되지 않았지만, 서학을 통해 배워야 한다는 주장이 재야 학자들 사이에서 제기되었다. 이러한 주장들은 근대성과 봉건성의 틈바구니에서 근대를 지향해갔던 조선 사회의 창조적 소수자들에 의해 모색되었으며, 조선 사회가 내재적으로 근대를 열어가는 사상적 토양이 되었다. 개신교가 조선에 전래된 것은 이러한 역사적 상황을 배경으로 하고 있었다.

개신교의 수용

개신교 선교사로서 가장 먼저 조선을 방문한 사람은 독일 출신의 카를 귀츨라프(Karl F. Gützlaff)였다. 그러나 조선 정부의 통상 거절로 뜻을 이루지 못하고 돌아갔다. 이후 런던 선교회 소속의 로버트 토머스(Robert J. Thomas) 목사가 미국 상선 제너럴 셔먼(General Sherman)호를 타고 대동강 입구에 도착했다. 조선 측은 식량과 연료를 요구하던 제너럴 셔먼호에 처음에는 호의적이었다. 그러나 무장한 제너럴 셔먼호가 중군(中軍) 이현익(李玄益)을 억류하고 대완구 및 조총을 마구 쏘아대자 조선 측도 응전하지 않을 수 없었다. 결국 1866년 9월 2일 양각도 모래톱에 좌초된 제너럴 셔먼호에 탑승했던 토머스 일행은 화공(火攻)과 투석(投石)을 이기지 못하고 물에 내렸다가 전원 살해되었다.

한편 스코틀랜드 연합 장로교회 소속의 중국 선교사인 존 로스(John Ross)는 그의 매부인 존 매킨타이어(Jone Mackintyre)와 더불어 조선 선교에 대비해 성서를 한글로 번역할 계획을 세웠다. 그는 이응찬(李應贊)과 서상륜(徐相崙)의 도움으로 마가복음서, 요한복음서, 누가복음서를 번역했다. 그리고 마침내 1887년 2월 최초의 한글 신약성서 완역판인 『예수셩교전서』를 심양에서 출간했다. 그리고 이 한글 성서를 가지고 전도한 결과 만주와 의주, 소래를 중심으로 자발적인 신앙 공동체가 형성되기에 이르렀다.

한편 일본에서도 이수정(李樹廷)에 의해 성서 번역이 진행되었다. 신사 유람단의 일행으로 일본에 건너가 일본에서 세례받은 첫 한국인 개신교 신자가 된 그는 1883년 동경의 한국인 유학생을 대상으로 최초의 한인 교회를 세우고, 성서 번역에 착수해 1885년 마가복음서 6,000부를 간행했다. 이것이 첫 한국 선교사로 임용된 언더우드와 아펜젤러가 1885년 4월 제물포에 상륙할 때 가지고 온 성서였다. 선교사가 선교지에 번역된 성서를 가지고 입국하는 것은 기독교 선교 역사상 유례가 없는 일이었다.

한편 이수정과는 또 다른 방식으로 조선 선교에 일익을 담당한 인물로 김옥균(金玉均)을 들 수 있다. 개신교의 조선 선교를 유력한 개화의 방편이요 교화의 수단이라고 본 그는 1884년 6월 일본 선교사인 로버트 맥클레이(Robert S. Maclay)가 선교 탐사를 위해 조선에 왔을 때 그의 선교 요청 서한을 고종에게 전달했다. 이에 대해 고종은 개신교 선교 활동이 교육과 의료에 국한되어야 한다는 조건으로 윤허했다. 김옥균은 비록 기독교인은 아니었지만, 미국 북감리교회의 조선 선교 개시를 가능하게 한 것이었다.

이상의 과정을 통해 본 한국 개신교 수용의 특징은, 중국이나 일본과는 달리 서양 선교사들이 들어오기 전에 이미 현지의 선구적 구도자들에 의해 복음이 수용되었고 자생적 신앙 공동체가 형성되었으며, 한글로 된 성서의 번역과 출판이 이루어진 주체적인 수용이었다는 점이다.

초기 개신교 선교사들의 활동

조선 정부로부터 선교 활동에 대해 공식적인 허락을 받은 미국 선교부는 선교사를 파송하기 시작했다. 1884년 말 미국 북장로회의 파송을 받은 호러스 알렌(Horace N. Allen)은 조선에 상주하는 최초의 개신교 선교사가 되었다. 그는 1885년 4월 '광혜원(廣惠院, 후에 '제중원[濟衆院]'으로 개명)'이라는 한국 최초의 서구식 병원을 설립했다. 이후 세브란스 병원이 된 이 병원은 의료 기관이었을뿐만 아니라 선교사들의 합법적 활동의 근거지가 되었다.

한편 미국 감리교에서 파송된 의료 선교사로서 윌리엄 스크랜튼(William B. Scranton)도 1886년 봄 정동에 건물을 구입하여 하층민을 위한 '시(施)병원'을 열었다. 또한 그는 남자 의사에게는 몸을 보이지 못하는 조선 여성들을 위해 여의사가 절실히 필요하다고 인식하고 선교 본부에 여의사의 파견을 요청했다. 그 결과 1887년 10월 여의사 메타 하워드(Meta Howard)가 도착하여 정동에서 여성 전용 병원을 시작하게 되었다. 하워드는 입국 1년 뒤인 1888년 11월 이화학당 구내에 있던 한옥 한 채를 병원으로 개조하여 '보구여관(普救女館)'을 마련했다.

선교사들은 조선에서 교육 사업에도 힘을 쏟았다. 최초의 감리교 선교사인 헨리 아펜젤러(Henry G. Appenzeller)는 1886년 한국 근대 교육의 효시인 배재학당을 열었다. 호러스 언더우드(Horace G. Underwood) 역시 1886년 이후 경신학교로 발전한 '언더우드학당'을 세웠다. 개신교의 교육 사업 중 특기할 만한 것은 여성 교육이었다. 당시 정부나 민족주의 사립 학교가 거의 다 남자 중심의 학교 교육을 행한 데 반해, 기독교 계통의 사립 학교는 남녀 병렬주의에 의거해 남녀를 평등하게 교육했다. 1886년에 이화학당이 최초의 한국 여성 교육 기관으로서 문을 열었고, 1887년에는 정신여학교가 설립되었다. 그리고 1897년에는 전국 주요 도시마다 기독교계 여학교가 차례로 설립되어갔다. 1908년의 통계에 의하면 장로교 계통의 기독교 여학교가 정신, 숭의, 정명, 기전, 신명, 일신 등 17개교이고 감리교계의 기독교 여학교가 이화, 배화, 영화, 정의, 호수돈, 영명 등 16개교였다. 이 당시 다른 사립 중·고등 여학교로서는 숙명과 진명, 동덕여학교가 있었을 뿐이다. 최초의 관립 중·고등학교인 한성여학교는 1908년 당시 막 세워진 참이었다.

의료와 교육을 중심으로 한 개신교의 이러한 간접 선교 전략은 '근대성'과 관련하여 중요한 함의를 내포하고 있었다. 의료와 교육 분야에서 얻은 개신교의 헤게모니는 개신교를 근대성의 확실한 기호로 인식하게 함으로써 조선 사회에서 개신교의 사회적 공신력을 축적해가는 계기가 되었다.

교회 형성과 초기 기독교 민족 운동

이러한 사회적 공신력의 축적에 힘입어 교회 공동체의 형성도 순조롭게 이루어졌다. 한국에서 최초로 성립된 개신교회는 만주에서 귀국한 서상륜(徐相崙)의 전도로 시작된 황해도 송천의 솔래(松川)교회다. 순수한 한국인의 힘으로 1886년 시작된 이 자생적 교회는 1887년 언더우드의 새문안교회나 아펜젤러의 정동제일교회보다 1년 앞선 것이었다. 1887년에는 지방에서도 후일 장대현교회로 발전하게 되는 평양 널다리교회 등이 속속 세워졌다. 한편 한국에서 개신교 선교는 주로 인삼 장수 등의 양민 내지 하층민에 의해 시작되었으나, 독립협회의 실패를 통해 상류층이 대거 유입되었다. 이승만(李承晩), 이상재(李商在), 신흥우(申興雨), 유성준(兪星濬), 이준(李儁) 등 독립협회를 통해 체제를 개혁하려다 실패하고 감옥에 들어가 있던 양반들이 감옥에서 개신교에 입교하고 신앙을 갖게 된 것이다.

1905년 11월 일본은 을사늑약(乙巳勒約)을 체결하여 통감부를 설치하고 본격적인 한국 통치를 시작했다. 이에 개신교인들의 주권 회복 운동도 더욱 가열차게 진행되었다. 안창호(安昌浩)는 1907년 4월 비밀리에 '신민회(新民會)'를 조직했다. 신민회는 상실되어가는 국권을 회복하고 자주 독립 국가의 수립을 목표로 하는 비밀 결사로서 회원 연설회와 토론회 및 운동회 등을 통해 폭넓은 애국 계몽을 주도했다. 또한 일본의 경제적 침투에 맞서서 토착 자본 확보와 민족 산업 육성에도 힘썼다. 기독교인들은 친일 인사와 일본 정치 지도자를 암살하는 항일 무장 투쟁에도 적극 개입했다. 장인환(張仁煥)은 1908년 친일적인 주한 미국 외교관 더럼 스티븐스(Durham W. Stevens)의 "한국 황실과 정부는 부패했고 한국인은 우매해 독립할 자격이 없다"는 발언에 격분하여 미국 샌프란시스코에서 그를 사살했다. 독실한 가톨릭 신자였던 안중근(安重根)은 1909년 초대 통감 이토 히로부미(伊藤博文)를 만주 하얼빈 역에서 암살했다. 또한 기독교인들을 중심으로 한 상인들은 일본 상품 불매 운동 및 납세 거부 운동으로 항일 경제 운동을 벌이기도 했다. 이러한 기독교 민족 운동은 3·1 독립 운동을 가능케 한 원동력의 하나가 되었다.

3·1 독립 운동과 개신교

3·1 독립 운동은 조선이 1910년 일본의 완전 식민지로 전락한 후 9년 만에 일어난 거족적인 민족 독립 운동이었다. 일제의 철저한 무단 통치 아래 모든 집회와 결사가 금지되었고 종교 단체와 공사립 교육 기관만이 유일한 합법적 단체였다. 따라서 국내에서의 운동의 계획은 천도교와 기독교 등의 종교 단체에 의해 진행되었다. 천도교에서는 1918년 11월부터 최린(崔麟), 송진우(宋鎭禹), 현상윤(玄相允), 권동진(權東鎭), 오세창(吳世昌) 등이 교주 손병희(孫秉熙)의 동의 아래 조선 민족 각계 대표의 명의로 독립 의견서를 일본 정부에 제출할 것을 결의하고 동지 규합에 나섰다.

한편 개신교 측에서는 1919년 1월 말경부터 각각 3개의 그룹에서 독립 운동이 계획되고 있었다. 서북 지방에서는 이승훈과 양전백(梁甸伯), 김선두(金善斗) 등이 중심이 되어 독립 운동을 계획하고 있었고, 서울 지방에서는 박희도(朴熙道)를 중심으로 한 YMCA 계통의 기독교 청년 학생단 그룹, 그리고 이갑성(李甲成)을 중심으로 한 세브란스의학전문학교 등 시내 전문학교 학생단 그룹의 독립 운동 계획이 있었다. 이렇게 천도교 측과 개신교 측이 초기 단계에서 각각 개별적으로 추진하고 있었던 독립 운동은 2월 초순에 이르러 운동을 거족적인 차원으로 끌어올리기 위해서 단일화되었다.

3월 1일 서울의 파고다 공원에서 독립 선언서가 발표되자 운동은 즉시 전국으로 확산되었다. 독립 선언서에 서명했던 33인의 민족 대표 중 개신교 관계자가 16인, 천도교 관계자 15인, 불교 관계자 2인으로 준비 단계에서 개신교인들의 활발한 참여를 알 수 있다. 한편 3 · 1 독립 운동의 대중적 전개 과정에도 많은 기독교인들이 참가했다. 3월에서 4월 사이에 일어난 독립 운동의 시위 수는 1,214회였는데, 그중 기독교인들이 주 동력이 되었던 것은 약 25%였고, 일본 관헌에 의해 검거된 사람 가운데 종교가 파악된 경우의 약 17%가 기독교인이었다. 당시의 기독교인은 20만 명 정도로 전 인구 1,600만 명의 약 1.3%에 불과했다는 것을 고려하면, 3 · 1 독립 운동에 참가한 조선 개신교인들의 수는 결코 적었다고 할 수 없다.

또한 여성들의 참여도 괄목할 만했다. 3월 3일 개성에서 일어난 만세 시위는 권애라(權愛羅), 어윤희(魚允姬) 등에 의해 호수돈여학교를 중심으로 전개되었다. 천안에서는 3월 20일 장날에 양대 여숙의 교사와 학생들에 의해 운동이 주도되었고, 또 '한국의 잔다르크'라 불리는 유관순(柳寬順)의 장렬한 순국이 있었다. 대구의 명신, 전주의 기전, 광주의 수피아, 함흥의 영신, 원산의 루씨여학교 등 전국 각지의 기독교 여학교에서도 여교사와 학생을 중심으로 만세 운동이 전개되었다. 이렇게 기독교 여성의 참여가 많은 이유는 여자 중등학교의 경우 개신교 학교의 비중이 압도적으로 높았기 때문이다. 이러한 여성들의 정치적 참여는 그해 11월에 창립된 상해 임시 정부 헌법에 여성과 남성의 평등권을 명기하게 하는 성과를 이끌어냈다.

그러나 3 · 1 독립 운동에 대한 조선 개신교인들의 이러한 대거 참여는 개신교에 대한 일본 관헌의 가혹한 탄압을 초래했다. 일본 관헌에 의한 기독교 탄압을 보여주는 상징적인 예는, 경기도 수원에서 기독교인을 포함한 30여 명을 제암리교회에 모아놓고 석유를 뿌려 교회당을 불태운 후 도망치는 사람에게는 발포해 학살한 '수원 제암리 사건'이 있다.

문화 통치 시대의 개신교

3 · 1 독립 운동 직후 사회 분위기는 어두웠다. 많은 개신교인들이 희망 없어 보이는 현실이 아닌 신의 초자연적 개입과 내세에 소망을 품기 시작했다. 카리스마 있는 부흥사들이 나와 이런 개신교 민중의 소망을 열광적 부흥회로 결집시켰다. 3 · 1 독립 운동 직후 시작된 김익두(金益斗)의 부흥회가 대표적인 사례다. 장로교 목사 김익두는 1919년 말부터 이적과 초자연적 치유 현상을 동반한 부흥회를 전국적으로 개최했다. 길선주(吉善宙)도 대표적 부흥사의 한 사람이다. 그는 3 · 1 독립 운동에 민족 대표로 참여하여 옥고를 치르는 동안 요한계시록을 탐독하여 말세 신앙을 가지게 되었다. 감리교의 이용도(李龍道) 역시 신비주의적 신앙에 기초한 부흥회를 개최했다.

그러나 기독교 민족 운동에 헌신하는 사람들도 여전히 있었다. 이상재(李商在), 조병옥(趙炳玉), 조만식(曺晩植) 등 개신교계 민족 운동가들이 사회주의자들과 힘을 합쳐 1927년 일제 강점기 최대의 민족 운동 단체인 '신간회(新幹會)'를 만들고 노동 쟁의와 소작 쟁의를 지원하기도 했다. 차(김)미리사(車[金]美理士), 김활란(金活蘭), 손메례(孫袂禮), 유각경(兪珏卿), 황신덕(黃信德) 등은 신간회 자매 조직이라 할 수 있는 '근우회(槿友

會)'를 같은 해에 조직하고 사회주의자들과 함께 여성 해방 운동에 나섰다. 그들은 여성에 대한 각종 차별 철폐, 여성 농민·노동자의 권익 옹호를 위해 노력했다. 두 조직은 모두 합법적 단체였다. 그러나 민중 계몽을 추구했던 개신교인들과 민중 해방을 추구했던 사회주의자들의 목표의 차이로, 1930년대에 들어 두 조직은 해체되고 말았다.

1930년대의 기독교 농촌 운동

1929년에 조병옥을 중심으로 당대의 개신교 운동가들이 대거 결집하여 만든 '기독신우회'는 사회 복음 중흥을 표방했다. 사회 문제에 관심을 가진 개신교인들이 제일 먼저 구체적 관심을 보인 분야는 농촌이었다. 장로교와 감리교, 그리고 YMCA와 YWCA는 각지에 야학이나 글방 등 문맹 퇴치를 위한 교육 기관을 개설하여 한글과 산술 같은 기초 교육을 실시했다. 「기독신보」와 「청년」은 농촌과 관련된 고정란을 만들어 농촌 문제를 다루었고, 농민들을 위해 「농촌청년」, 「농민생활」과 같은 정기 간행물이 발행되었다. 또한 각 기관과 농촌 운동가들이 농촌의 실태를 알리고, 농촌 관련 정책을 제시하며, 농민을 계몽하기 위해 다양한 단행본을 출간하기도 했다. 농사법을 알리고 농민을 계몽하기 위한 순회 강습회도 개최되었으며, 농업 학교와 농촌 지도자 양성 기관도 각지에 만들어졌다. 수원 인근에서 농촌 계몽 운동을 하여 심훈의 소설 『상록수』의 주인공이 된 최용신(崔容信) 역시 YWCA 농촌 지도원이었다. 그는 농촌 운동에 관심을 가지게 된 후 학업을 중단하고 농촌 운동에 헌신하다가 25세에 요절했다.

개신교 농촌 운동은 황폐해진 농촌 현실의 절박함과, 복음을 현실 속에 구현해야 한다는 신학적 깨달음에서 이루어졌다. 문맹 퇴치, 농민 계몽, 농법 개량, 협동조합 설립 등에서 상당한 성과를 거두었고, 3·1 독립 운동 이후 개량주의적 기독교 민족 운동을 대표할 만한 운동으로 자리 잡았다. 그러나 조선 총독부의 법 테두리 안에서 하는 운동을 지향함으로써, 당시 한국 농촌의 모순의 근원이었던 소작 문제를 다루지 못한 점 등의 한계를 노정했다.

신사 참배 강요와 개신교

1931년 만주사변(滿洲事變)을 계기로 본격적인 대륙 침략을 시도한 일제는 이어 1937년 중일전쟁으로, 마침내는 1941년 태평양전쟁으로 침략 전쟁을 확대시켜나가면서 철저한 군국주의 파시즘 체제로 바뀌어갔다. 침략 전쟁이 확대되면서 일제는 소위 내선일체(內鮮一體)를 강조하여 조선 민족의 황국신민화(皇國臣民化) 정책, 즉 조선 민족성의 말살 정책을 본격화했다. 이를 위해 조선 통치의 근본은 국체명징(國體明徵)이며 그 구현이 신사 참배라 하여 신사 참배를 조선에 대한 이데올로기적 통합 작업의 중심으로 내세웠다.

조선에 신사가 본격적으로 세워지기 시작한 것은 1925년 서울 남산 중턱에 일본의 황조신 아마테라스(天照大神)와 명치천황(明治天皇)을 신으로 섬긴 조선신궁(朝鮮神宮)이 건립된 이후였다. 신사 참배를 통해 천황제 이데올로기로의 사상적 통합을 추구했던 조선 총독부는 기독교 학교라 해서 신사 참배에 예외를 두지 않았다. 총독부는 신사 참배를 거부하는 학교는 무조건 폐교 조치하겠다는 방침을 굳히고 단속을 강화해 갔다. 신사 참배를 거부한 평양 숭실전문학교 교장 조지 매큔(George S. McCune)과 숭의여자고등학교 교장 벨마 스누크(Velma L. Snook)가 추방당하고, 1937년 10월 숭실전문학교를 비롯하여 중학교 12곳, 초등학교 8곳이 폐교당했다.

이런 상황에서 조선 총독부는 기독교 학교뿐만 아니라 각 교파 교회에도 신사 참배를 강요했다. 마지막까지 거부했던 조선예수교장로회 총회도 1938년 9월 사복 경찰들의 삼엄한 감시 속에서 성명서를 채택함으로써 신사 참배를 가결하기에 이르렀다. 그 결과 1939년 9월 '국민정신총동원 조선예수교장로회연맹'과 1940년 7월 '국민정신총동원 기독교조선감리교연맹'이 만들어져 기독교계도 총동원 체제에 편입되었다.

그러나 이렇게 개신교가 전시 협력 체제로 변질되는 과정에서도 신사 참배를 거부하는 소수의 저항자들이 있었다. 주기철(朱基徹), 박관준(朴寬俊)을 비롯한 2,000여 명에 이르는 신도들이 검거되었고, 전국에서 200여 개의 교회가 폐쇄되었다.

2. 해방 이후의 한국 개신교

분단과 개신교

1945년 8월 15일 마침내 한국은 일본의 식민 통치에서 해방되었다. 8 · 15 해방에서 한국전쟁에 이르는 시기는 민족 분단의 운명을 결정했다는 점에서 참으로 중요한 시기였다. 해방 당시 한국의 독립 운동 단체들은 국내 세력을 포함하여 주로 중국, 소련, 일본, 미국 등 해외에서 활동하고 있었다. 이런 상황에서 자본주의와 사회주의를 대표하는 초강대국인 미국과 소련이 북위 38도선을 경계로 남북을 분할 점령함으로써 남북 분단의 위기감이 고조되고 있었다.

해방 정국을 주도해가는 세력으로서는 미국과 소련을 비롯한 외세와 조선인들의 정당 및 단체뿐만 아니라 종교계도 그 중요한 세력의 하나였다. 종교 세력은 해방 정국에서 그 어느 때보다 활발하게 정치화되어 대중 동원의 매체로 기능했다. 개신교도 예외는 아니었다. 해방 당시 한국 개신교도는 대략 30만 명 정도였으나 사회 계층적으로 보면 인구 규모에 비해 지식인 비율이 매우 높은 집단이었다. 개신교는 일제 강점기 한국 전체 중등교육의 20-40%를 담당했고, 교회가 운영하는 4개의 전문대학은 4,000명 이상의 졸업생을 배출했다. 뿐만 아니라 미국 유학을 거친 소수의 한국인 대부분은 개신교도였다.

개신교는 1946년 6월 이후 남한만의 단정을 주장했던 이승만을 중심으로 한 우파의 정치 노선과 연결되어 해방 정국의 좌우 이데올로기 대립에 깊이 휘말리게 되었다. 이승만이 주장한 단정 추진을 위해 1946년 6월 29일 설립된 '민족통일총본부'의 구성원을 보면, 총재 이승만, 사무국장 김상덕(金尙德)을 비롯하여 오하영(吳夏英) 목사, 윤보선(尹潽善), 김동원(金東元), 허정(許政), 이묘묵(李卯默), 노마리아(盧馬利亞), 이윤영(李允榮) 목사, 장석영(張錫英) 목사, 김선량(金善亮), 임영신(任永信), 황신덕(黃信德) 등 개신교 인사가 대거 참여하여 이승만의 단정 노선을 지지했다.

한편 개신교 인구의 3분의 2를 점유하고도 소련의 점령하에 들어간 북한 교회의 상황은 복잡했다. 이승만을 지지하고 남한을 선호했던 북한 교회에는 북한 정권과 대결하는 분위기가 팽배했다. 개신교계의 이러한 대결적 자세는 1946년 3·1 독립 운동 기념식을 계기로 폭발했다. 북조선 임시 인민 위원회는 3·1 독립 운동 기념 행사를 평양 시민 대회로 성대하게 치르려고 계획했으나, 평양 시내의 장로교와 감리교 교역자들은 장대현교회에 모여 독자적인 기념 예배를 계획했다. 임시 인민 위원회의 만류에도 불구하고 이를 강행하자 2월 25일부터 예비 검속이 시작되어 교역자 55명이 체포되었다. 그러나 3월 1일 당일 예정대로 장대현교회에서 5,000여 명의 신자가 모여 기념 예배를 거행하고 공산당을 격렬히 비난하자 신자들과 적위대원들 간에 격렬한 충돌이 일어났다.

북한 전역에서 이러한 사태가 벌어지는 가운데, 한편으로 북한의 체제 변화를 지지하는 기독교 조직이 태동하게 되었다. 1946년 봄 무렵에 '북조선기독교연맹(이후 '북조선기독교도연맹'으로 개칭)'이 조직된 것이다. 연합 노회의 세력이 강했던 평안도 지방을 제외하고 함경도와 황해도의 목사가 주된 지역적 기반이 된 이 단체는 북한의 개신교 목사 약 3분의 1을 포괄하며 조직을 확장해갔다.

북한 개신교와 북한 정권 사이의 충돌 과정에서 많은 월남 개신교인이 발생했다. 월남 개신교인들은 남한의 개신교인들과 더불어 이승만의 확고한 지지 세력이 되었다. 그들은 남한에서 종교 권력을 재창출하는 데 성공하며 한국 개신교의 대세가 되었을 뿐만 아니라 남한의 주요 반공 세력의 하나가 되었다.

한국전쟁과 개신교

남북의 대립은 1948년 8월 15일 이승만을 대통령으로 하는 대한민국과, 1949년 9월 9일 김일성을 수반하는 조선민주주의인민공화국이라는 두 국가의 성립으로 귀착되었다. 그리고 남과 북의 이데올로기적 대립은 끝내 내전으로 분출되었다. 1950년 6월 25일 발발한 한국전쟁은 당초에는 민족 내전으로 출발했으나, 미국의 전면적이고도 즉각적인 전쟁 개입은 이 전쟁을 국제 전쟁으로 비화시켰다. 3년 1개월간 계속된 한국전쟁에는 전 세계 17개국이 참가했으며, 한국 인구 2,000만 명 가운데 약 500만 명의 사망자를 내고 한반도 전체를 초토화한 후, 북위 38도선을 휴전선으로 바꾼 채 끝났다.

한국전쟁이 벌어지자 남한 교회는 전쟁 수행에 적극적으로 협조했다. 1950년 7월 한경직(韓景職) 등 월남한 교역자가 중심이 되어 대전에서 '기독교대한구국회'를 결성하고 전쟁 수행을 돕기 위한 선무 공작, 구호 활동 등을 했다. 그들은 3,000명 규모의 기독교 의용군을 만들어 직접

전선에 투입할 준비를 하다가 여의치 않자 미군 및 국군에 입대하여 참전케 했다. 1951년 1월 부산에서 조직된 초교파적 '기독교연합전시비상대책위원회'는 해리 트루먼(Harry S. Truman) 미국 대통령, 트뤼그베 리(Trygve H. Lie) 유엔 사무총장, 더글러스 맥아더(Douglas MacArthur) 사령관 등에게 한국을 적극 도와달라는 호소문을 보냄과 아울러 한경직 등의 미국 유학파 인물들을 파견하여 전황을 설명하고 피난민 지원 등을 요청했다. 그러나 전쟁은 교착 상태에 빠지고 1951년 5월부터 휴전 협상이 개시되었다. 개신교계는 서울에서 수천 명이 모여 북진 통일 기원 대회를 개최하는 등 적극적인 휴전 반대 운동을 전개하며 북진 통일을 주장했다.

한편 북한 교회도 북한의 전쟁 승리를 기원하며 전쟁 수행에 적극 협조했다. 1950년 6월 28일 개전 3일 만에 인민군이 서울을 점령하자 북한 교회 지도자들은 평양에 모여 감사 예배를 드렸다. 또한 그해 8월 인민군이 남한의 거의 전역을 점령하자 '조선기독교도연맹'을 중심으로 전국의 교역자와 장로들이 평양에 모여 궐기 대회를 열고 '정의의 성전'에서 속히 승리할 것을 기원한 데 이어, 북한 전역에서 전승 기원 기도회를 열었다.

이렇게 남북의 개신교가 평화를 만들어가기보다는 전쟁 수행 세력으로 기능하고 있는 가운데, 전쟁의 참화로 고통받는 한국 전재민들을 위해 40여 개에 달하는 외국 기독교 교회와 민간 단체가 구호의 손길을 보냈다. 장로교, 감리교, 침례교, 가톨릭 등 한국에 진출한 교파뿐 아니라 메노나이트, 퀘이커, 유니테리언 등 한국과 직접적 인연이 없던 교회도 구호 단체를 보내주었다. 이 가운데 가장 많은 구호 활동을 펼친 것은 미국의 '기독교세계봉사회(Church World Service)'였다. 미국교회협의회 등이 모여 만든 초교파 국제 구호 기관인 이 단체는 전쟁 이전부터 월남민 대상의 구호 활동을 하고 있었는데, 전쟁이 벌어지자 과거 배재학교 교장을 지냈던 아펜젤러를 책임자로 파견하고 대대적인 구호 활동을 펼쳤다.

한국전쟁은 개개인의 의식과 생활에 이르기까지, 개인적이고 집단적인 수준의 모든 것을 남과 북으로 갈라놓았다. 전쟁 기간의 상상을 초월하는 폭력성과 잔인성은 남과 북의 가슴에 씻을 수 없는 증오심을 각인시키며 분단 체제의 의식 구조와 정서를 내면화시켰다. 분단 체제의 의식 구조가 민족적 동질성을 뛰어넘고 말았던 것이다. 이렇게 남북의 분단 체제를 완성시킨 한국전쟁은 교회 내부에서도 분단 체제를 확고히 고착화시켰다. 한국전쟁을 통해 주형된 한국 개신교의 반공 이데올로기가 오늘날까지도 단순한 이데올로기가 아닌 한국 교회의 확고한 '신학'이 된 것이다.

교회 성장의 시대

1960년대부터 1980년대까지 한국 개신교는 세계적으로 유례를 찾기 어려울 정도의 속도로 교세를 확장했다. 1960년 이후 30년 동안 교회의 수는 7배 증가했고, 1960년 100만 명에도 훨씬 못 미치던 교인의 수는 1985년 650만 명에 근접했다. 해방 이후 정착한 새 교단 가운데 가장 큰 성장세를 보인 것은 하나님의 성회였다. 1950년대까지 교단 전체의 교인 수가 1만 명에 미치지 못했는데, 1980년대 들어서는 여의도순복음교회만 20만 교인을 주장할 정도로 성장했다.

개신교의 교세가 이렇게 급성장한 주요 이유는 무엇일까? 1960년대부터 1980년대 중반까지 한국 사회에서는 억압적 군사 독재와 급속한 경제 개발이 결합된 '개발 독재'가 이어졌다. 개발 독재는 국민의 권리와 자유를 억압하며 사회적 불만을 증폭시켰을 뿐 아니라 급속한 산업화에 따른 아노미 현상을 불러일으켰다. 사람들은 도시산업 사회가 요구하는 물질 만능주의와 개인주의에 가치관의 혼란을 겪으면서, 점점 심해지는 빈부 격차 속에서 불안감과 상대적 박탈감을 느껴야 했다.

교회는 물질적·현세적 축복을 약속하여 사람들의 사회·경제적 욕구를 긍정하고 축복해주었다. 이런 축복의 효과는 예수를 믿으면 영혼이 구원받을 뿐 아니라 재물과 지위를 얻고 무병장수한다는 '삼박자 축복'을 표방한 여의도순복음교회의 급성장에서 잘 드러난다. 여의도순복음교회는 유신 체제가 들어선 이후 폭발적으로 교세를 늘려 1971년 1만 명 미만이던 교인이 1981년 20만 명을 넘어섰다. 불교나 여러 다른 신흥 종교들도 현세의 복을 약속하며 성장했지만, 물질 만능주의가 팽배했던 이 시기에 물질적 성공을 갈망하던 사람들의 욕구에 가장 효과적으로 대응했던 종교는 개신교였다.

한국 교회의 민주화 운동과 한국 신학의 태동

한편 개발 독재 시대에는 이에 대한 저항도 면면히 이어졌다. 1970년대 중반에 들어 박정희(朴正熙) 정권은 자유와 민주주의를 요구하는 민주 인사들에 대해 더욱 혹독한 탄압을 가하기 시작했다. 그 대표적인 사건이 '인민혁명당 사건'이었다. 1974년 정부는 혁신계 인사들을 대거 구속하고, 그들이 과거 인민혁명당을 재건하여 '전국민주청년학생총연맹(민청학련) 사건'을 배후에서 조종하고 정부를 전복하려 했다고 발표했다. 인민혁명당 관계자 23명 중 8명은 국가보안법 위반 등의 혐의로 군사 법정에서 사형을 선고받았고 나머지 15명도 무기징역에서 징역 15년까지 중형을 선고받았다. 사형 선고를 받은 도예종(都禮鍾)을 비롯한 8명은 형이 확정된 다음날 전격적으로 사형이 집행되어 형장의 이슬로 사라졌다. 전날 대법원에서 사형 판결을 받은 지 불과 20시간 만이었다. 재심을 청구할 권리도 함께 매장되어 세상은 이를 두고 박정희 정권의

'사법 살인'이라고 규탄했다.

기독교계 인사들이 적지 않게 관련된 소위 '명동 사건'으로 불리는 '3·1 민주 구국 선언 사건'의 경우도 박정희 정권의 정권 말기적인 초조감을 극명하게 드러낸 대표적인 사건이었다. 1976년 2월 중순 김대중(金大中), 이태영(李兌榮), 정일형(鄭一亨), 문익환(文益煥) 목사, 함석헌(咸錫憲) 등이 3·1절을 기념하여 3·1절의 뜻을 되새기면서 오늘의 시국을 돌이켜보는 민주 구국 선언을 하자는 의견을 모았다. 선언의 내용은 긴급조치 9호에 저촉될 만한 부분을 가능한 한 제외함으로써 정부의 삼엄한 통제와 탄압으로부터 벗어나도록 했다. 그 내용은 실로 지극히 온건하고 합리적인 것이라 할 수 있었다. 이 선언문의 서명자는 윤보선, 김대중, 함석헌, 정일형, 문동환(文東煥), 함세웅(咸世雄) 신부, 이문영(李文永), 신현봉(申鉉奉) 신부, 이해동(李海東), 서남동(徐南同) 목사, 안병무(安炳茂), 문정현(文正鉉) 신부, 장덕필(張德弼) 신부, 김승훈(金勝勳) 신부, 윤반웅(尹攀熊) 목사, 이우정(李愚貞) 등이었다.

이들은 성당 예배 시간에 맞추어 준비한 성명서를 낭독했을 뿐인데, 박정희 정권은 이들을 전원 연행하여 국가 전복을 위한 민중 봉기를 선동했다는 거대한 죄목으로 체포하고 재판에 회부했다. 5월 4일 열린 제1심 재판에서 윤보선, 함석헌, 김대중, 문익환 등 4명은 징역 10년에 자격 정지 10년, 함세웅, 문동환, 이문영, 신현봉, 윤반웅, 문정현, 정일형, 이태영, 이우정 등 9명은 징역 7년에 자격 정지 7년, 서남동, 안병무, 이해동 등 3명은 징역 5년에 자격 정지 5년, 김승훈과 장덕필은 징역 3년에 자격 정지 3년의 판결이 내려졌다. 이것이 바로 명동 사건이라 불리는 사건의 전모였다. 이 사건의 결과로 무려 20여 명의 민주 인사가 터무니없는 중형을 선고받았지만, 이는 독재와 실정, 인권 탄압 등으로 얼룩진 박정희 독재 정권의 치부를 세상에 드러냈고 집권자에게도 치명타를 가하는 계기가 되었다.

이렇게 삼엄한 개발 독재 속에서 경제적 불평등이 심화되자 가장 고통받은 것은 노동자, 농민, 도시 빈민 같은 힘없는 민중이었다. 민중의 고통에 대한 인식이 확산되면서 민중의 눈으로 역사와 사회를 성찰하려는 움직임도 태동했다. 특히 1970년 11월 청계천 피복 노동자 전태일(全泰壹)이 노동자들의 비참한 상황을 고발하기 위하여 스스로 분신 자살한 사건은 기독교 지식인들에게 엄청난 충격을 주었다.

민중 신학은 이러한 시대적 상황을 배경으로 태동되었다. 민중 신학이란 민중의 입장에서 신, 자연, 역사를 보며, 민중의 보다 주체적이고 해방된 삶을 추구하고자 하는, 한국에서 발생한 상황적 신학이라고 할 수 있다. 신학 용어로서 'Minjung Theology'는 세계 신학계에서 고유명사가 된 지 이미 오래되었고, 'Minjung'이라는 말도 공인된 학술 용어로 쓰이게 되었다.

1970년대 이후에는 성서 자체가 가진 가부장제적 성격이 문제시되면서 신과 예수의 여성성, 그리고 성서 속 여성들을 통해 여성의 경험에 주목하면서 전통적인 남성 중심의 신학을 극복해보려는 문제의식이 싹텄다. 이에 대한 응답으로서 여성 신학이 국내에 소개되어 본격적으로 논의되기 시작한 것은 1980년대부터로, 1980년 4월 '한국여성신학자협의회(여신협)'가 발족되었다. 여신협의 창립을 계기로 구체적으로 여성주의적인 시각이 교회와 신학의 각 분야에서 논의되었고, 여성 신학을 하나의 학문 영역으로 탐구하는 단체가 생겨나기 시작했다. '한국여성신학회'(1984), '기독여민회'(1986), '아시아여성신학교육원'(1989), '여성교회'(1989) 등의 단체다. 한국 여성 신학의 첫 출발이 소위 주류 학계의 신학자들에 의해서가 아니라 신학을 전공하고 목회 현장에서 이름 없이 일하며 성차별의 문제를 온몸으로 느꼈던 평신도 여성 지도자들과 여성 목회자들에 의해 주도되었다는 것에 주목할 필요가 있다. 왜냐하면 이것은 이후 한국 여성 신학이 실천적이고 경험 중심적인 성격을 지니게 되는 데 결정적인 영향을 미쳤기 때문이다.

여성 신학이 가부장제적 교회 문화 청산을 주된 목표로 삼고 여성 교역자 처우 개선과 여성 안수 등을 추진한 결과, 현재 예수회장로회 통합 측, 기독교장로회, 감리회 등에서 여성 안수법이 통과되어 여목사가 배출되고 있다. 그러나 장로회 고신 측, 장로회 합동 측, 성결교회, 침례교회 등에서는 여성에 대한 목사 안수를 여전히 거부하고 있다.

3. 산적한 과제

세상의 빛과 소금이 되어야 할 사명을 가진 오늘날의 한국 교회에는 여러 가지 당면 문제가 산적해 있다. 그 가운데에서도 시급한 것은 다문화와 통일 문제일 것이다. 결혼 이민 여성은 1990년부터 2005년 사이에 260배 증가할 정도로 급증하여 2005년의 경우 한국 남성과 결혼한 외국인 여성이 약 16만 명에 이르렀다. 이후 이주 노동자와 결혼 이민 여성을 포함하여 국내 체류 외국인이 2016년 200만 명을 넘어서면서, 그들을 나그네로 환대하는 것을 넘어 더불어 살아야 할 가족으로 품어주는 일이 한국 교회의 중요한 과제가 되었다.

또 한 가지 한국 개신교의 역사적 과제는 북한 돕기 운동 및 통일 운동이라고 할 것이다. 1988년 '한국기독교교회협의회'는 제37회 총회에서 '민족의 통일과 평화에 대한 한국 기독교회 선언'을 발표했다. 이 선언의 백미라고 논해지는 '분단과 증오에 대한 죄책 고백'에서 한국 개신교는 한국전쟁에서, 그리고 이후 민족 분단의 역사 속에서 하나님과 민족 앞에서 깨어 있지 못했음을 다음과 같이 고백했던 것이다. 다소 길지만 인용해본다.

한국의 그리스도인들은 평화와 통일에 관한 선언을 선포하면서 분단 체제 안에서 상대방에 대하여 깊고 오랜 증오와 적개심을 품어왔던 일이 우리의 죄임을 하나님과 민족 앞에서 고백한다.

1. 한국 민족의 분단은 세계 초강대국들이 세계 냉전 체제의 대립이 빚은 구조적 죄악의 결과이며 남북한 사회 내부의 구조악의 원인이 되어 왔다. 분단으로 인하여 우리는 '네 이웃을 네 몸과 같이 사랑하라'는 하나님의 계명(마태복음 22:37-40)을 어기는 죄를 범해왔다. 우리는 갈라진 조국 때문에 같은 피를 나눈 동족을 미워하고 속이고 살인했고 그 죄악을 정치와 이념의 이름으로 오히려 정당화하는 이중의 죄를 범해왔다. 분단은 전쟁을 낳았으며 우리 그리스도인들은 전쟁 방지의 명목으로 최강·최신의 무기로 재무장하고 병력과 군비를 강화하는 것을 찬동하는 죄(시편 33:11-20, 44:2-7)를 범했다. 이러한 과정에서 한반도는 군사적으로뿐만 아니라 정치, 경제 각 분야에서 외세에 의존하게 되었고, 동서 냉전 체제에 편입되고 예속되게 되었다. 우리 그리스도인들은 이러한 민족 예속화 과정에서 민족적 자존심을 포기하고 자주 독립 정신을 상실하는 반민족적 죄악(로마서 9:3)을 범해온 죄책을 고백한다.

2. 우리는 한국 교회가 민족 분단의 역사적 과정 속에서 침묵했으며, 면면히 이어져온 자주적 민족 통일 운동의 흐름을 외면했을 뿐만 아니라 오히려 분단을 정당화하기까지 한 죄를 범했음을 고백한다. 남북한의 그리스도인들은 각각의 체제가 강요하는 이념을 절대적인 것으로 우상화해왔다. 이것은 하나님의 절대적 주권에 대한 반역죄(출애굽기 20:3-5)이며, 하나님의 뜻을 지켜야 하는 교회가 정권의 뜻을 따른 죄(사도행전 4:19)다. 특히 남한의 그리스도인들은 반공 이데올로기를 종교적인 신념처럼 우상화하여 북한 공산 정권을 적대시한 나머지 북한 동포들과 우

리와 이념을 달리하는 동포들을 저주하기까지 하는 죄(요한복음 13:14-15, 4:20-21)를 범했음을 고백한다. 이것은 계명을 어긴 죄이며, 분단에 의하여 고통받았고 또 아직도 고통받고 있는 이웃에 대하여 무관심한 죄이며, 그들의 아픔을 그리스도의 사랑으로 치유하지 못한 죄(요한복음 13:17)다.

민족 분단에의 죄책을 고백하며 평화적 통일의 길을 진지하게 모색하는 것은 분단 체제에 순응하며, 그 체제가 유지되도록 협조해온 한국 교회가 민족에게 진 역사적 빚을 갚는 행위였다. 아울러 그것은 사랑과 평화, 화해와 용서라는 기독교의 본질적 정신을 실현하는 일이기도 했다. 그간 진행된 한국 개신교의 북한 돕기 사업의 가장 큰 결실은 1997년 결성된 '한국기독교북한동포후원연합회'라고 할 수 있다. 이 연합회에는 북한에 대한 지원의 효율성과 남북 관계 개선을 도모하기 위해, 진보 진영과 복음주의 진영을 아우르는 15개 교단과 9개의 단체가 참여했다. 실질적으로 북한을 돕기 위해 한국 개신교 전체가 함께 모였다고 할 수 있다.

한반도의 분단 체제 극복과 평화 공존을 위해 남과 북이 그 어느 때보다도 진지하게 머리를 맞대고 씨름하고 있는 이때, '함께 평화를 이루어 가는' 일에 개신교가 어떠한 기여를 할 수 있을지가 향후 한국 개신교의 질을 가름하는 기준이 될 것이다.

제10장

이화의 역사

1. 메리 스크랜튼과 이화학당의 건립

1883년 9월 미국 오하이오주 레베나 시에서는 미국 감리교 해외 여선교회의 지방 선교회가 열리고 있었다. 회의 분위기는 인도와 일본 여성을 위한 선교 사업에만 관심이 집중되어 어느 누구도 조선에 대해서는 관심을 표명하지 않았다. 그런데 루신다 볼드윈(Lucinda B. Baldwin) 부인이 조용히 일어나 조선 여성을 위한 특별 선교 헌금을 바치면서 "이 작은 헌금이 이름조차 갖지 못한 조선 땅의 소녀와 여인들에게 복음을 전하는 데 쓰이기를 바란다"고 말함으로써 비로소 조선 여성을 위한 선교가 제안되었고, 그 사업을 위한 기도가 시작되었다.

미국 감리교 해외 여선교회에서 일어난 조선 여성에 대한 선교에의 관심을 보다 고조시킨 것은 이수정의 호소였다. 그는 1884년 미국 감리교 해외 여선교회에 여선교사의 파견을 다음과 같이 호소했다.

이제 온 세상이 하나님의 복음을 받아들이고 있는데 오로지 우리나라 만이 제외되고 있음은 심히 유감스럽습니다. 나의 의견으로는 여선교사의 파견이 대단히 중요하다고 생각됩니다. 바라옵건대 여선교사를 조선에 파견하여 우리나라 여성들로 하여금 복음의 가르침을 받아 행복을 얻게 되길 바랍니다.

이러한 호소에 고무된 미국 감리교 해외 여선교회 측은 메리 스크랜튼(Mary F. Scranton)에게 미국 감리교 해외 여선교회의 조선 첫 대표자로서의 책임을 맡아줄 것을 부탁했다. 메리 스크랜튼은 당시 선교사로서는 고령의 나이인 52세임에도 불구하고 조선 대표의 책임을 기꺼이 수락했다.

1885년 7월 조선에 도착한 스크랜튼 부인은 안방과 부엌에 유폐되어 있는 조선 여성들을 위한 교육이 무엇보다 시급함을 절감했다. 그래서 부인은 자신의 집에 여성을 위한 학교를 마련했다. 그러나 고루한 인습과 서양인을 배척하는 풍토 속에서 학생을 구한다는 것 자체가 거의 불가능한 일이었다. 그러던 중 1886년 5월 말 고관의 소실인 김씨 부인이 하인을 대동하고 가르침을 받고자 스스로 찾아왔다. 그녀는 영어를 배워 장차 왕비의 통역관이 되고자 하는 당찬 포부를 가진 여성이었다. 스크랜튼 부인은 이 여성을 개인 교습으로 3개월간 가르쳤으나 그 학생은 결국 병으로 학교를 그만두고 말았다. 그리고 김씨 부인이 온 지 한 달쯤 지난 6월 말, 10살쯤 된 '꽃님이'라는 소녀가 어머니 손에 이끌려 스크랜튼 부인을 찾아왔다. 가난한 어머니가 도저히 딸을 부양할 길이 없어 맡기러 온 것이었다. 이 학생이 학교의 두 번째 학생이자 첫 영구 학생(permanent pupil)이 되었다.

스크랜튼 부인은 본격적으로 교사를 짓기 위해 6,000여 평의 대지를 구입했다. 그리고 1886년 11월 소망하던 교사(校舍)가 완공되었다. 교사는 건평 약 200평 규모로 35명 정도의 학생을 수용할 수 있는 교실과 숙소를 갖춘 큰 한식 기와집이었다. 근대 여성 교육의 산실이 된 이화학당은 이렇게 탄생되었다.

한 사람의 학생으로 시작했으나, 1895년 겨울부터 1896년 봄 사이에는 지원자가 쇄도하여 많은 학생을 돌려보내야 했을 정도로 학생 수가 증가했다. 이화학당의 학생 수가 이렇게 증가한 배경으로는 두 가지 요인을 들 수 있다. 그 하나는 스크랜튼 부인의 교육 이념이 한국 사회의 여성 교육에 대한 위화감을 완화시킬 만한 것이었다는 점이다. 스크랜튼 부인은 이화의 교육 이념을 다음과 같이 밝혔다.

> 우리의 목표는 한국 소녀들로 하여금 우리 외국 사람들의 생활, 의복, 환경에 맞도록 변화시키는 데 있지 않다. 우리는 한국인을 보다 나은 한국인으로 만드는 데 만족한다. 우리는 (그녀들이) 한국적인 것에 긍지를 갖는 한국인이 되기를 희망한다. 나아가서 그리스도의 교훈을 통하여 완전무결한 한국인을 만들고자 희망한다.

기독교 신앙은 조선인이 조선적인 것에 긍지를 가지는 것과 상충되는 것이 아니라, 오히려 조선인을 보완하여 보다 완전한 조선인이 되게 한다는 것이 스크랜튼 부인의 설립 이념이었다. 이화의 교육 이념은 조선 여성들로 하여금 자신의 민족적인 정체성을 지키며 그것을 더욱 보완해 완성하려는 지향성을 축으로 했던 것이다. 이러한 이화학당의 교육 이념에 대하여 1887년 2월 중순경 고종 황제는 구체적인 호의의 표시로 '이화학당(梨花學堂)'이라는 교명(校名)을 하사했다. 학교명의 하사는 정부가 선교사들이 운영하는 학교에 대해 신임을 표명하는 일이었으므로, 학교 운영자 입장에서는 사회에서 공인된 위치를 얻게 되었음을 의미하는 것이었다.

두 번째 요인은 당시 조선이 1895년 갑오개혁(甲午改革)으로 인해 근대적인 제도 및 법령을 제정하여 사회 개혁을 단행함에 따라, 한성사범학교관제, 외국어학교관제, 소학교령 등이 반포되었다는 점을 들 수 있다. 유길준(兪吉濬)의 『서유견문(西遊見聞)』이 소개되고 '독립협회(獨立協會)'의 활동이 시작된 것도 이 무렵이었다. 『독립신문(獨立新聞)』은 천부인권 사상에 근거한 만민 평등과 남녀 평등을 부르짖고, 여성도 남성과 동등한 교육 기회를 누려야 한다고 주장했다. 여성 교육에 대한 새로운 인식을 갖게 된 당시의 사회적 분위기가 이화학당을 필두로 한 여성 교육이 조선 사회에 뿌리내리게 하는 데 주효했던 것이다.

이화학당 초기의 교과목은 영어였고 강의는 영어와 한국어로 이루어졌다. 교재로는 번역된 성서나 찬송가, 교리 문답서 등이 사용되었다. 학생들의 수준과 가르칠 교사 및 교과서 확보 등의 문제로 확실하게 정해진 교과 과정은 없었다. 그러나 1900년대부터 학제가 정비되기 시작했다. 1908년 가을에 낸 신입생 모집 광고에서는 이화학당의 교과 과정을 다음과 같이 소개하고 있다.

> 초등과: 국문, 한문, 작문, 산술, 도화, 지지, 초보체조, 영어
> 중등과: 성서, 한문, 수신, 본국역사, 산술, 영어, 생리, 위생, 동물학, 식물학, 도화, 이과, 부기, 대수, 초보체조
> 고등과: 성서, 한문, 대수, 기하, 천문학, 지문학, 심리학, 교육학, 물리, 화학, 영문학, 만국지지, 고등생리, 경제, 역사

이 교과목들은 근대 시민으로서 갖추어야 할 기초적인 소양을 제공하는 내용으로 구성되어 있었다. 여기에서 특기할 것은 '초보체조'였다. 이화학당에서는 1896년 최초로 체조를 가르치기 시작했다. 복장은 짧은 저고리에 긴 치마로, 여학생들은 가슴을 단단히 조여 맨 채 치마를 치렁

거리며 운동에 임했다. 처자들이 대낮에 운동장에서 몸을 움직이고 뜀뛰기를 한다는 사실 자체가 장안의 화제였다. 당대 사회에서 스포츠는 정숙을 중히 여기는 여성의 품위를 해치는 일이라고 여겨졌으나, 선교사들은 정신적 개발뿐 아니라 육체적 발육도 균형 있게 이루어야 한다는 이유에서 여학생들에게 스포츠 교육을 실시했던 것이다. '어전 운동회'라고 해서 학생들이 고종 황제 앞에서 도수 체조 등의 매스 게임을 행하는 경우도 있었다. 이때 다 큰 처자들이 팔다리를 내놓고 임금을 홀렸다고 하여 어전 체조를 불경의 대죄로 다스려야 한다는 상소까지 올라왔을 정도였다.

그러나 체조에서 비롯된 여성들의 각종 스포츠 활동은 활기찬 동작을 통해 생의 활력을 불어넣는다고 하여 점차 사회에 정착되어갔다. 여성 스포츠의 가장 중요한 의의는, 정숙을 강조함으로써 자신의 몸으로부터 여성 스스로를 소외시켰던 유교적 신체 이해에서 벗어나 여성이 스스로를 자기 몸의 주체로 인식하게 되었다는 점이다. 신체의 주체성 회복은 여성 인격의 주체성 형성에 바탕이 되는 일이기 때문이다.

2. 이화여자전문학교의 설립

1908년 제1회 졸업식을 기점으로 중등과 졸업생이 배출되기 시작했다. 대부분 교사로서 사회에 진출한 이들의 활발한 활동은 대학과의 신설을 촉진했다. 1907년 제4대 이화학당 당장으로 취임한 룰루 프라이(Lulu E. Frey)는 여성의 고등교육이 필요하다고 주장하며 주위의 반대를 무릅쓰고 1910년 대학과를 신설했다. 그리고 프라이의 후임으로 1922년 당장이 된 앨리스 아펜젤러(Alice Appenzeller)는 여성 고등교육을 위한 여자대학 설립을 추진했다. 그러나 일제의 대학 교육 불허 방침으로 결국 1925년 전문학교로 인가를 받아야 했다. 하지만 비록 전문학교로의 개편이었을지라도 당대 남성들의 전문학교였던 연희전문학교, 보성전문학교와 어깨를 나란히 한 한국 최초의 여성 고등 전문교육 기관이 설립된 것이었다. 이로써 이화는 식민지 시대에 유치원에서 대학에 이르는 교육의 전 과정을 포괄하는 한국 유일의 여성 종합교육 기관이 되었다.

이 시기 이화의 교육은 기독교적 도덕성을 갖춘 여성의 주체성 함양에 그 목적을 두었다. 따라서 이화의 교육 내용은 근대적 지식의 함양과 기독교적 종교 교육이라는 두 축으로 구성되었다. 이화의 기독교 교육이 초월적 절대자 앞에서 독립·자존하는 존재로서 여성을 해방시켰다면, 이화의 근대적 여성 교육은 여성들에게 당당한 사회적 전문인으로 자립할 수 있는 방편을 제공했다. 한국 여성들은 이러한 이화의 교육을 통해 당시로서는 남성도 꿈꾸기 어려운 미국 유학을 마치고 학위를 취득하여 한국의 여성 전문가 제1세대로 당당하게 자립했다. 미국에 유학하여 의학을 공부하고 귀국해 의사가 된 한국 최초의 여의사인 박에스더(본명은 김점동[金點童]이나 후에 남편의 성인 '박'을 따르고 세례명 '에스더'를 이름으로 사용했다), 인문계에서 처음으로 미국에 유학하여 문학사 학위를 받은 하란사(河蘭史), 한국 최초의 여성 박사이며 이화 최초의 한국인 학장으로서 여성 고등교육을 이끈 김활란, 외국에서 최초로 유치원 교육을 전공한 서은숙(徐恩淑) 등 많은 근대 여성 전문 지식인을 배출한 것이다.

뿐만 아니라 이화의 기독교 교육은 그녀들의 전문성을 사회적 약자에 대한 봉사의 도구로 선용하게 했다. 조선 사회에서 아무 기득권도 없는 평민 가정의 딸로 태어난 이들 대부분의 기독교 여성 지식인들은 사회적 약자인 자신들을 고난과 대결해 싸우도록 해방시켜주는 그리스도의 구원의 능력을 믿으며 자신들의 불우함을 극복해나갔다. 이러한 해방 체험은 기독교 여성 지식인들로 하여금 사회적 약자의 위치에 있는 타자의 운명에 스스로를 연대하는 '자발적인 봉사'의 삶을 살게 했다. 이 점은 이화학당 선교회의 '거저 받았으니 거저 주어라'라는 교훈에서도 나타나듯이 이화의 졸업생들이 펼친 모든 활동에서 나타났다. 그 한 전형을 박에스더의 삶에서 살펴볼 수 있다.

가난을 피하기 위해 이화에 네 번째 학생으로 들어온 김점동은 1891년 세례를 받고 '에스더'라는 세례명을 갖게 되었다. 그녀는 영어 실력을 인정받아 이화여자대학교 부속 동대문병원의 전신인 보구여관에서 일을 도왔다. 그녀는 환자들의 피고름을 만져야 하는 의녀들을 천시하는 전통적인 인습 때문에 병원 일을 몹시 천한 일이라 여기고 혐오했으나, 여선교사가 언청이 수술을 하는 것을 목격한 후 '오직 그리스도를 생각하지 않고는 도저히 감당할 수 없는 이 일'이 바로 하나님을 사랑하고 민족에 봉사하는 길이라는 깨달음을 얻었다. 이후 그는 1894년 본격적인 의학 공부를 위해 남편 박여선(朴汝先)과 함께 미국 유학길에 올랐으며, 현재 존스홉킨스대학의 전신인 메릴랜드주의 볼티모어여자의과대학에 입학하여 과정을 마치고 1900년 한국 최초로 의학 학사 학위를 받았다.

의사가 되어 귀국한 에스더는 정동의 보구여관과 평양 부인병원에서 진료하며 틈나는 대로 평안남북도 일대의 각 촌락을 순회하면서 무료 진료를 실시했다. 보구여관에서 처음으로 개복 수술을 하여 귀신의 재주를 가졌다는 세간의 평판을 얻은 그녀였으나, 가마가 못 들어가는 척박한 지역에까지 소나 말을 타고 다니면서 무료 진료를 베풀었던 것이다. 그리고 그 와중에도 평양에 맹아학교를 설립하여 육신의 어둠보다도 절망스러운 사회적 편견에 갇혀 살던 장애인의 친구가 되어주었다. 이처럼 자신을 돌보지 않고 도움을 필요로 하는 사람들을 섬기다가 과로를 이기지 못하고 마침내 1910년 박에스더는 34세의 일기로 세상을 떠나고 말았다. 그러나 그녀의 헌신적인 이웃 사랑은 의녀에 대한 전통적인 편견을 씻게 하여, 이후 그녀의 뒤를 이어 인술을 통해 민족과 이웃을 섬기려는 후학들이 속출했다.

한편 이화인은 자신들의 귀속 집단을 자발적인 자원 단체와 사회 및 민족 공동체로 확대해나감으로써 스스로를 사회 공동체의 책임적 주체로 성장시켜나갔다. 이화의 졸업생들이 망국의 처지에 있는 민족의 일원으로서 스스로를 자각하고 애국 운동에 나선 것은 우연한 일이 아니었다. 1905년 을사조약이 체결된 후 이화학당 내에서는 조신성(趙信聖) 선생의 지도 아래 매일 정해진 시간에 수업을 중단하고 구국 기도회를 가졌다. 학생들은 자신들이 이집트로부터 이스라엘을 해방시킨 모세를 도운 미리암과 같은 사람이 되게 해달라고 뜨거운 기도를 드렸다. 이러한 이화의 학풍으로 인해 3·1 독립 운동을 비롯한 민족 독립 운동에 헌신적으로 투신한 많은 여성들이 배출되었다.

이화학당의 교사로 봉직하다 3·1 독립 운동에 연루되어 해외로 망명한 후 독립 운동을 지원한 신마숙(申麻淑), 1919년 9월 상해 임시 정부의 참사(參事)로 임명되어 '상해애국부인회'를 주도한 이화숙(李華淑), 송죽회와 함께 '대한애국부인회'를 조직한 하복순(河福順)과 황애시덕(黃愛施德), 해외 독립 기금을 모금하는 데 전력하다 수차례의 투옥과 모진 고문을 이기지 못해 1921년 순국한 이애라(李愛羅), 대한애국부인회에 가담하여 남포 책임자로 활약하다 옥고를 치른 최매지(崔梅支), 16세의 나이로 운동에 참가하여 3·1 독립 운동의 상징이 된 유관순(柳寬順) 등 헤아릴 수 없는 이화인들이 조국의 독립과 민족의 발전에 헌신했다.

한편 1935년은 이화 창립 49주년이 되는 해였다. 아펜젤러 교장은 성장하는 대학의 요구를 충족시키고자 이 해를 기해 정동 시대를 마감하고 신촌 시대를 열었다. 이렇게 완성된 이화 신촌 캠퍼스는 단순한 공간 확장의 의미를 넘어 일제의 식민지 교육 정책에 의해 좌절된 대학에의 꿈을 이루기 위한 새로운 도약이었다.

3. 김활란 교장과 일제 말기 이화의 수난

1930년대에 들어와 만주사변과 중일전쟁을 일으킨 일본은 전쟁의 장기화에 대비해 조선을 병참 기지로 만들고자 했다. 병참 기지화 정책의 일환으로 총독부는 기독교계 사학을 천황 중심의 교육 기관으로 개편하고자 했다. 그 첫 번째 시도가 선교사를 축출하고 지도자를 한국인으로 교체하는 것이었다. 그러나 이러한 일본의 의도를 마치 예견이라도 하듯이 이화에는 이미 준비된 지도자가 있었다. 일찍부터 이화가 키워낸 이화인의 손으로 이화가 운영되어야 한다고 생각하고 있던 아펜젤러 교장은 1939년 사퇴하고 제자 김활란 부교장을 새 교장으로 추천했다. 그 결과 1939년 4월 채플 시간에 전교생이 모인 자리에서 김활란 교장의 취임이 공표되었다. 이로써 이화는 창립 53년 만에 비로소 이화가 키워낸 이화인 중에서 최고 경영자를 탄생시켰다. 이화 역사의 새로운 장이 열리는 순간이었다.

한편 일본이 전쟁 물자 확보를 위해 서남태평양 방면으로의 진출을 획책하자 미일 관계는 파국으로 치달았다. 결국 1940년 11월 15일 이화에서 근무하던 아펜젤러 선생을 비롯하여 그레이스 우드, 칸로, 모리스, 헐버트, 매리 영, 베이커 등 7명의 선교사들도 216명의 다른 미국인과 함께 한국을 떠날 수밖에 없었다. 그리고 선교사들을 강제 축출시킨 조선 총독부는 학교 운영에 대한 통제를 더욱 강화했다. 1944년 1월부터는 전교생에게 단기 교육과정을 실시하게 했다. 이화여전은 1년제 '이화여자전문학교 여자청년연성소 지도자양성과'라는 긴 이름의 단일 과정으로 통폐합되었다. 양성과의 목적은 여학생들을 농촌 부녀자들에게 보내 그들에게 일본말과 전쟁의 정당성을 깨우쳐주고 전쟁에 협조하도록 계몽시키는 것이었다. 1945년에는 '이화'라는 이름이 너무 민족적이라고 하여 교명까지도 '경성여자전문학교'로 변경하게 했다.

4. 이화여자대학교의 개교와 전시 대학 운영

8 · 15 해방은 이화를 폐교의 위기에서 구출해낸 역사의 전환점이었다. 일제의 박해 속에서도 이화를 끝까지 지키고자 했던 김활란 교장을 비롯한 한국인 교수들은 즉각 이화의 재건에 착수했다. 그 결과 이화는 1946년 8월 15일 당국으로부터 대망의 종합대학 승격 인가를 받게 되었다. 이화여자대학은 3개 단과대 9개 학과의 종합대학으로 구성되었다. 한림원에는 문과, 가사과, 교육과, 체육과, 아동교육과를, 예림원에는 음악과, 미술과를, 행림원에는 의학과, 약학과를 설치하여 새로운 편제를 구성했다. 또한 한국 최초로 여자대학원을 설립하여 1954년부터 여성 석사를 배출하기 시작했다.

그러나 이러한 기쁨도 잠시뿐, 남과 북 두 개의 국가 설립을 사이에 둔 갈등은 끝내 1953년 6월 15일 한국전쟁으로 분출되고 말았다. 6월 27일, 전쟁의 심각함을 인식한 이화는 휴교 조치를 취하고 기숙사생 모두를 귀향시켰다. 피난 온 이화인들은 임시 수도가 된 부산에 모여들었다. 그리고 전쟁이 장기화됨에 따라 문교부는 1951년 2월 피난지 수도 부산에서 「전시하교육특별조치요강」을 발표해 그동안 중단되었던 각급 학교 수업을 재개하게 했다. 이에 1951년 8월 이화여자대학은 부산시 부민동과 그 인접 지역에 판자와 텐트로 가교사 30동을 지어 9월 1일에 개학식을 거행했다. 이때 등록한 전체 학생 수는 859명이었으며, 그 해 12월 8일에는 피난 교사 봉헌식이 있었다. 이후에도 각 지방으로 흩어졌던 학생들이 개교 소식을 듣고 속속 복교해왔으며 신입생도 나날이 증가했다.

5. 서울 복교와 창립 70주년

1953년 7월 27일 휴전 협정이 조인됨에 따라 정부는 서울로 환도하고, 피난지의 모든 기관과 시민들도 서울 복귀를 서둘렀다. 이화도 부산의 가교사를 정리하고 도서, 칠판, 의자, 책상, 그리고 다 부서져가는 피아노까지 모든 비품을 알뜰히 챙겨 8월 31일 서울 교사로 돌아왔다. 서울로 돌아온 이화는 9월 1일부터 학사 업무를 시작했다. 9월 21일 2학기 개강식에는 1,660명의 학생이 등록했으며 500여 명의 학생이 도착할 예정이었다. 그런데 서울 교사는 많은 부분이 파괴되어 정상적인 학교생활을 위해서는 무엇보다도 교사의 재건이 시급했다.

대강당을 비롯한 제반 건물의 확충 · 재건 사업이 완성된 1956년은 이화의 창립 70주년이 되는 뜻깊은 해였다. 3,500여 명을 수용하는 당시 한국 최대의 강당이 된 대강당에서 이화 창립 70주년 기념 행사와 대강당 봉헌식이 거행되었다. 70주년 기념 행사는 6월 6일까지 일주일 동안 계속되면서 일제의 탄압과 해방 후의 혼란, 그리고 6 · 25 전쟁 등으로 중단되었던 각종 행사들의 부활을 알렸다. 이 기념 행사는 해방과 민족 분단의 상처를 씻고 재도약하려는 이화의 웅비를 다짐하는 기점이 되었다.

6. 김옥길 총장과 민주화 운동의 시대

1961년 이화여자대학교에서는 1938년부터 총장직을 맡아오던 김활란 총장이 물러나고 김옥길(金玉吉) 신임 총장이 취임하는 변화가 일어났다. 그 직접적인 계기는 1961년 5 · 16 군사 정변으로 권력을 잡은 군사 정부가 발표한 「교육에 관한 임시특례법」이었다. 이 법 제15조가 모든 교직의 정년을 만 60세로 규정했기 때문에 만 62세였던 김활란 총장이 퇴임하게 된 것이었다. 그리고 1961년 9월 그 후임으로 김옥길 총장이 취임했다. 이후 1979년까지 재임한 김옥길 총장은 민주화 투쟁의 격랑 속에서 대학의 양적 확대와 질적 내실화를 통해 이화가 세계 굴지의 종합대학으로 가는 터전을 마련했다.

한편 사회의 모든 비판을 침묵시키려 했던 박정희 정권의 유신 독재도 1979년 10월 26일 측근의 암살로 그 막을 내렸다. 그러나 1979년 소위 '12 · 12 사태'에 이어 1980년 5월 '서울의 봄'에 이르는 과정에서 전두환(全斗煥)을 중심으로 한 신군부 세력의 군사 쿠데타 음모가 드러나게 되자, 학생들의 시위는 더욱 격렬해졌다. 그 내용도 점차 신군부 타도와 진정한 민주주의 정권의 수립이라는 정치적 성격을 띠게 되었다.

신군부가 국가 권력을 찬탈하는 과정에서 김옥길 문교부 장관은 강제 퇴임되고 대학에는 강압적인 제재 조치들이 취해졌다. 이른바 면학 풍토 조성이라는 미명 하에 교수와 학생들의 정치 활동이 금지되는 등 감시 · 검열 조치가 강제되었으며 정치적 이유로 제적당한 학생들의 복학이 다시 취소되었다. 이어서 대학은 마침내 1980년 5월 17일 군대에 의해 점령되었다. 이때 상당수의 교수들이 계엄 사령부에 연행되었다. 이화에서는 정용재(鄭瑢載) 학무처장을 비롯하여 103명의 지식인 시국 선언 서명 교수들이 다수 연행되었으며 그중 일부는 장기간 억류되었다. 학생회 활동에 앞장섰던 학생들도 체포 · 구금되었고, 급기야는 기독교학과의 현영학(玄永學), 서광선(徐洸善), 교육학과의 백명희(白明姬), 법학과의 백재봉(白宰奉), 사회학과의 이효재(李效再), 불어불문학과의 김치수(金治洙) 교수 등이 해직되기에 이르렀다. 그해 9월 9일 대학이 다시 문을 열기는 했지만 일제 강점기 밀정과 같은 정치 사찰 기관원이 대학에 상주하는 삼엄한 상태가 지속되었다.

그러나 학생들의 자치 활동을 억제하기 위해 만들어져 정부의 산하 기구로 존속했던 학도호국단에 대한 학생들의 반발은 점점 커졌다. 1984년 학생회를 부활시키기 위해 '학생회 부활 추진 위원회'가 결성되고 1985년 국무회의에서 학도호국단 폐지안이 통과되어 현재의 총학생회가 부활했다. 1985년 제17대 총학생회 선거에서는 이화인 1,300여 명이 모여 합동 유세를 지켜보는 등 유권자로서 진지한 관심을 보였다. 1985년 총학생회 당선자들은 정권의 비민주성을 비판하며 사회 민주화를 위한 초석으로서 대학의 민주화 · 자율화를 실현하기 위해 노력하겠다고 다짐했다. 학도호국단 장례식으로 시작된 총학생회 발대식에는 연세대학교 총학생회장과 동덕여자대학교, 서울대학교, 성균관대학교 학생 대표가 참석해 축하하기도 했다.

7. 이화 100주년

1986년은 이화가 창립된 지 100년이 되는 해였다. 100년 전 이화가 이 땅에 최초의 여성 근대 교육의 요람으로 문을 열었던 상황에서, 이화의 첫 발자국은 실로 미래의 가능성을 보여주는 것이었다. 그것은 닫힌 문의 열림이요 미래의 발전으로 나아가는 길목이었다. 그것은 소외된 여성들을 위한 해방만이 아니라 억눌린 민족에 대한 희망이기도 했다.

이화 창립 100주년 기념식은 100년 전 그날을 기념하며 1986년 5월 31일 오전 10시 운동장에서 개최되었다. 정의숙(鄭義淑) 총장은 100주년 기념사에서 이화 100년의 의미를 두고, "이화 100년은 진리에 의해 이어온 한 세기의 기록이며, 만백성을 구원한 하나님의 말씀의 실현입니다. 이화 100년은 또한 거부되고 소외되었던 여성의 인격화를 위한 역사였기 때문에 그것은 또한 인간의 가능성을 보여준 실증의 기록"이라고 규정했다. 이날 기념사에서는 이화가 그동안 한국 사회와 민족에게

바친 정신적 공헌, 사회적 봉사, 문화적 창조, 국제적 협력 등이 하나하나 열거되었다. 그리고 이러한 일들은 결코 이화만의 노력에 의한 결정체가 아니라 많은 사람들의 협조 속에 이루어진 우리 사회의 역사 그 자체라고 피력했다. 나아가 이화의 새로운 미래를 설계하여 이화의 정신을 이어가고자 하는 새로운 결단의 필요성을 이렇게 강조했다.

> 오늘 이화여자대학교의 결단은, 첫째로 하나님과 진리의 역사에 언제나 함께할 것입니다. 두 번째의 결단은 이화여자대학교는 인간 해방의 구원(久遠)한 이상을 실현하는 선봉장이 되어야 할 것입니다. 세 번째의 결단은 이화여자대학교는 민족의 미래를 위하여 통일 사회의 실천에 구심체가 될 것입니다. 네 번째의 결단은 이화여자대학교는 화평 세계의 초석으로 그 열과 성을 다해야 할 것입니다. 이 네 가지 결단은 이화 제2세기를 맞이하는 역사의 부름에 대한 응답이며, 장중한 이 식전의 우리들 모두의 염원이며, 이 시대 모든 사람들의 기대임을 확신합니다. 이 네 가지 사명을 다하기 위하여 이화여자대학교는 거듭나는 용기로 새로 워져야 할 것입니다. 또한 이러한 이화의 헌신은 모든 이화인들의 실천적 의지 위에서만 이룩될 것입니다. 즉 인간 해방과 인간 구원의 실천적 교육을 이화여자대학교는 한층 더 다져가야 할 것이며, 인간 해방을 이루기 위하여 이화여자대학교가 필요한 곳이면 어디에서든지 그곳에 이화가 서 있어야 할 것입니다.

이날 기념식은 5월 한 달간 대강당 채플 때마다 이화인 모두가 함께 불렀던 이화 100주년 송가를 다 같이 합창하고 마무리되었다. 이화 100년의 역사는 이화가 새롭게 건설하려 하는 또 다른 100년의 의미를 되새겨 보는 계기가 되었다. 그것은 이화의 이념과 정체성이 새 시대 새 사회에 부응할 수 있도록 끊임없이 새롭게 모색되어야 한다는 것을 의미했다.

8. 새로운 100년을 향하여

한 사람의 학생으로 시작한 이화는 현재 세계에서 유일하게 의과대학, 법과대학, 공과대학을 갖춘 여자종합대학으로서 21만 명의 동창을 갖는 세계 최대의 여성 사학이 되었다. 전 세계 49개국 449개교와 국제 교류를 하고 있는 이화는 세계적인 '여성 지성 공동체'로 성장했다. 2005년 6월에는 전 세계 여성 리더 3,000여 명이 참여하는 '세계 여성학 대회'를 이화 캠퍼스에서 개최하기도 했다. 뿐만 아니라 창립 120주년인 2006년을 계기로 '이화 글로벌 파트너십 프로그램(Ewha Global Partnership Program: EGPP)'을 시작하여 개발도상국의 우수한 여학생 120명을 전액 장학생으로 선발하여 그 나라의 차세대 글로벌 리더로 육성하고 있다. 이화의 역사 속에서 받았던 사랑의 손길을 잊지 않고 전 세계의 가난한 이웃과 나눔을 실천하고자 하는 것이다. 이제 이화는 배움과 도움을 필요로 하는 제3세계 여성들까지 깃들이는 아름드리나무가 된 것이다.

이러한 이화의 긴 역사에는 크고 작은 상처와 실수도 있었지만 그래도 이화의 길에는 자랑이 더 많다. 무엇보다도 이화에는 하나님 앞에 겸허히 드리는 기도가 있다. 사랑의 빚을 갚고자 하는 정신이 있다. 온갖 사회적 편견과 차별의 벽을 넘기 위해 감히 불가능에 도전하는 용기가 있다.

새로운 100년을 만들어가는 도약의 발판은 이러한 자랑 속에 응집된 기독교 정신과 민족에 대한 헌신, 그리고 사회적 약자에 대한 봉사라는 이화 교육의 전통과 저력에 있다. 그리고 그 도약의 주체는 바로 우리 이화인 모두다.

제3부에서 인용된 책들과 더 읽을 책들

김상근(2007). 『세계사의 흐름을 바꾼 기독교의 역사』. 평단.

김혜경(2012). 『예수회의 적응주의 선교』. 서강대학교출판부.

김흥기(2006). 『평신도를 위한 신학: 역사신학적 조명』. 이화여자대학교출판문화원.

김흥수(1992). 『해방 후 북한교회사』. 다산글방.

류대영(2009). 『한국 근현대사와 기독교』. 푸른역사.

신재식(2008). 『아우구스티누스 & 아퀴나스: 신앙과 이성 사이에서』, 김영사.

양현혜(2009). 『윤치호와 김교신: 근대 조선의 민족적 아이덴티티와 기독교』. 한울아카데미.

______(2013). 『김교신의 철학: 사랑과 여홍』. 이화여자대학교출판문화원.

한국기독교역사학회 엮음(2009-2012). 『한국 기독교의 역사 I/II/III』. 기독교문사 & 한국기독교역사연구소.

제4부

기독교와 현대 사회

제11장

기독교와 과학

종교와 과학은 사실 다루는 대상이 매우 다른 학문임에도 대립하고 충돌하는 일이 잦다. 주된 이유는 기독교에서 "하나님이 세상을 창조했다"라고 하는 성서의 보도를 절대적으로 믿기 때문이다. 그러나 사실 과학은 같은 대상을 놓고 대립될 수 있는 학문이 아니다. 과학은 자연 세계를 관찰하고 연구한다. 그러나 종교는 눈에 보이지 않는 '신(神)'이라든가 믿음에 대해서 이야기한다. 그리고 자연 세계나 물질들을 그 자체로 보는 것이 아니라 신의 피조물로 보거나 신과의 연관 관계 속에서 설명해낸다. 예를 들어 '물'이라고 하는 대상을 볼 때도 과학에서는 'H_2O'라는 수소와 산소의 화학적 결합물로 인식하지만, 인문학에서는 '갈증의 해갈', '생명력' 등 상징적으로 이해한다. 과학과 종교를 구분한 학자들에 따르면, 자연과학은 '외부의 자연적 대상을 분석하는 것'이라고 한 반면 정신과학은 객관적 대상을 분석하는 것이 아니라 '대상들을 심리적으로 이해하는 것'이라고 분류했다.

과학철학자 이언 바버(Ian G. Barbour)에 따르면 종교와 과학은 세 가지의 관계를 가질 수 있다. 종교와 과학이 대립하고 갈등하는 갈등 이론, 종교와 과학은 서로 안전한 거리를 유지하면서 섞이지 않아야 한다는 독립 이론 그리고 종교와 과학이 어느 정도 상호 보완성을 띠면서 긍정적으로 영향을 미칠 수 있다고 보는 대화 이론이다. 이 장에서는 이 세 가지의 분류를 통해 종교와 과학의 관계를 살펴보고자 한다.

1. 기독교와 과학의 관계: 갈등 이론

갈등 이론의 사례: 창조과학회

미국과 한국의 보수적 기독교인들은 대부분 지구와 우주의 나이가 대략 1만 년 정도라고 믿고 있다고 한다. 이를 '젊은 지구 창조론'이라고 하는데, 이들이 믿는 창조론이란 '지구상의 모든 생명체가 하나님의 직접적인 개입의 결과라고 믿는 믿음'을 뜻한다. 이들은 성서의 창세기 1-2장이 세상에 존재하는 모든 생명의 기원을 과학적으로 완벽하게 설명하고 있다고 믿는다. 이러한 창조론자들은 성서를 '문자적으로(literally)' 해석하기 때문에, 성경이 담고 있는 내용을 절대적 진리라고 믿는다.

이러한 창조를 과학적으로 증명하기 위해 절대적 진리라고 믿는 신앙은 사실 성서를 문자적으로 믿는 '문자주의' 혹은 축자영감설에 근거한다. 성서문자주의는 성서가 역사적이고 과학적 사실이라고 주장하며, 나아가 교리적 절대성도 가지고 있다고 믿게 된다. 그 대략적 내용은 다음과 같다.

첫 번째는 창세기 1-2장에 근거한 젊은 지구 창조론이 성서문자주의의 한 예라는 것이다. 이는 지구와 우주 전체가 엿새 동안에 만들어졌으며, 별로 오래되지 않은 과거에 만들어졌다고 본다. 두 번째는 아담과 하와가 실제 인물들이었으며, 그들의 '타락' 때문에 이 세상에 죽음과 고통이 생겨났다는 것이다(창세기 2-3장 참조). 실제로 이러한 믿음에 근거하여 2007년 세워진 미국의 창조 박물관(Creation Museum)에는 7일 동안 창조된 우주를 표현한 그림들이 있고, 아담과 하와의 모형물을 세워 놓고 인류의 조상(기원)으로 소개하고 있다.

세 번째 창조과학회의 믿음은 창세기 6-7장에 근거하여 노아의 방주를 실제로 있었던 역사로 믿는 것이다. 하나님이 노아와 그 가족, 그리고 모든 짐승들 한 쌍씩만 방주에 태우고, 나머지 모든 생명체들은 멸망했다. 그리고 이를 증명하는 것이 미국의 그랜드 캐니언(Grand Canyon)이라고 이들은 믿는다. 마지막으로 네 번째는 바벨탑 사건에 대한 절대적 믿음인데, 즉 세상의 모든 사람들이 처음에는 똑같은 언어를 썼지만 나중에 전쟁을 일으켜 서로 다른 언어를 가진 집단들이 생겨났다는 것 역시 실제로 일어난 일이라고 믿는다.

이러한 문자주의는 현재의 사람들이 받아들이고 있는 과학이나 시대적 관점과 갈등을 일으키며, 다른 모든 학문은 틀렸고 기독교와 성서만이 절대적 진리라고 주장하기 때문에 과학뿐 아니라 동시대의 많은 다른 학문 및 관점들과 갈등적 관계에 있게 된다.

갈등 이론의 사례: 과학적 절대주의

갈등 이론에 해당하는 '과학적 절대주의' 혹은 '과학적 유물론'을 주장하는 대표적 입장으로는 신이 없음을 과학적으로 증명하려고 하는 무신론자들이 있다. 그중 대표적 인물은 리처드 도킨스(Richard Dawkins)다.

그는 1976년 저서 『이기적 유전자(*Selfish Gene*)』에서 '혈연 선택' 이론에 대해 설명했다. 그에 따르면, 인간은 자신의 '이기적 유전자'에 이익이 될 때에만 이타적으로 행동한다. 그 이유는 같은 유전자를 공유하고 있는 가족이나 친척들의 도움을 통해 유전자를 더 많이 퍼뜨릴 수 있기 때문이다. 가족이 아닌 사람을 도울 때는 진화적 이점이 없다. 결국 인간은 유전자적 이점을 얻을 때만이 이타적이게 된다는 것이다. 도킨스에 따르면 종교나 인문학이 인간의 도덕성과 이타심을 키우는 것이 아니라 유전자적 이기심이 인간을 이타적으로 만든다는 것인데, 따라서 종교는 더 이상 필요하지 않다고 볼 수 있다.

도킨스는 『이기적 유전자』 끝부분에서 종교의 '믿음'을 '밈(meme)'이 만들어낸 허상이라고 주장한다. 밈이란 모방 등에 의해 다음 세대로 전달되는 비유전적 문화 요소로, 생물의 진화가 유전자로 인해서 가능하다면 문화의 진화는 바로 이 밈을 통해서 가능하다. 사람들이 하나님을 믿는 이유는 그들의 뇌 속으로 강력한 밈이 뛰어 들어왔기 때문이다.

도킨스는 이후 『만들어진 신(*The God Delusion*)』(2006)에서도 밈 개념을 제시하는데, '밈 복합체(meme complex)'라는 것을 동일인이 기독교의 하나님이나 교리를 이성적으로가 아닌 맹목적으로 강력하게 믿게 되는 원인으로 설명한다. 어떤 개념이 한 개인이나 그룹에게 서로 전달된다는 것은 가능한 이론이지만, 이것이 밈이라고 하는 매개체를 통해서 전달된다는 것은 논쟁의 소지가 있다. 도킨스가 발행한 온라인 매체 〈밈 이론 저널(The Journal of Memetics)〉은 1997년에 시작되어 2005년에 발행이 중단되었는데, 영국의 과학철학자 브루스 에드먼즈(Bruce Edmonds)의 비판이 그 중대한 이유였다고 한다. 에드먼즈는 도킨스의 밈 이론이 유전자와의 유사성을 제외하면 사람들이 왜 신앙을 가지는가에 대한 설득력 있는 이유를 제시하지 못한다고 비판했다. 그리고 복잡한 종교 현상을 강력한 지도자에게서 감염되는 것이라고'만' 단순하게 설명했다는 점에서도 이 이론을 비판했다.

창조과학회나 과학절대주의 등과 같은 갈등 이론의 문제점은 세상의 현상을 설명하는 데 있어 어느 한쪽만의 절대성과 우월성을 주장한다는 데 있다. 창조과학회는 성경에 기술된 내용을 바탕으로 세상의 기원과 생명의 발전 과정을 설명하면서 진화론을 거짓이라고 반박한다. 종교가 과학에 대해서도 답을 줄 수 있고, 과학은 믿을 만하지 못하다는 것이다. 한편 리처드 도킨스 등의 과학절대주의는 사람과 사람 간의 개념 전달이 그저 '감염'되는 것이라고 설명하면서, 정신적으로 작동하는 현상에 대해서까지 유물론적으로 설명하려고 한다. 종교가 아니라 과학만이 세상과 현실에 대해 그 답을 줄 수 있다고 보는 것이다.

2. 기독교와 과학의 관계: 독립 이론

과학과 종교가 각자의 우월성을 주장하는 갈등 이론과 달리, 이 둘이 서로 안전한 거리를 유지하면서 각자의 영역을 '독립적으로' 추구하도록 하자는 견해가 있다. 종교와 과학의 영역은 서로 다른 영역이기 때문에 그 다름과 독특성을 존중하자는 것이다. 종교의 경전을 절대시하거나, 과학이 모든 것을 설명할 수 있다는 입장은 상대방의 영역을 존중할 수 없다. 독립 이론은 과학과 종교가 서로 안전한 거리를 두면서 각자의 영역에서 독립적으로 서로의 역할에 충실한 것이 가장 이상적이라고 본다.

독립 이론의 방법: '의미'와 '표현 방식'을 구분하기

독립 이론 관점에서는 종교의 경전을 문자적으로 볼 것이 아니라 상징적으로 읽어야 한다고 제안한다. 성서는 (문자적으로 읽어) 창조에 관한 과학적 사실을 전달하는 것이 아니라 이스라엘 민족의 신앙 고백을 담고 있다는 것이다. 성서 속 이스라엘 사람들은 자신의 민족만을 사랑하고 다른 민족은 파괴해도 되는 존재로 신을 바라보지만, 오늘날 현대인의 관점에서 그 표현 방식은 문제가 있다. 신에 대해 더 포용적으로 다양성을 존중하면서 이해해야 한다.

독립 이론의 입장에 따르면 또한 성서는 절대적인 과학적 사실을 전달하는 것이 아니라 그때 당시의 가치관과 한계를 동시에 가지고 있다. 독립 이론에 따르면 우리가 성서를 읽는 이유는 과학적 사실을 발견하기 위해서가 아니라 내 삶의 실존적 물음에 답하기 위해서다. 예를 들어 창세기의 에덴동산 설화는 세상이 언제 어떻게 창조되었는가와 사람들이 에덴동산에서 무엇을 겪었는가의 과학적 사실을 설명하는 것이 아니다. 단지 기독교의 신이 인간과 생명체들을 정성스럽게 창조했다는 것과, 각각의 인간은 책임감을 가지고 태어났다고 하는 어떤 '의미 체계'들을 설명하는 것이다. 따라서 성서에서 전하고 있는 이야기들은 그 형식과 표현 방식을 사실적으로 받아들이기보다는 '상징적'으로 받아들여야 한다.

성서가 쓰인 당시의 표현은 고대적 세계관을 기반으로 하기 때문에 현재의 시각에 비추면 한계가 있을 수밖에 없다. 그 당시의 사람들은 지구가 돈다는 것을 몰랐고, 하늘이 돈다고 생각했다. 우주가 거대한 세계이고 그 속에서 지구는 하나의 점에 불과하다는 것도 알지 못했다. 창세기 1장에 나와 있는 것처럼 여성이 남성의 갈비뼈로 만들어졌다고 (그래서 여성은 남성의 소유물이라고) 보는 것도 그릇된 시각임을 알지 못했다. 따라서 성서의 시각을 절대화해서는 안 되며, 성서의 저자들은 각자가 살던 시대의 한계를 지니고 있다는 것을 인식하면서 성서를 바라볼 필요가 있다. 예를 들어 하늘을 볼 때 그 위에 달이나 다른 행성이 있다고 보는 관점이 현대의 세계관이라고 한다면, 성서 당시의 고대적 세계관은 하늘 위에 별이 있고, 그 위에 창공이 있다고 믿었다. 그렇기 때문에 기독교의 성서가 전하려는 내용과 고대적 세계관을 분리해서 이해해야 하고, 성서가 전하고자 하는 의미와 그 의미를 담고 있는 표현 방식을 분리해서 이해해야 한다.

아브라함과 이삭의 이야기는 하나님께 충성을 다하기 위해서 아들을 바치는 이야기로 구성되어 있다. 그렇지만 현재의 가치관에 따르면 신에게 충성하기 위해서 자식을 희생한다는 것은 매우 문제적이다. 문자적으로 해석해서 '믿음이란 희생'이라고 받아들일 경우 성서의 원래적 의미를 훼손할 수 있다. 따라서 '신에 대한 충성과 믿음'이라는 의미를 그 시대에 국한된 표현 방식(자식의 희생)과 분리해서 이해해야 한다.

이처럼 오늘날 현대인은 고대의 신화적 세계관에 너무 매이지 말고, 현대의 과학적 세계관과 현대 윤리에 맞도록 성서를 새롭게 이해해야 한다. 표현 방식에 매이지 않고 의미를 새롭게 해석해야 할 것이다. 변하지 않는 의미는 약자에 대한 사랑('고아와 과부를 돌보라')과 다양한 사람들에 대한 포용성('서로 사랑하라')이다. 그러한 의미를 살리는 데 한계가 있는 표현 방식에 대해서는 문제를 제기하며 성서의 의미를 이해해야 한다. 이러한 방법이 기독교와 과학을 대립시키지 않고, 성서가 의미와 상징의 영역임을 더 확실히 받아들일 수 있는 길이다.

독립 이론의 방법: 성서는 과학에 대한 답을 주지는 않는다

갈릴레오 갈릴레이(Galileo Galilei)는 과학자이면서 동시에 기독교 신앙인이었다. 그는 신앙과 과학을 독립적으로 바라볼 줄 알았던 사람으로, 성서는 하늘나라와 추상적 가치관에 대한 것이고 자연 현상인 '하늘'에 대해서는 설명할 수 없다는 것을 알고 있었다. 구원과 더 나은 삶에 대해서 고민하려면 성서를 찾아봐야 하지만, 자연세계와 현상들이 어떻게 작동하는지에 대해서 알고 싶다면 과학에 기대야 한다. 그렇지만 갈릴레이의 이러한 생각을 그 당시 권위자들은 인정하지 않았고, 갈릴레이의 이러한 독립적 생각을 성서와 교회에 대한 도전으로 여겼다.

갈릴레이는 로마 가톨릭이 지지했던 아리스토텔레스(Aristoteles)의 물리학보다는 니콜라우스 코페르니쿠스(Nicolaus Copernicus)의 천문학이 우주에 대해 더 정확하게 설명하고 있다고 생각했다. 천문학에 대한 갈릴레이의 기여는 1611년에 발명된 망원경을 이용해 하늘을 관측하고, 그 결과 아리스토텔레스와 고대 그리스 천문학자 프톨레마이오스(Ptolemaeus)의 이론을 반박한 것이었다. 그는 최초의 망원경의 20배를 확대한 망원경을 발명하여 실제로 금성 등의 행성을 관찰할 수 있었다. 금성이 달 주위를 돌면서 그 상이 변한다는 것을 발견한 것이다. 행성들이 달 주변을 돌고 지구는 태양 주위를 돈다는 것을 발견한 갈릴레이의 입장은 신학 측이나 과학 측 모두의 반대를 불러일으켰다. 특히 기독교는 성서에서 지구가 움직이지 않는다고 설명하고 있기 때문에 이에 반대한 것이다. 이를 반박하기 위해 갈릴레이는 아우구스티누스의 '조절의 원리'를 가져와서 "성서는 신의 계시가 처음 내려진 비교적 덜 교육받은 사람들의 제한적인 지식에 맞춘 언어로 쓰였다"(Dixon, 2017: 52)고 주장했다. 그러나 그 당시는 지도자의 권위에 도전하는 종교 개혁에 맞서 가톨릭이 사제들의 권위를 지키기 위해 애쓰던 시기였기에, 갈릴레이는 1616년 위원회에서 코페르니쿠스 천문학을 옹호하지 말라는 지시를 받았지만 여전히 코페르니쿠스 학설을 주장하여 교회에 불복종한 죄로 1633년에 유죄 판결을 받았다. 갈릴레이는 '달은 그저 지구와 같다'는 과학적 사실을 관측하고 주장했으나, 그의 주장은 '태양이 움직이고 지구는 움직이지 않는다'는 성서의 관점에 위배된다는 판결을 받았다. 갈릴레이의 주장은 달 위의 세계(영적 세계)와 밑의 세계(물질적 세계)를 구분하는 아리스토텔레스를 반박하는 것처럼 여겨졌다.

갈릴레이는 과학자로서 더 정확한 관점인 코페르니쿠스 학설을 받아들이고 오류가 있는 아리스토텔레스의 우주관을 반박했을 뿐이다. 그는 성경과 자연이 각각 다른 역할을 하고 있음을 알았고, 여전히 신을 믿고 있었다. 그러나 성서의 역할은 신앙과 삶의 실존적 질문에 답하는 것임을 너무 일찍 깨달았던 탓인지, 당시 교회의 권위자들은 갈릴레이의 독립 이론적 관점을 받아들일 만큼 열려 있지 못했다.

3. 기독교와 과학의 관계: 대화 이론

대화 이론은 종교와 과학의 독립성과 분리를 주장하는 독립 이론과 달리, 이 둘 사이의 생산적 대화를 통해서 상생하고자 하는 입장이라고 할 수 있다. 과학이 종교를 도울 수 있고, 종교 또한 과학을 도울 수 있다고 본다. 교황 요한 바오로 2세(John Paul II)는 과학과 종교의 상생적 관계에 대해서 다음과 같이 말했다. "과학은 종교로부터 그릇된 생각과 미신을 추방하여 종교를 정화시킬 수 있으며, 종교는 과학으로부터 맹목적 심취와 그릇된 절대화의 위험을 제거하여 과학을 정화시킬 수 있다"(Barbour, 2002: 42). 과학과 종교는 서로에게서 단점을 보완하고 개선함으로써 더 성장할 수 있다는 것이다.

대화 이론의 방법: 신도 우리처럼 관계하고 과정 속에 있다

대화 이론의 시도 중 하나는 신이 인간의 운명과 미래를 내다볼 수 있다고 하는 고전적 관점을 포기하는 것이다. 즉 절대적이고 변하지 않고 고통을 느끼지 않는 신은 이제 없고, 신은 상대적이고 변하며 '과정' 속에서 인간의 고통을 함께 느낀다. 이러한 생각은 세상의 모든 존재를 유기체적으로 연결되어 있다고 보았다. 모든 존재는 서로 연결되어 있고 변화의 과정 중에 있다고 보는 과정 철학(process science)이다. 초월적이고 비현실적으로 신과 신학을 설명하지 않고, 과학적으로 모든 존재는 사건 속에 있고 그 사건과 관계의 영향을 받는다고 보았다. 모든 존재는 순간적으로 생성되며 현재를 지나면 과거로 사라지고 만다. 현실적인 존재는 시간의 지배를 받는다. 과정 철학은 이렇게 시간 속에서 사건으로 구성되며 과거로 사라지는 '한정성'의 존재에 하나님도 포함시켜 이해한다. 즉 하나님도 시간과 공간의 제약 속에 있다는 것이다. 이러한 하나님은 인간의 경험을 공감하고 우리의 세계 속에 같이 있는 하나님이다.

전통적인 하나님 이해에 따르면, 하나님은 인간에게 공감하지 않고 인간에게 영향도 받지 않는다. 하나님은 절대적 존재이기 때문에 창조를 하고 명령을 내리거나 결정을 해주기는 해도 다른 존재의 영향을 받지 않는다는 것인데, 이런 이해를 거부하면서 과정 철학은 하나님도 상대적이고 시간적이고, 의존적이고 끊임없이 변화한다고 설명한다. 이는 현실에 존재하는 모든 존재와 하나님 사이에 공통점이 있음을 설명하는 것이다.

과정 철학 중 한 방법은 신에게 두 가지 속성이 있다고 보는 것이다. 즉 신이 양극성을 가지고 있다고 보았다. 양극성은 원초적 본성과 결과적 본성으로 나뉘는데, 원초적 본성은 전통적으로 신에게 부여되었던 초월성, 전지전능성 등을 뜻한다. 이에 반해 결과적 본성은 신이 인간처럼 구체적으로 현실에서 가지고 있는 특성이다. 신은 현재 우리와 같이 존재하면서 전지전능함이나 만능 해결사와 같은 초월적인 능력을 발휘하지 않고, 인간과 똑같이 시공간의 제약을 받으며, 다른 존재와 연결되면서 의존적으로 존재한다.

사실 이러한 신의 양극성 개념은 기독교에서 '하나님이 고통이나 악에 대해 어떻게 반응하는가?'라는 질문에 답하기 위해 착안한 개념이다. 지배적이고 일방적이고 '최초의 원인'인 하나님의 모습과 달리 관계적이고 상호적이며 여러 계기와 사건들을 최선이 되도록 설득시키는 하나님을 제시한다. 이러한 신은 인간을 초월해서 인간에게 고통을 주거나 고통을 없애주는 것이 아니라 인간이 즐거워할 때 함께 즐거워하고 고통스러울 때 함께 고통스러워한다. 과정 철학의 하나님은 인간이 최선의 선택을 하도록 추동시키지만, 그러한 선택이 꼭 선하고 좋은 현실만을 만드는 것은 아니다. 그러한 고통의 현실을 그저 함께하고, 함께 극복하고 이길 힘을 인간에게 주지만 초월적 힘을 통해 원인을 제거하거나 다른 좋은 결과로 바꾸지는 않는다. 이처럼 과정 철학에서 보는 하나님은 무력하고 현실적인 모습을 가지고 있으며, 인간들과 관계하고, 상생적인 모습을 가진다.

과학의 역사에서 절대 시간과 절대 공간이 보편적 환경을 이루고 있다는 뉴턴주의를 극복하고, 시간과 공간의 상호성, 그리고 관찰자가 어느 위치에 있느냐에 따라 그것이 다양하게 측정될 수 있다고 보는 알베르트 아인슈타인(Albert Einstein)의 특수 상대성 이론을 채택했던 것처럼, 과정 철학은 상대성과 관계성을 강조하는 신의 모습을 제시한 것이다. 단독으로 혼자 존재하는 것보다는 변화하면서 상대적으로 영향을 받는 존재가 더 현실적이고 진정한 존재다. 따라서 기독교의 하나님 또한 이러한 형태로 인간들과 함께 상호적으로 관계하면서 존재한다.

대화 이론의 방법: 과학도 종교도 상황(context)의 영향을 받는다

대화 이론적 관점에서 생각해보아야 할 중요한 지점은 과학이나 종교나 상대적이고 서로 영향을 받을 수 있다는 것이다. 우리는 과학은 매우 객관적인 학문이라고 생각하고 종교는 신을 대변하기 때문에 불가침의 분야라고 생각하기 쉽다. 그러나 과학이나 종교나 사실은 다른 학문의 영향을 받을 뿐 아니라 그 시대의 사고방식이나 상황에 영향을 받지 않을 수 없다.

이처럼 생각하는 이들은 과학자이자 신학자인 경우가 많다. 이들은 과학자로서, 기독교 신앙의 입장에서 제시하는 현실 이해가 과학에서 제시하는 관점과 배치되어서는 안 된다고 제안한다. 오히려 과학적 입장을 통해서 종교의 신과 신앙을 설명해야 한다고 보는 입장이다. 이들은 과학이나 종교나 모두 그 시대의 가치관과 상황에 영향을 받는다는 것을 전제로, 그 둘이 대화할 수 있어야 한다고 주장한다.

이들은 이것을 맥락 신학(contextual theology)의 예를 들어 설명한다. 신학은 그 시대의 관점에서 형성되기 때문에 신에 관한 여러 가지 사실들을 알려주기도 하지만, 동시에 그 시대의 한계에 갇혀 다른 면들을 설명하지 못할 때도 있다. 가부장제적이고 서구 중심적이었던 신학이 여성이나 유색 인종에 대해 부정적으로 말하고 있는 것이 그 예다. 이러한 문제의식을 제기한 신학들이 어떻게 보면 맥락의 중요성을 잘 파악한 신학이라고 볼 수 있다. 여성주의에 영향을 받은 여성 신학, 인종의 문제를 다루는 흑인 신학, 가난의 문제에 중점을 두었던 해방 신학 등이 맥락 신학의 사례다.

신약성서의 저자들은 당시의 관심사였던 유대주의와 로마 문화의 수용이라는 상황 속에서 삶과 죽음의 문제를 설명했다. 이러한 관점은 내세와 부활이라고 하는 종교적 개념을 제시하는 장점도 있지만, 미래나 죽음 이후에 대해서 관심이 별로 없는 현대의 사람들에게는 이질감을 주기도 한다. 성서라고 하는 경전은 동일한 주제도 다양한 저자들에 의해서 다양하게 다루어진다. 성서의 주제들은 구전을 통해서 전달되기도 하고, 원본 문서가 있더라도 그것들이 서서히 기록됨에 따라 같은 주제가 서로 다른 맥락 속에서 정경화된 과정들이 있다. 예수의 십자가 죽음과 부활이라고 하는 주제에 대해서도 서로 다른 저자들에 의해서 다양하게 표현되었다. 따라서 종교와 과학이 대화하기 위한 첫 단계는 종교, 즉 기독교가 서로 다른 저자들에 의해서 '맥락적으로(contextually)' 쓰였다는 것을 받아들이는 것이다.

신학은 창조론만을 절대적이라고 주장하면서 전개될 수도 있지만, 오히려 반대의 경우가 더 타당할 수 있다. 즉 과학의 맥락에서도 자연스러운 신학은 얼마든지 가능하다. 과학과 종교를 동시에 조화시켜서 받아들일 수 있다는 것이다. 과학이 믿음의 영역을 한층 더 성장시킬 수 있고, 신학적 담론이 과학의 관심 영역을 확장시킬 수 있다.

'아래로부터 위로 사고하기'라고 불리는 방식을 통해 신학과 과학이 함께 성장할 수 있다. 즉 검증과 조사를 통해 일반화된 객관적 과학을 받아들여 신학의 논리가 더 탄탄해질 수 있다는 것이다. 과학에서 관찰되는 우주의 실제적 특성, 즉 황폐함과 풍부함을 다 고려하여 그 위에서 신의 창조를 설명해야 한다. '무로부터의 창조'라는 추상적 개념보다는, 또 신의 '무시간성'보다는 신 역시 이곳의 시공간과 현상의 영향을 받는다고 설명하는 것이 더 설득력을 가질 수 있다. 신학만 과학에 영향을 주는 것이 아니라, 과학이 발견하고 탐구한 관점이 신학에도 영향을 줄 수 있고, 주어야만 한다. 성서가 신의 영감을 받아 인간이 기록한 것이지만, 불가피하게 당시의 시대적 관점과 문화의 영향을 받을 수밖에 없었음을 인정한다면 오히려 과학을 지혜롭게 사용할 수 있다.

과학적 신학자들은 교부 시대에도, 종교 개혁 시대에도 성서를 다양하게 해석하는 것에 대해 열려 있었다고 설명하면서, 성서는 교과서로 보기보다는 '실험 노트'로 보는 것이 더 타당하다고 제안한다. 하나님의 계시라고 할지라도 그것을 절대적으로 볼 수 없고, 그 시대의 상황과 관점에 적용시켜 실험한 후에 그 결과를 우리에게 전달한다는 것이다. 따라서 과학적 관점과 성서를 배타적으로 대치시켜서는 안 된다. 성서는 과학을 포함한 다양한 당대의 학문적 관점들의 영향을 받을 수밖에 없다.

대화 이론에 대한 결론적 제안

과학을 진지하게 받아들인다면 신의 계시를 전달하는 신학적 관점 또한 수정될 수밖에 없다. 우리는 과학적 발견을 통해 시간은 과거로부터 미래로 흐른다는 것과 시공간은 서로 영향을 준다는 것을 알게 되었다. 따라서 우리의 시간과 세계를 이해하는 방식도 달라진다. 우리가 종국에는 신의 선한 의지가 담긴 쪽으로 이끌리게 되리라는 것을 믿는다고 해도, 현실은 신에 의해서'만' 결정되지는 않는다. 우리의 역사는 창조자와 피조물들이 함께 연주하는 즉흥 연주곡 푸가(fugue)와 같다.

고전 물리학에서는 한 알갱이(입자)의 위치와 운동량 모두에 대한 정확한 지식을 동시에 얻는 것이 가능했다. 그러나 양자 물리학에 의해서 위치나 운동량 중 하나는 정확하게 측정할 수 있지만, 동시에 측정할 수는 없다는 것이 밝혀졌다. 이처럼 과학적 사실도 최근에 발견된 검증과 실험까지만 우리는 말할 수 있다. 과학을 포함한 모든 인간의 지식 체계는 아무리 완전함을 추구한다고 해도 한계가 있을 수밖에 없다는 것이다. 따라서 우리는 겸허하게 과학의 입장에서든 종교의 입장에서든 틀릴 수 있음을 인정하고 다른 분야의 목소리를 경청하려는 개방성을 가져야 한다.

과학적 신학자들은 "너무나 많은 신학자들이 과학의 맥락적 역할을 알맞게 인식하려는 진지한 태도를 취하지 않음으로써 과학이 제공하는 것들을 제대로 다루는 데 실패하고 있다"(Polkinghorne, 2009: 44)고 안타까워한다. 물리학에서 발견된 결과가 철학적이고 신학적인 교훈을 제공하는 데 도움이 되는 것처럼, 종교 또한 과학의 발견과 검증이 메우지 못하는 '의미'의 문제에 도움을 줄 수 있다. 따라서 종교는 다른 종류의 진리를 제공하는 과학을 포함한 다른 학문에 귀 기울여야 하며 영향받기를 주저해서는 안 된다. 겸허하게, 그렇지만 개방적으로, 답을 주기보다는 '질문'을 제기하게 하는 종교로 거듭나고자 하는 노력이 무엇보다 종교에 요구된다.

4. 제4차 산업 혁명과 종교의 역할

제4차 산업 혁명이란 무엇인가

제4차 산업 혁명은 모든 분야의 경계가 허물어지면서 복잡하게 얽히게 되는 현상의 도래라고 할 수 있다. 기술적 공간이 공적이고 사적인 인간의 생활 공간에 흘러들어올 뿐 아니라 생태계 전반에도 침투하게 되고, 이들을 새롭게 재편하게 되는 체계다. 이에 따라 사회 전반이 지구적 차원에서 새롭게 재편될 것이다. 제4차 산업 혁명의 주창자인 클라우스 슈밥(Klaus Schwab)은 제3차 산업 혁명(반도체, 컴퓨터, 인터넷을 중심으로 한 정보기술 혁명)을 기반으로 하는 디지털, 바이오, 물리학의 융합된 기술들이 경제와 사회 체제를 급격히 변화시키는 기술 혁명으로 제4차 산업 혁명을 정의했다.

단순하게 표현하자면, 제1차 산업 혁명은 개인의 육체적 노동을 기계로 대체하고 이를 자동화라고 했다. 제2차 산업 혁명은 다수(인류)의 육체 노동을 대량 생산 시스템으로 자동화하는 것을 말했다. 제3차 산업 혁명은 개인의 단순 노동뿐 아니라 정신 노동까지 컴퓨터가 대체하는 것을 말한다. 최종적으로 제4차 산업 혁명은 인류의 단순 그리고 정신 노동을 인공 지능이 대체하는 현상이라고 볼 수 있다. 제4차 산업 혁명을 인간을 둘러싼 환경의 변화와 혁신을 의미하는 것이라고 본다면, 포스트휴머니즘(post-humanism)은 인간이 어떤 존재가 되어가는가에 대한 문제라고 볼 수 있다.

인간의 관점에서 본다면 산업 혁명은 변함없는 본질로서의 '인간'을 자유롭게 실현하는 것을 목표로 하는데, 이런 의미에서 제4차 산업 혁명은 인간의 한계를 극복하면서도 더 완전한 의미의 인간을 추구하는 '탈-인간'의 현상이라고 볼 수 있다. 즉 탈-인간은 간략하게 보자면, 불멸의 존재가 되거나 확장된 인간이 되는 것이다. 기술의 도움을 받아 인간의 기존 육체의 한계를 극복하거나 확장시키는 것을 의미한다. 현대 철학자 로지 브라이도티(Rosi Braidotti)가 구분한 바에 따르면 탈-인간의 현상은 세 가지로 나눌 수 있다. 첫째는 휴머니즘의 입장을 계승하면서 근대적 인간을 강조하는 입장으로, 즉 기존의 인간에 머물러 있기를 바라는 입장이다. 둘째는 분석적 포스트휴머니즘으로서 인간과 탈-인간의 차이와 공통점을 면밀히 검토하면서 그 경계를 가늠하고자 하는 입장이다. 기술 향상에 대해 낙관적 시각을 가진다. 마지막으로 셋째는 비판적 포스트휴머니즘을 들 수 있는데, 이는 탈-인간의 관점에서 진정한 인간이란 과연 무엇인가를 되묻고자 하는 입장이다.

제4차 산업 혁명과 종교의 역할

종교는 앞에서 분류된 입장 중 세 번째 입장을 취하는 것이 가장 바람직하다고 볼 수 있다. 인간의 한계를 극복하는 데만 집중하는 것이 아니라 이러한 탈-인간의 지향성 속에 소외되는 존재들이 누구인지에 주목하면서 그들을 위한 '인간됨'을 놓지 않고자 하는 노력을 종교는 할 수 있다.

또한 기술에 따른 인간의 '향상'과 '확장'을 바라볼 때 어떤 원칙과 윤리적 관점을 성립해야 하는가를 결정하는 역할 또한 종교와 인문학자들이 개입해야 할 영역이다. 즉 인간의 능력을 대체하거나 초월하고자 고안된 인공 지능(Artificial Intelligence: AI)을 과연 인간이 어떻게 사용할 수 있는지에 대해 원칙을 제시할 수 있어야 한다. 그리하여 인공 지능을 개발하고 사용하면서 어떤 윤리적 원칙을 수립할 수 있는지에 대해서 종교와 인문학은 개입할 수 있다. 예를 들어 2017년 2월에 제안된, 인공 지능 개발의 23개 원칙을 담은 '아실로마 AI 원칙(Asilomar AI Principles)'에는 윤리적 원칙을 담은 조항이 포함되었다. 이에 따르면 인공 지능은 인간 존엄, 권리, 자유, 문화 다양성의 이상에 부합하도록 설계되고 만들어져야 한다.

이 아실로마 AI 원칙은 '테슬라' CEO인 일론 머스크(Elon R. Musk)를 비롯해 천체 물리학자 스티븐 호킹(Stephen W. Hawking), '구글 딥마인드' CEO인 데미스 하사비스(Demis Hassabis), 저명한 미래학자인 레이먼드 커즈와일(Raymond Kurzweil) 등 총 2,000여 명의 과학 · 기술계 주요 인사가 지지 서명을 하여 만들어진 원칙이라고 한다. 종교는 이 원칙들 중에서 다음과 같이 인간에게 유용하면서 의미 있는 원칙들을 수립하는 데 그 역할을 할 수 있다고 본다. 이 원칙들 중 일부를 발췌하여 제시하면 다음과 같다.

주요 원칙

8. '자율 시스템이 사법 결정 과정에 관여하게 된다면 (이에 대한) 인간 전문가의 감사가 가능할 수 있도록 충분한 설명을 제공해야 한다.
15. AI로 인한 경제적 풍요는 전 인류에게 이롭도록 널리 공유해야 한다(일자리 불안감 불식, 기본 소득 도입).
16. AI에 결정권을 이양하느냐는 인간이 결정한다(인간의 주도권).
18. 살상 가능한 자율적 무기로 인한 군비 경쟁은 지양해야 한다.
22. AI로 인해 촉발될 수 있는 재앙적 · 존재적 위험에 대응하기 위해 상응하는 완화 노력을 기울여야 한다.

또한 종교가 주목해야 할 점은 바로 인간 간에 일어나고 있는 차별과 비인간화의 문제다. 다음과 같은 질문을 제기할 수 있다. '포스트휴머니즘에서 바라보고 있는 인간은 도대체 어떤 종류의 인간을 말하는가?' 혹은 '끊임없이 추구되어온 인간이라는 범주에 포함되지 않은 존재들은 누구인가?'라는 질문이다. 모더니즘에서 포용하지 않았던 비인간들, 즉 비(非)제1세계, 유색 인종, 여성 등의 존재가 과연 '인간'의 범주에 포함되었는가 하는 것이다. 모더니즘은 인간다움을 이야기하면서 인간성의 향상을 꾀했지만, 그리고 인간다운 대접을 받지 못하는 사람들에게 인간다운 대접을 해준다고 표방했지만 여기서의 인간의 범주에 비인간화를 경험했던 사람들은 포함되지 않았다. 인간다움의 문제는 엄밀한 의미에서 상층부 인간들의 기술 향상과 안전을 의미했는지도 모른다. 따라서 제4차 산업 혁명을 맞이하면서 우리는 다시 '인간'의 향상과 발전이 모두를 향하고 있는지에 대해서 질문해보아야 한다. 인간의 단점과 한계를 극복하기 위한 기술의 발전은 과연 인간 모두를 위한 향상과 발전인가가 종교적 관점에서 제기되어야 할 질문이다.

예를 들어 기술의 도움을 받아 인간의 신체적 한계를 극복할 때는 무엇이 치료이고 무엇이 향상인지를 구별할 필요가 있다. 미국의 경제학자 제임스 뷰캐넌(James M. Buchanan)에 따르면 향상은 소위 '정상적'인 인간이 그 능력이나 특질을 증대시키는 것이며, 치료는 질병의 처치 혹은 예방이라고 정의해야 한다. 치료는 부상이나 질병으로 인해 무엇인가 잘못된 것을 바로잡는 것이지만, 향상은 건강한 상태를 넘어서 유기체의 상태를 개선하는 것이다. 배아를 조작해 유전적 질병을 예방하는 것은 치료이지만 배아를 조작해 정상적인 면역 체계의 능력을 증대하는 것은 향상이다.

이 구분에 대해서 다양한 반응이 나타날 수 있다. 예를 들어 대부분의 인간은 나이가 들수록 20대까지는 신체적 · 정신적으로 그 능력이 성장하지만, 그 이후 노화가 진행되면서 능력이 약화된다. 이런 상황에서 80대의 사람들을 20대의 상태로 되돌아갈 수 있게 하는 것은 '치료'에 해당할까 아니면 '향상'에 해당할까? 노화를 늦추려는 다양한 노력들도 사실은 치료나 향상 어느 하나로 분류하기 어려울 수 있다. 식품이나 영양제, 요가, 트레이닝 등도 이미 치료와 향상의 경계에 있다. 그럼에도 불구하고 '인간됨'을 고민하는 입장에서는 향상보다는 치료를 우선적으로 고려해야 하는데, 그 이유는 약자를 우선하려는 윤리적 책임성에 기인한다. 치료에 더 강조점을 두고, 가능하면 모든 사람들이 이 기술의 효과를 누리도록 노력해야 한다. 대부분의 '기술에 따른 향상'은 자본과 권력이 많은 사람들 위주로 개발될 것이고, 상대적으로 약자인 사람들은 의학적 · 기술적 향상을 누리지 못하게 될 수 있다. 이는 새로운 형태의 빈익빈 부익부를 낳을 수 있다.

종교는 따라서 중립적 입장에서 제4차 산업 혁명이라는 현상을 바라보기보다는, 과학 기술의 발전과 자본주의의 심화된 빈익빈 부익부 현상을 비판적으로 바라보면서 '비인간'으로 소외되는 사람들의 입장에서 대안을 모색해야 할 것이다. 이를 위해서는 예수의 하나님 나라와 구약성서의 약자 보호 정신을 계승하여 다차원적으로 소외되고 비인간화되는 사람들의 입장에서 영성을 추구하고, 그 현실을 대안적으로 조명할 수 있는 실천적이고 사회적인 대안이 마련되어야 한다.

제4차 산업 혁명의 시대가 예견하는 인간과 기계의 탈-경계 양상이 무비판적으로 진행된다면 모더니즘부터 진행되어온 자본주의적 문제점, 즉 빈익빈 부익부의 문제점이 오히려 강화될 가능성이 높다. 제1세계의 거대 자본을 기반으로 하는 과학 기술의 진보는 디지털 가상 기술과 네트워크 기술을 통해서 더 첨예하게 발전할 것이다. 그리고 이러한 흐름에 더하여 한층 강화된 감시와 통제, 억압과 차별이 가난하고 소외된 존재들에게 영향을 미칠 것이다. 우리 시대에 적체된 문제들(신자유주의적 지구화, 제1세계의 독식적 성장, 국가 간 빈익빈 부익부의 심화, 난민 문제, 지구화 시대 이주 여성의 문제 등)이 과학적 · 기술적으로 발달한 사회에서 더 악화될 수도 있다는 것이다. 이런 흐름 속에서 종교는 포스트휴머니즘과 기술 발전의 논의가 놓치고 있는, 정치 · 경제 · 문화면에서 인간 대접을 받지 못하는 존재들에게 주목하고, 인간의 향상과 증강의 현실이 가급적 더 보편적으로 향유될 수 있도록 노력하며 사회에 문제를 제기할 필요가 있다.

제12장

기독교와 생태

1. 지구생명 공동체의 위기

구글 딥마인드가 개발한 인공 지능 '알파고'와 인간의 바둑 대결이 2016년 전 세계의 주목을 받으며 치러졌다. 알파고는 총 네 차례의 바둑 대국에서 프로 바둑 기사를 처음 세 번을 내리 이겼고, 이때 사람들은 여기저기서 인간의 위기를 운운하며 우리가 기계의 지배를 받게 될 날이 머지않았다는 우려를 표했다. 이를 두고 어느 한 신문 보도는 '늘 지배자의 자리에 있었던 인간이 이제 인간보다 우월한 종인 인공 지능을 만나 지배와 피지배의 관계를 생각하며 피지배자의 자리에 놓일 자신의 위치를 의식하게 되었다'고 기술했다. 그러나 사실 위기는 인공 지능 기계의 등장으로 생긴 것이 아니라, 인간이 이 세계에 등장하여 인간 중심의 세계관을 가지고 지배자의 위치에서 모든 것을 대상화하고 함부로 대하면서 시작되었는지 모른다.

현재 생태계, 우리 삶의 공간인 지구는 알게 모르게 서서히 파괴되고 있고, 오존층 파괴와 미세먼지 등의 기후 변화는 일상생활에서도 쉽게 체감되고 있다. 이대로 간다면 지구가 완전히 파괴되거나 인간이라는 종이 멸종하고 자연만이 살아남는 그러한 미래가 올 수도 있을 것이다. 기후 변화의 위기, 생태계의 위기는 인류 보편의 위기, 지구 생명 공동체의 위기이며, 이제 일상생활의 삶 깊숙이 들어와 있는 심각한 위기다. 외출 전에 일기예보를 체크하며 우산을 쓸지 말지를 고민하던 것처럼 이제는 미세먼지로 인해 마스크를 쓸지 말지를 고민한다. 미세먼지 농도와 오존 파괴 지수 등 매일의 삶에서 생명의 위협을 느끼며 살아간다. 인간이 만들어낸 플라스틱, 비닐, 나일론, 합성 섬유, 합성 세제, 플루토늄 등등 썩지도 않고 분해되지도 않는 것들이 여기저기 남아 대기, 수질, 토양을 오염시키며 생명을 위협하고 있는 것이다.

이러한 인간 생명의 위기와 지구 공동체의 위기에 대해 기독교 역시 고민하며 원인을 분석하고, 대안을 마련하고 있다. 철학자들은 서양 근대 철학자 르네 데카르트(René Descartes)에게서 비롯된 근대의 인간 중심주의적 사고가 인간 주체를 지나치게 강조하며, 자연을 대상화하고 둘레 환경 정도로 이해하게 한 것이 그 원인은 아닌지 반성하기도 한다. 기독교의 입장 역시 창조된 세계를 잘 돌보라는 창세기의 가르침을 인간이 마음대로 자연을 지배해도 된다는 의미로 오해한 것은 아닌지 반성한다. 물론 어느 철학자의 탓도 어느 종교의 탓도 아니며, 인간 모두의 내면 깊숙이 내재한 탐욕, 이기심, 욕망이 근본 원인일 것이다. 어느 누구도 이러한 현재 지구 생명 공동체의 위기와 책임에서 자유로울 수 없다.

현재의 여러 가지 위기와 최근 급속히 발전한 NBIC(나노공학, 생명공학, 정보과학, 인지과학)의 발전은 이제 더 많은 삶의 변화를 일으키고 있고, 어쩌면 되돌리기 어려운 상황을 야기할 수도 있을 것이다. 인공 지능 알파고를 만든 구글 팀의 리더인 레이 커즈와일(Ray Kurzweil)은 돌이킬 수 없는 소위 특이점(singularity)의 시대가 머지않은 미래에 있을 것이라고 예측한다. 네덜란드 대기 화학자 파울 크뤼첸(Paul Crutzen)은 화석 연료를 대규모로 사용하며 배출한 온실가스와 기후 변화로 인해 결국 지구 공동체가 끝나는, 혹은 인류라는 종이 멸종되는 상황을 예견하고, 인간의 책임과 지배력이 극대화된 현재의 이 시기를 신생대의 끝자락, 소위 '인류세(人類世, Anthropocene)'라고 한다. 분명한 것은 『사피엔스(*Sapiens: A Brief History of Humankind*)』(2011)의 저자 유발 하라리(Yuval Harari)가 지적한 것처럼, 이러한 위기 상황에서 최첨단 방주를 만들어 현재의 위기를 모면해 살아남으려는 사람에게 지구 공동체의 미래를 맡겨서는 안 된다는 것이다. 즉 현재의 위기를 마주하며, 공존 혹은 공멸의 운명에 처해 있음을 인식하고, 모두가 공존할 수 있는 지속 가능한 지구를 위해 보다 큰 단위의 생명을 인식하며 함께 고민해야 한다. 잠깐 위기를 모면해서 개별 존재로서 생존하여 살아남으려고 하는 것은 근본적 해결책이 될 수 없으며, 이기적이고 어리석은 일이다.

2. 기독교의 생태 정의와 생태 신학

현재 이러한 지구 생명 공동체의 위기, 생태 위기 가운데서 기독교가 강조하고 있는 정의, 특히 생태 정의란 무엇인가? 한동안 정의란 무엇인가에 대한 인문학의 관심이 뜨거웠다. 아직 생태 정의는 크게 주목받지 못하고 있지만, 이제 서서히 나눔의 가치를 인식하며 인간 사이에서뿐만 아니라 나아가 모든 생명 사이에서 정의를 실현하려는 노력들이 생겨나고 있다. 그리고 이러한 생태 정의를 다루는 학문이 생태 여성 신학

(Ecofeminist Theology)이기에, 현재의 위기에 대한 대안을 생각하며 함께 검토해볼 필요가 있다.

생태 여성 신학과 생태 경제학

'생태 여성 신학'이란 말 그대로 지구, 땅, 여성이 이제껏 서구 남성 중심의 관점에서 억압되고 무시되었기에 이에 주목하며 건전한 세계관을 회복하자는 학문이다. 생태 여성 신학자 샐리 맥페이그(Sallie McFague)는 이러한 관점에서 생태 정의의 회복을 강조하며, 생태학(ecology)과 경제학(economy)의 밀접한 관계에 주목하고 생태 경제학(ecological economy)을 주창했다. 생태 경제학은 에코(eco), 즉 그리스어로 '삶의 공간'인 집을 돌아보며, 그러한 삶의 공간이 체계적으로 유지되고 지속되게 하려는 것이다. 사실 경제학은 단지 돈의 문제만이 아니며 생존의 문제이기도 하고, 결국 가치에 관한 것이다. 그래서 맥페이그가 주장하는 생태 경제학은 보다 포괄적으로 '경제 체계로부터 이익을 얻는 자는 누구이며, 그러한 경제가 지구 행성에 주는 부담은 어떠한 것인가'에 대해 고찰한다. 말하자면 오래전의 고전주의 경제학은 자신의 이익을 극대화하기 위한 활동이 결국 모두에게 이익이 된다는 '보이지 않는 손'에 대한 경제학을 지지했다. 그러나 이러한 경제학 이론에서 인간의 빈곤이나 자연의 황폐화와 같은 문제는 다루어지지 않는다. 그래서 맥페이그는 분배 정의와 함께 생태 정의를 주장하며, "부유한 사람들은 가난한 사람들이 단지 살 수만이라도 있도록 단순하게 살아야 한다(The rich must live simply that the poor may simply live)"고 이야기한다.

이러한 생태 경제학이 말하는 단순한 삶은 가난한 사람들과, 고갈되고 파괴되는 자연 자원과 생명을 함께 나누며 사는 삶이라고 강조한다. 일반 경제학 이론에서 자본과 이익이 골고루 분배될 수 있도록 하는 분배 정의가 중요하듯이, 이제 기후 변화와 같은 위기 앞에서는 더 넓은 차원에서의 분배 정의 그리고 생태 정의가 중요하게 인식되어야 한다는 것이다.

오늘날 물, 공기, 흙 등은 지나친 사용과 잘못된 사용으로 인해 죽어가고 있다고 한다. 최근에는 이렇게 착취되고 있는 자연을 새로운 약자로 이해하며, '뉴 푸어(new poor)'라고 부른다. 물론 자연을 약자라고 부르는 것이야말로 참으로 자연을 몰이해한 지나치게 인간 중심적인 사고라고 생각할 수 있으나, 양적으로 열세에 있다는 것이 아니라 이제껏 침묵되고 억압되어왔기에 약자라고 이해할 수 있다. 자연의 일부를 제어하고 사용하며 마치 자연의 전부를 소유한 듯 착각하는 인간의 오만한 태도는 현재 국가적 차원의 초대형 개발 사업을 가능하게 했고, 결국 생명파괴의 위기를 초래했다. 경제적 분배 정의와 함께 보다 넓은 지구적 차원의 살림으로서의 생태 정의의 실현이 시급하다.

'하나님의 몸'이라는 은유를 통해 우주 돌아보기

많은 자원을 소유하고 소비하려는 욕심에서 벗어나 함께하는 나눔과 비움의 삶이 절실히 요구되는 상황이다. 즉 비우고 나누며 단순하게 살아서 모두가 골고루 다 잘살아갈 수 있도록 해야 한다. 이러한 맥락에서 맥페이그는 인간의 책임감과 우주의 장엄함을 일깨우는 은유를 계발하며 '하나님의 몸(The Body of God)'으로서의 우주를 이해해보자고 제안한다. 은유, 즉 메타포(metaphor)는 '그것이지만 그것이 아니다'라는 긴장을 내포하며 상상력을 자극하고 생각을 불러일으킨다. '몸'이라는 메타포를 통한 하나님 이해의 시도는 보다 확대된 공동체를 생각하게 하며, 그동안은 영적인 존재로서의 하나님을 강조해왔다면 이제 자연, 물질, 우주 가운데서도 경험되는 구체적인 하나님을 표상하게 한다. 우주

공간을 단순히 호텔처럼 빌려 쓰고 떠나는 곳이 아니라, 집처럼 치우고 살림하는 공간으로, 즉 생명을 살리는 살림의 공간으로 신성하게 여겨야 한다고 맥페이그는 강조한다.

언젠가는 꼭 필요한 때에조차, 즉 불을 밝히거나 이동하기 위해 써야 할 최소한의 에너지조차도 쓸 수 없는 날이 올지 모른다. 오래전에는 음식을 익히는 일 외에 사용되는 불을 '군불'이라 하며 에너지를 아꼈다. 하지만 요즘은 군더더기, 군것질, 군말 등 필요 이상의 '군-것'들을 너무 많이 하며 살고 있다. 불필요한 에너지 사용을 줄이는 것이 그 해결책이지만, 사실 익숙한 삶에서 떠나 불편을 감수하는 것이 쉽지는 않다. 이러한 상황에서 생태 정의는 모든 생명이 공멸하느냐 공존하느냐 하는 갈림길에서 공존할 수 있도록 영성을 깨우치고 지혜를 구하는 것이다.

'가이아-하나님'으로 하나님 다시 생각해보기

생태 여성 신학자 로즈마리 류터(Rosemary Ruether)는 이러한 생태계의 위기에서 기독교의 하나님은 이 세상에 대해 초월해 있기보다는 오히려 내재하며 자연과 함께한다고 이해하면서, 그리스 신화 속 대지의 여신 가이아(Gaea)의 이미지로 하나님을 설명한다. 이는 과학자 제임스 러브로크(James Lovelock)가 지구를 살아 있는 생명체로 보며 신화 속의 인물 가이아라고 칭한 '가이아 이론'에서 기인한다. 러브로크의 가이아 가설에 의하면, 열역학 제2법칙인 엔트로피의 증가에도 불구하고 지구가 생명을 존속하고 있는 것은 지구 그 자체가 하나의 거대한 시스템, 생명체라는 증거다. 류터는 히브리 구약 경전의 오래된 하나님 표상은 바로 이러한 모체, 생명의 근원, 가이아 이미지와 관련이 있다고 보며, 가이아는 구약성서의 하나님 이해와 다르지 않다고 말한다. 류터에 의하면 생명의 근원, 어머니 가이아, 근원적 모체(Primal Matrix)는 모든 만물이 발생되어 나오는 거대한 자궁의 표상으로, 히브리 전통에서 찾아볼 수 있는 오래된 하나님의 이미지다.

기독교의 하나님은 세상을 초월하면서도 동시에 내재하며 피조물의 고통에 함께하는 하나님이다. 그러하기에 지구, 땅, 몸을 벗어나 저 멀리 다른 세상에서 궁극적 구원에 이른다는 생각은 이 세상과 관계없는 하나님 이해를 전제로 한 잘못된 것이라고 류터는 설명한다. 사실 오래전 그리스 철학과 플라톤주의의 이분법은 영과 육체를 두 가지 다른 실체로 나누어 보며 위계적으로 구분했다. 그래서 소크라테스는 죽음을 앞두고 제자들에게 '육체의 감옥으로부터 벗어나 자유롭게 되는 것이니 슬퍼하지 말라'고 당부하며 죽음을 맞았다. 이렇게 영적 구원을 위해 썩어질 육체로부터 벗어나야 한다고 하는 그리스 철학의 소크라테스식 이해는 기독교의 세계관과 다르다. 기독교의 하나님은 육신이 된 하나님, 인간의 몸이 되어 이 땅에 함께하는 하나님으로서, 육체나 물질을 위계적으로 낮고 천하게 여기지 않는다.

그리스도는 인간의 몸이 되어 이 땅에 온 하나님, 곧 성육신(incarnation)한 하나님 예수 그리스도를 말하는데, 가톨릭과 개신교를 포함한 기독교에서는 성육신의 사건을 중요하게 생각한다. 즉 기독교에서는 몸이 되어 성육신한 하나님이라는 개념을 통해 몸과 영혼에 대한 오래된 위계적인 사고를 부정하며, 몸과 물질의 세계도 구원의 가치가 있는 하나님의 창조 세계임을 암묵적으로 강조한다. 또한 성육신 사건은 '하나님이 우리와 함께한다'는 '임마누엘(immanuel)'의 하나님의 의미를 내포하기에 하나님의 초월과 함께 하나님의 내재라는 중요한 의미도 지닌다. 류터는 인간의 역사 속에서 지속적으로 표상되어온 하나님의 이미지를 고찰하고, 하나님을 세상에 내재하며 사랑과 연민으로 인간을 돌보는 인격체로서 이해하고자 한다.

3. 생태 여성 신학과 기독교 영성

오늘날에는 현재의 여러 위기 가운데 모든 생명이 서로 밀접하게 연결되어 있다는 사실을 깨닫고 영성을 키워 보다 큰 생명 단위의 공동체를 인식하려는 노력이 절실하게 요청된다. 현재 '나는 소비한다. 고로 나는 존재한다'의 삶을 살아가며, 사람들은 물질 만능을 강조하고 소비 문화를 미덕으로 여기고 있다. 매 순간이 삶과 죽음의 중요한 선택의 갈림길이 되는 위기의 상황에서, 인간에게는 이제 지능지수(intelligence quotient), 즉 머리를 짜내고 고안해내는 능력보다 어쩌면 감성 지수(emotional quotient), 그리고 영성 지수(spiritual quotient)가 더 중요한 체크 포인트가 될 것 같다. 기독교 전통에도 그러한 중요한 영성이 전해지고 있다. 2,000년 전 기독교가 유럽에 전파될 때 유럽 남쪽 지중해를 중심으로, 즉 로마 제국을 중심으로 급속히 펴져 나갔던 기독교 문화는 유럽의 켈트인들과 그들의 영성을 아일랜드, 스코틀랜드 등의 북부 유럽으로 몰아내었다. 먼 곳으로 밀려났던 켈트 문화는 그러나 다행히도 현재에 남아 서구 중심의 기독교 문화가 오랫동안 잊고 있었던 귀중한 또 하나의 영성, 하나님과 자연의 밀접한 관계에 대한 중요한 통찰을 전해주고 있다. 이러한 영성을 통해 현재의 기독교 문화가 잊고 있는 자연과 하나님에 대한 깊은 이해를 깨달을 수 있다.

북유럽 켈트 문화와 영성

켈트인들의 문화는 기원후 6세기경, 즉 유럽 대부분의 지역이 모두 기독교로 개종할 당시 사실상 역사의 무대 뒤로 사라지게 되었다고 한다. 현재는 기록으로 남아 있는 것들이 거의 없어서 그들의 구전 문화를 통해 삶과 영성을 조금이나마 엿볼 수 있을 뿐이다. 켈트인들의 세계관은 신화적이며 또한 상징적이고, 2,000년 동안 세계를 지배해온 플라톤주의의 이원론적 세계관과는 다르게 세계를 두 개의 실체로 나누어 보지 않는다. 인간과 자연, 영혼과 몸을 따로 분리해서 이해하지 않으며 통전적으로 이해한다는 것이다. 사실 이분법적 세계관이 문제인 것은 둘로 나누어 결국 위계적으로 위아래를 구분하며, 하나가 다른 하나를 지배하고 억압한다는 데 있다. 켈트 영성은 이와 달리 자연을 존중하고, 경외하며, 모든 창조 세계가 하나님의 귀하고 선한 뜻을 담고 있다고 본다. 즉 켈트 영성은 모든 개별 생명 안에 있는 온 생명을 강조하며, 그래서 그들은 '우리가 어떤 행동을 통해 하나님에게 도달하기보다, 하나님은 이미 우리의 숨결보다도 더 우리에게 가까이 있다'고 이해한다.

이러한 켈트 영성에 의하면 하나님을 만나기 위해 어딘가로 가야 할 필요가 없으며, 그 자리에서 하나님의 현존을 깨닫고 발견하면 된다. 하나님의 존재는 마치 물고기에게 물의 존재처럼 인간을 에워싸고 있기에 가장 가까우면서도 그래서 또한 인식하기 어렵다. 이러한 맥락에서 켈트 영성은 예수 그리스도를, 우리에게 어떤 낯선 진리를 보여주기 위해서가 아니라 인간의 영혼 깊이 숨겨진 진리를 비추기 위해 이 땅에 온 존재라고 이해한다. 켈트 전통에서 이 세계는 물질의 대상화된 세계가 아니라 하나님이 내재하는 은총 가득한 창조 세계이며, 그리스도의 사랑은 이러한 생명으로서의 하나님을 확인시켜준다. 기독교가 고백하는 예수 그리스도는 이 땅에 몸이 되어 오신 하나님으로, 즉 하나님의 사랑의 현현인 것으로 구체적으로 이해된다. 지중해 주변, 로마와 그리스 중심의 유럽 기독교가 인간의 죄와 구원에 초점을 두었다면, 북유럽 차가운 지역의 기독교 영성은 인간과 자연 그리고 하나님과 인간의 관계 회복에 보다 중점을 두었다고 할 수 있다. 따라서 켈트 기독교 영성에서 그리스도는 개별 영혼의 구원자로, 그리고 또한 창조 세계 전체의 치유자의 모습으로 더 잘 설명될 수 있다.

중세 독일의 신비주의 영성

중세 유럽 역사에서 독일의 힐데가르트 폰 빙엔(Hildegard von Bingen: 1098-1179)은 의학, 자연 과학, 음악 분야에서 뛰어난 업적을 남긴 여성으로서, 12세기 생태 여성학자, 즉 에코 페미니스트로 이해될 수 있는 인물이다. 비록 역사 기록은 여성의 업적에 대해 인색하지만, 다행스럽게도 힐데가르트의 작곡과 글이 기록으로 남아 거의 1,000년이 지난 현재에도 많은 영감을 주고 있다. 십자군 원정이 시작되던 무렵, 중세 독일에서 그녀는 평민들의 고달픈 삶을 위로하며 하나님과 인간의 직접적인 관계 그리고 다른 피조물들 및 자연과의 밀접한 관계를 강조했고, 기독교 영성과 함께 사회 정의를 주장했다. 12세기의 에코 페미니스트 힐데가르트가 아주 뛰어난 여성이었음에도 불구하고 당시 중세 마녀사냥의 대상이 되지 않고, 또한 역사 속에서 완전히 지워지지 않은 것은 참으로 다행스러운 일이다.

힐데가르트는 창조 영성을 강조하며, 하나님을 '비리디타스(viriditas)', 즉 세계를 지탱하는 근원적 힘, 녹색 생명력으로 표현했다. 창조 세계 안에서 모든 생명을 살아나게 하고 그렇게 세상을 보듬어 유지하게 하는 존재가 바로 기독교의 하나님이며, 따라서 창조 세계 안에서 하나님은 곧 생명의 힘이라고 힐데가르트는 설명한다. 중세 독일의 신비주의 영성은 속세를 떠나 개별적 수련을 추구하는 것이 아니었다. 사제들의 어떠한 권위도 빌리지 않고 하나님을 직접 대면하고자 한 평민들의 열정적 신앙이 그들의 영성이었다. 이러한 영성은 중세의 부패한 교회 권위에 대한 도전이었으며, 생명 존중의 실천으로서 그 이후 종교 개혁에도 큰 영향을 끼치게 된다. 중세의 삶은 고달팠고, 십자군 전쟁을 통해 전달된 이슬람 문화와 그리스 철학은 당시 수학, 의학, 과학 기술 등에 학문적 진보를 가져왔지만, 어떠한 것도 중세 사람들에게 삶의 위로나 힘이 되지 못했다. 이러한 상황에서 독일의 신비주의 영성, 힐데가르트의 창조 중심의 영성은 공동체적이고 개혁적인 영성으로서 창조 세계의 회복을 희망하게 했으며, 모든 것이 유기체적인 관계에서 하나로 연결되어 있음을 깨우치게 했다.

한국의 동양 사상과 기독교 영성

한국의 기독교 사상가 유영모(柳永模: 1890-1981)에게서도 깊은 기독교 영성을 발견할 수 있다. 그는 기독교의 하나님을 동서양 모든 종교의 바탕에서 두루 이해하며 우주적인 하나님으로 인식한다. 유영모는 안창호(安昌浩), 함석헌(咸錫憲) 등의 스승으로 잘 알려져 있는데, 그에 의하면 하나님은 하나이며 전체이고 유일하고 신비한 존재로서, 이러한 알 수 없는 신비는 도리어 없는 것이라 표현해야 옳다고 한다. 그에게 'ᄒᆞᆫ 님', '한아님'은 더할 수 없이 큰 님으로 그래서 '없이-계시는' 하나님이라고 표현된다. 그는 "내 몸의 살알(세포) 하나하나가 산 것처럼, 우주 만물은 하나하나가 산 것이며, 이 우주에는 절대 의식, 절대 신격이 있다"고 강조한다. 동양 종교를 통해 기독교의 하나님을 더욱 폭넓고 깊이 있게 이해한 유영모의 철학적 사상은 서구의 이성 중심, 인간 중심, 남성 중심적 사고를 벗어나라고 도전하며, 기독교의 하나님을 자연, 우주와 보다 밀접하게 관련된 존재로서 이해한다.

우리 인류는 지나치게 인간 중심적인 근대의 문명에 의해 지배되고 착취되고 있는 자연, 특히 땅, 물, 공기의 오염과 파괴에 대해 함께 고민하며 현재의 위기에 책임감 있게 민감한 영성을 가지고 대처해야 할 것이다. 막대한 지구 자원의 개발, 화석 연료의 고갈, 화학 비료로 인한 땅의 오염, 그리고 땅을 차지하기 위해 개발되는 무기들, 물의 부족, 물의 범람 등에 의해 지구 공동체의 생명은 위기에 처해 있다. 실제로 땅은

한 해도 거르지 않고 쉼 없이 착취되고 있고, 물은 순환될 여유도 없이 버려지고 있다. 우리나라는 물 부족 국가지만 사람들은 전혀 피부로 느끼지 못하고 있고, 식당에서 먹는 물조차 함부로 버리지 않는다는 독일과 비교했을 때 물의 하루 사용량은 그 3배에 달한다. 근대 철학이 주장한 합리적 · 객관적 판단이라는 인간의 이성 능력에 대해 이제는 차분하게 반성하며, 기독교의 영성을 통해 인간 이성에 대한 무한한 신뢰가 낳은 현재의 위기를 돌아보아야 할 것이다.

4. 생태 윤리적 지침과 구체적 실천

글로벌 세계를 지구별 행성으로 인식하기

자연에 대한 억압과 착취, 그리고 거기서 비롯된 현재의 생태 위기는 단순한 공포 마케팅에 의해 해결될 리 없다. 앞으로 닥칠 위기를 강조하고 경각심을 불러일으키는 것이 중요하지만, 그것만으로는 문제 해결을 이끌어내는 데에 한계가 있다는 것이다. 즉 자연에 대한 태도가 근본적으로 변해야 하며, 단순한 위기감 강조로는 잠깐의 위기만을 모면할 뿐 큰 도움이 되지 못한다. 탈식민주의 이론가 가야트리 스피박(Gayatri Spivak)이 강조하는 것처럼, 지구를 경도와 위도로 나누어 파악할 수 있는 소위 글로브(globe)라고 보는 시각은 조작 가능한 세계를 전제하기에, 그보다는 지구를 지구별 행성으로 인식하며 생명 살림의 공간으로서 인식해야 한다. 즉 지구 행성에 대한 근본적 태도에 변화가 일어나서, 지구의 생명 공동체를 존중하고 배려하는 사랑이 실천되어야 한다. 미래의 재앙을 예고하고 위험을 강조하며 공포를 심어주기보다는 문제 해결을 위한 새로운 '지구적 차원의 사랑(planetary love)'을 실천해야 한다는 것이다. 공포를 의식한 위기 대처 방법은 현재의 생태계 문제를 해결하는 데 많은 변화를 일으키지 못했기에, 위기감을 조장하는 것이 아니라 우주적 사랑이라는 집단적 노력을 통해 자연에 대한 깊은 이해와 생명 존중을 실현해나가야 한다.

인간의 책임감을 일깨우고 우주의 장엄함을 인식할 수 있도록 인식의 전환이 요구된다. 그래서 기독교는 생명 공동체의 상호 관계성을 주장하며 복잡한 관계, 즉 상호 의존으로 연결된 지구 생명 공동체에 대한 의식을 강조한다. 상호 의존의 관계성에 대한 깊은 이해는 개별적 인간 구원과 더불어 모든 만물이 회복되는 하나님의 창조적인 구원을 더욱 기대하게 한다. 이제까지 기독교가 인간 개별의 영적인 구원에 초점을 두어왔다면, 지금은 모든 것을 살리는 하나님의 창조적 구원에 더욱 관심을 두어야 할 때다. 그래서 생태 여성 신학자 맥페이그는 여러 은유들을 통해 '희생적 구원(sacrificial redemption)'에서 '구원적 창조(redemptive creation)'로의 생각의 전환을 주장하는 것이다.

지나친 인간 중심주의 반성하기

이제 창조 질서를 파괴하는 지나치게 인간 중심적인 잘못된 휴머니즘의 사고는 극복되어야 하며, 이기적인 생각은 돌이켜 반성해야 한다. 현재 생태계 전반에 걸쳐 만연해 있는 생명 파괴의 문화에 저항하며, 지구 행성 위의 모든 존재로 사랑을 확대해야 한다. 생태 여성 신학에 의하면, 모든 것이 알게 모르게 얽혀 있는 이러한 존재 구조 속에서 인간은 더 이상 존재의 피라미드에서 제일 꼭대기에 있지 않고, 그저 상호 관계 속에서만 살아남을 수 있는 미미한 존재다. 이제 인간의 멸종 그리고 인간이 존재하지 않는 세상도 상상 불가능한 것이 아니게 되었다. 인간이 스스로를 만물의 영장이라 생각하며 지배자의 자리에서 자연을 함부로 대해온 것은 깊이 반성되어야 하며, '나는 생각한다. 고로 존재한다'고 하는 근대의 인간 중심적 자기 이해는 정말 합리적 · 보편적 · 객관적 사고에 바탕을 두고 있는 것인지 재고되어야 한다. 지배-피지배의 패러다임을 넘어 인간은 생각하는 존재 그 이상의 존재의 의미를 드러내며 더불어 사는 지혜로 지구 생명을 지켜내야 할 것이다. 근대주의의 인간 중심적 휴머니즘을 넘어 지구 행성(planetary)의 사랑을 실천해야 한다는 것이다.

인류가 세상에 존재한 것은 지구 전체 생명의 긴 역사에 비하면 아주 짧다고 한다. 그러나 인간은 아주 빠르게 변화해왔고, 현재는 기계와 결합하며 스스로를 새로운 종으로 진화시키고 있다. 약 60년 전에 이미 등장한 인공 지능 기술은 현재 초국가적인 자본과 결합하며 더욱 급속하게 변화 · 발전하고 있고, 어쩌면 머지않아 주문형 혹은 맞춤형 인간이 등장하여 자연 인간과 계층을 이루고 살게 될지도 모를 일이다. 사실 지구 생명 공동체의 위험은 인공 지능 기계의 등장이 아니라, 오래전 인간이 스스로를 세상의 중심으로 놓으며 세상을 지배하려 했던 시도들에서 이미 시작되었다고 할 수 있다. 다시 말해 현재 지구가 당면한 위기는 40억 년 전 지구 생명체가 등장한 이후로부터 한참이 지난, 고작 4만 년 전에 탄생한 현생 인류에 의해 행성이 파괴되며 일어난 일이라고 할 수 있다. 이제 더 늦지 않게 모두 함께 반성하며, 지금 겪는 위기야말로 이러한 잘못된 삶에서 돌이킬 수 있는 마지막 기회라는 것을 인식해야 할 것이다. 인간을 사랑한다는 휴머니즘이 인간 중심의 이기주의가 되지 않기 위해 존중과 사랑을 확대해서 실천해야 한다.

작은 실천을 통한 구체적 변화 만들기

인간의 잘못으로 인한 현재의 위기 가운데서 이제 인간은 '공생할 것인가, 공멸할 것인가'를 선택해야 한다. 매 순간이 생사의 갈림길이 되는 위기의 상황에서 자연과 인간, 그리고 인간 서로서로가 공존하며 살아갈 수 있는 길을 선택해야 할 것이다. 동양적 사고에 의하면 자연은 신적 질서 안에 있고, 이미 발생과 창생을 그 특징으로 하는, 만물의 근원적 바탕이다. 자연은 인간의 생명 유지를 위해 존재하는 배경이나 환경으로 대상화되어서는 안 되며, 그 자체로서 존재의 의미가 있다. 인간은 자연에 대해서 위계적인 지배자의 위치에 있지 않다. 오히려 인간은 자연과의 의존 관계 속에서만 살아남을 수 있는 미미한 존재다. 현재의 죽임의 현실에서 살림의 영성을 깨우치며, 일상에서 텀블러 사용하기, 에어컨 사용 줄이기, 비닐봉지 사용 안 하기, 종이컵 사용 안 하기, 샤워 빨리 하기, 대중교통 이용하기, 장바구니 사용하기 등을 실천하고 기꺼이 불편을 선택할 수 있어야 할 것이다. 인간의 책임감, 미래에 대한 희망, 지속 가능한 지구 공동체에 대해 영성으로 깨우치고 실천해나가는 것이 기독교의 가르침이자 생태 여성 신학의 내용이다.

말하자면 지구 온난화 현상을 막기 위해서는 자가용을 덜 타고 대중교통을 이용하여 이산화탄소 배출량을 줄여야 한다. 하지만 사람들은 탄소 배출량을 줄인다며 옥수수 곡식을 태워 매연 없는 그린 에너지를 생산하려 한다. 지구상 어딘가에 곡식이 없어 굶주리는 사람이 있는데 곡식을 태우는 것은 생태 정의에 어긋나는 일이며, 생태 영성을 통해 깊이 깨달아 뉘우쳐야 하는 일이다. 또한 소의 트림에서 많이 나온다는 메탄가스는 온실가스 효과의 심각한 주범이라고 알려져 있다. 그러나 사람들은 소고기를 덜 소비할 생각은 하지 않고, 메탄가스가 거의 나오지 않는다는 캥거루 위에 주목하여 소에 캥거루 위를 이식할 궁리를 하며 끊임없이 육류에 집착한다. 최근에는 소와 돼지 육류 소비가 늘어나면서 동물 사료로 사용되기 위한 많은 곡식이 특히 중국과 인도 등으로 대거 빨려 들어가고 있다고 한다. 고기 한 줌을 얻기 위해 그 10배 이상의 많은 곡식을 가축 사료로 소비하는 것은, 먹을 것이 없어 진흙으로 배를 채워야 하는 사람들을 위해 다시 생각해봐야 할 일이다. 육류 소비에 대한 지나친 집착은 열대 우림의 삼림을 베어내고 그 땅에 소를 사육하게 하며, 땅과 물을 오염시키고 생태계를 파괴한다. 더 많이 소비하는 것은 잠시 부유하게 보일지 모르지만, 실은 더욱 가난해지는 일인 것이다. 삶에서 구체적인 작은 실천들이 시작되어야 할 것이다.

5. 지구 공동체의 위기와 기독교의 종말 사상

생명 파괴의 문화와 세상의 끝에 대한 이해

2018년 한 명품 브랜드는 가을/겨울 패션쇼에서 미국의 문화 비평가 도나 해러웨이(Donna Haraway)의 철학 사상을 주제로 하여 특별한 컬렉션을 선보였다. 기괴한 소품들, 소재와 형태가 특이한 옷들을 선보이며 모델들은 실험실을 재현한 세팅에서 런웨이를 했다. 자연, 인간, 기계의 경계가 모호하고 생명 파괴가 일상이 된 현재의 죽임의 문화 한가운데서 미래를 내다보는 해러웨이의 사상을 모티브로 한 패션쇼였다. 이제 지구 생태계의 문제는 인문학과 기독교 신학, 그리고 그 외의 모든 학문 분야가 함께 관심을 두는 분야가 되었다. 해러웨이의 특이하고 긴 제목의 책 『겸손한_목격자@제2의_천년.여성인간©_앙코마우스™를_만나다: 페미니즘과 기술과학(*Modest_Witness@Second_Millennium.FemaleMan©_Meets_OncoMouse™: Feminism and Technoscience*)』(1997)은 이러한 현재의 생명 파괴 문화를 비판하며, 저작권 표시(©)와 상품등록 표시(TM, 트레이드마크)를 통해서 생명이 조작되고 거래되고 파괴되는 현실을 분석하며 비판하고 있다. '앙코마우스'는 종양학에서 인간이 암을 정복하기 위해 암 유전자를 지닌 쥐를 특허 내며 상품으로 만든 것으로, 트레이드마크가 붙어 있다. 해러웨이가 분명히 지적하는 것처럼, 이러한 생명 파괴, 생명 조작의 위기 상황에서 묵시는 결코 현재 문제의 해결 방안이 될 수 없다. 다시 말해 막연히 인간은 구원되고 자연은 불덩이에서 파괴될 것이라는, 그래서 세상의 끝에 해결이 있을 것이라는 생각은 게으르고 잘못된 생각이라는 것이다. 기독교의 세계관, 종말관, 세상의 끝에 대한 이해는 오히려 현재의 생명의 위기, 생태계의 파괴 가운데서 모든 것이 창조의 질서를 찾아가는 희망을 내포하고 있다.

종말, 끝이라는 시간에 대한 기독교 이해

세상의 끝에 대한 관심은 인류 역사 속에서 지속적으로 있어왔고, 특히 오늘날과 같이 위기의식이 팽배한 시기에는 어김없이 등장해왔다. 기독교의 종말 사상, 즉 세상의 끝에 대한 이해는 단순하게 '파국적 묵시(apocalypse)'를 통한 소수의 구원 같은 것에 궁극적 해결이 있을 것이라고 안일하게 주장하지는 않는다. 기독교의 경전 구약성서에 나오는 이사야의 글에서 보듯이 사자와 어린 양이 함께 뛰어놀 수 있는(이사야 11:8-9) 불가능의 가능성을 꿈꾸며, 그러한 미래가 현재에 도래하도록 현재를 변화시키기 위해 노력하는 것이 기독교의 종말 사상이다. 기독교의 경전에서, 특히 히브리 유대교의 예언자 사상에서 파괴는 궁극적인 목적이기보다는 이스라엘 백성을 회개하게 하는 경고라고 이해할 수 있다. 따라서 기독교의 종말 사상은 싸매고 고쳐주는 치유의 의미도 포함하고 있고, 또한 현재의 변화, 현실 변혁의 의지에도 보다 초점을 두고 있다고 볼 수 있다.

이탈리아의 철학자 조르조 아감벤(Giorgio Agamben)이 지적하듯이 기독교의 관심은 '시간의 끝(the end of time)'이 아니라 끝을 향해 달리는 현재의 시간, 즉 '끝이라는 시간(the time of the end)'이 갖는 현재적 의미다. 즉 아감벤에 의하면, 현재의 고통과 절망의 상황을 견뎌내며 현재를 변화시켜 보다 세상을 지속 가능한 곳으로 만들고자 하는 것이 기독교의 종말에 대한 이해라고 볼 수 있다. 기독교의 이러한 종말 사상에 관심을 두었던 바울은 이러한 관점에서 당시 로마 제국의 세계화에 저항하며, 보이지 않는 것을 바라고 희망하라고 주장한다.

한마디로 정리하자면, 생명이 파괴되고 거래되고 조작되는 21세기 현재 하나님의 정의는 모든 생명에게 골고루 이익이 되는 생태 정의를 통해 실현되어야 한다. 다시 말해 경제적 가치 창출을 통한 이익을 인간이 골고루 나누는 분배의 정의도 중요하지만, 그 이상으로 자연 안의 모든 생명이 균형을 이루며 함께 이익을 나눌 수 있도록 정의를 이루어야 한다는 것이다. 이제 현재의 위기 가운데서 인간은 늘 지배자의 위치에 있었던 자신을 돌아볼 기회가 생겼고 인간 중심주의를 반성할 기회가 주어졌다. 땅, 물, 대기를 포함한 생태계 전체를 돌아보며 겸손하게 이제까지의 자연에 대한 지배 행위를 돌이켜보아야 한다. 현재 오염된 대기와 기후 변화의 위기는 땅과 물, 자연의 생명이 파괴되고 있음을 알리며 지구 파괴의 심각성을 경고하고 있다. 공기, 물, 흙의 오염과 그로 인한 지구 생명 공동체의 위기가 임계점에 이르렀음을 알리고 있는 것이다. 이제 뒤늦게 인간 중심의 세계를 돌아보며 지금까지 갖고 있었던 잘못된 세계관을 반성할 수 있는 기회가 주어졌다. 현재의 위기에 대한 근본적 해결은 위기에 대한 공포를 통해서가 아니라 자연에 대한 존중과 사랑으로써 이루어낼 수 있다. 이러한 상황에서 무기력하게 세상의 끝을 기다리는 것은 올바른 종교인의 태도가 아니다. 신약성서의 비유가 의미하는 것처럼, 하나님의 통치가 이루어지는 종말은 "잃은 양과 동전을 적극적으로 찾아 맞게 되는 기쁨의 현실"이지 수동적으로 기다려서 맞게 되는 끝이 아니다.

지구라는 푸른 별 행성에 대한 인간의 책임

이제 우리는 겸손하게 현재의 위기에 대해 책임감, 즉 '반응할 수 있음(response-ability)'의 태도를 지니고 구체적으로 실천해나가야 한다. 생태학자 최재천에 의하면, 인류가 세상에 등장한 시기는 지구 전체 생명의 역사를 두 팔의 뻗은 길이로 볼 때 그저 손톱 정도의 길이에 해당하는 아주 짧은 기간이라고 한다. 역사의 끝에 등장했지만 빠르게 변화하며 인간은 소위 '안트로포스(anthropos)'로서 스스로를 중심에 놓고 만물의 영장으로 여겨왔던 것이다. 프랑스 철학자 자크 데리다(Jacques Derrida)에 의하면 안트로포스, 즉 완전한 기능을 가진 물리적 신체에 거주하는, 이러한 기준이 되는 추상적 보편으로서의 인간은 없다. 인간은 더 이상 존재 피라미드의 꼭대기에 있지 않으며, 하나가 아프면 모두가 아픈, 알게 모르게 모든 것이 얽혀 있는 존재 구조 속에 있을 뿐이다. 이러한 현실을 인식하고 인간 자신을 돌아보며 자연에 대한 존중과 경외의 마음을 가져야 할 것이다.

현재 인간이 이루어놓은 기계 문명은 거대 자본과 맞물려 돌아가며 오랜 기간에 걸쳐 쌓인 에너지원들을 순식간에 바닥내면서 지구 생명을 파괴하고 있다. 지구를 농구공에 비유한다면 인간의 생명권은 농구공에 칠해진 페인트 두께 정도밖에 안 된다고 하는데, 바로 그 얇디얇은 층이 미처 회복될 시간도 없이 닳아 없어지고 있는 것이다. 잘 알고 있듯이 현재의 자본주의 경제 시스템은 소박한 삶의 가능성을 일찌감치 차단해 버리고, 마치 팍스 로마나 제국의 질서가 당시의 촌락 공동체를 파괴했듯, 나누는 삶 혹은 살림의 문화를 불가능하게 하고 있다. 더 많은 자원과 에너지를 확보하려고 하는 욕심, 욕망, 탐욕, 이기심이 결국 오염, 파괴, 전쟁을 야기하고 있는 것이다. 지구 전체가 위기에 놓인 현재 상황에서 공존의 길이 아니면 따로 생존의 길은 없다. 인간 중심적 사고를 넘어 생태 중심으로 보다 큰 생명을 생각하며, 통 큰 우주적 살림살이를 실현해야 할 것이다. 죽임의 문화에 맞서 생명(生命), 말 그대로 '살라고 하는 명령'을 새기며 살림의 현실을 이루어야 한다.

제13장

기독교와 여성, 페미니즘

1. 페미니즘은 기독교의 적인가

페미니즘 리부트

우리나라에서 사상으로서의 페미니즘(feminism)은 이미 1970년 이후 대학 사회를 중심으로 꾸준히 소개되었다. 그러나 페미니즘이 하나의 문화 현상으로 대중화된 것은 최근의 일이다. 바야흐로 '페미니즘 리부트'다. "소녀들은 뭐든 할 수 있다", "우리에겐 왕자가 필요 없다" 주로 젊은 여성들(영 페미니스트)을 중심으로 한 주체 선언이 온라인과 오프라인을 뜨겁게 달구고 있다. '디지털 성폭력에 대한 저항', '미투(MeToo)' 운동을 비롯하여 오랜 세월 '문화적 당연'이었던 여성 혐오와 폭력에 대해 이를 '죄'로 명명하며 예방을 위한 집단 움직임이 활발하다. 이를 지켜보며 페미니즘에 비판적인 사람들은 왜 하필 지금이냐고 비아냥거린다. 여성 억압으로 말하자면 우리의 할머니와 어머니 세대가 더 심각하지 않았느냐는 반문이다. 그러나 사회학적으로 분석하자면 이는 너무나 당연한 현상이다. 저항은 세계와 자기 해석 사이의 간극이 클 때 고조되는 법이기 때문이다. 현재 페미니즘의 부상은 역설적으로 가부장제적 작동 방식과 전제가 약화되었다는 것을 시사한다. 오늘날의 후기 근대(late-modern) 사회는 '여성'으로 길러지기보다는 재능과 전문성을 가진 근대 주체로 교육받은 여성들로 가득 차 있다. 그런데 전(前)근대로부터 근대화 과정을 거쳐 후기 근대까지의 진행이 불과 한 세기를 넘기지 않은 우리 사회의 특수한 환경은 '여전히' 가부장제적인 제도, 가부장제적인 사고를 가진 기성세대와의 충돌을 극대화시킨다. 페미니즘의 대중화는 그래서 지금일 수밖에 없다.

영 페미니스트들의 '미러링' 전략과 보수적 기독교의 '카운터' 운동

젊은 페미니스트들이 가부장제적 인식과 행동에 대항하기 위한 방법론으로 사용하는 것 중 가장 대표적인 것이 '미러링(mirroring)'이다. 미러링은 남성 중심의 사회에서 만연하던 여성 비하, 행동에 대한 제한 등이 담긴 말들을 그대로 반사하여 남성들에게 돌려주는 정치적 행위다. "남자 목소리가 어디 담을 넘어?", "수탉이 우는 걸 보니 집안이 망하겠군", "남자가 조신하게 집에나 있을 일이지"와 같은 방식이다. 그러나 이러한 미러링을 통해 남성을 또 하나의 혐오 대상으로 응시하고 젠더 간 전쟁 상태를 궁극적 도착지로 여기는 페미니스트는 많지 않다. 미러링은 생활 언어가 아니라 전략적 언어로서 가부장이 모든 의사 결정권을 지녔던 시절에 형성된 언어와 행동이 얼마나 여성 억압적이었는지를 드러내는 것을 목적으로 한다.

그러나 하나의 이데올로기로 고착된 종교적 신념은 이러한 도전 앞에서 가부장제적인 자신을 돌아보고 성찰하는 일에 가장 큰 걸림돌이 된다. 문화적 관성은 제도가 바뀌면서 힘을 잃고 점점 사라지기 마련이지만, 종교적 신념은 오히려 그 반대로 강화되는 경우가 많다. 제도가 신념을 받쳐주지 못할 때 강한 신념에 사로잡힌 사람들은 오히려 하나의 운동성을 띠며 더욱 보수화되기 때문이다. 오늘날의 기독교인들 가운데도 이러한 양상이 보인다. 전근대 시절에 형성된 성서 텍스트를 문자적으로 직접 가져오거나 가부장제적 전통을 신적 질서로 신앙 고백하면서 페미니즘을 '반(反)하나님적인 사상'으로 규정하는 사례들이다. '기독교의 나라' 미국에서는 이미 1980년대 이래 '도덕적 다수(moral majority)', '언약 수호자(promise keeper)' 등 반(反)페미니스트적 입장을 분명히 하는 기독교 운동들이 등장했고, 우리나라의 경우도 21세기 들어 이러한 움직임들이 더욱 집단화되고 가시화되고 있는 실정이다.

가톨릭 가부장제의 여성 혐오

기독교 신앙을 근거로 하는 반(反)페미니스트적 목소리가 커지다 보니 페미니즘 진영에서도 기독교에 대해 회의적인, 나아가 적대적인 사람들이 생겨났다. 탈기독교(post-Christianity) 페미니스트 메리 데일리(Mary Daly)는 일찌감치 기독교 전통과의 '절연'을 선택했다. "기독교 경전 안에서 여성 해방의 근거를 찾는 것은 흑인이 KKK단 안에 들어가 인종이 평등하다는 근거를 찾는 것만큼 어렵다"는 선언을 하고 제도 종교로서의 기독교를 떠나가 버린 것이다. 기독교 역사가 진행되는 지난 2,000년 동안 '전원' 남성이었던 사제들의 여성 혐오는 그야말로 도를 넘었던 것이 사실이다. 기독교 전통 안에서 여성 해방적인 내용을 찾는 것보다 여성 혐오적인 본문을 찾는 것이 오히려 쉬운 일이었다.

초대 교부 중 평화 신학에 위대한 공헌을 한 것으로 평가받는 테르툴리아누스(Tertullianus)의 경우, 그의 평화로운 자애심은 여성에게까지 미치지 못했다. 생명수의 봉인을 뗀 하와의 죄는 대를 이어 건네지는 것이고, 따라서 모든 여성들은 '악마의 유혹에 넘어가 자신은 물론 하나님의 형상인 남자를 망가뜨린' 첫 여성의 죄로 인해 평생 살면서 비난을 받아야 한다고 설파했다. 후대에까지 신앙적 영향력이 큰 기독교 지도자 아우구스티누스도 '신적 권위'를 담아 여성 혐오가 명백한 말과 글을 남겼다. 전근대의 가부장제적인 주인-노예 프레임을 적용하여 '남자는 주인이고 여자는 노예임'을 천명하면서 이것은 신이 그렇게 원하셨던 것이라고 주장했다. 나아가 여자의 창조 목적에 대해서 부정적인 평가를 하며 오직 재생산 기능만을 소극적으로 인정했다. 가톨릭 역사를 돌아보며 남성 사제들이 여성을 어떻게 응시하고 평가했는지를 연구한 역사학자 기 베슈텔(Guy Bechtel)에 따르면 전근대의 가부장제 아래 여성은 창녀, 마녀, 바보와 같이 부정적으로 범주화되었다 한다. 유일하게 남성 사제들이 긍정한 범주는 '성녀'였는데, 이는 금욕적 교리에 사로잡혀 여성의 성성(sexuality)에 대한 공포감을 가졌던 그들이 만들어낸 왜곡된 이상화의 결과였다.

개신교 가부장제의 여성 제한

신앙을 개혁하겠다고 '프로테스트'하며 나온 개신교의 경우엔 여성 응시의 시각이 진일보한 면이 없지 않았다. 종교 개혁의 상징적 인물인 루터는 자신의 아내 카타리나 폰 보라(Katharina von Bora)를 향하여 "나의 안주인"이라고까지 부르며 존중하는 모습을 보였다. 다른 개혁 신앙가들 역시 여성을 "돕는 배필", "영혼의 파트너", "하나님의 선물"이라는 낭만적인 호칭으로 명명했다. 교리 면에서 하나의 통일된 의견을 모을 수 없었던 다양한 종교 개혁자들이 유독 '여성의 소명'에 대해서만큼은 일치된 의견을 가졌다는 점이 흥미롭다. 하지만 그들이 하나님의 창조 질서라고 천명한 남편과 아내의 관계는 '존재론적으로는 평등하나 기능적으로는 위계적'이다. 이전에 주장하던 주종 관계는 탈피했으나, 남편과 아내는 머리와 심장, 혹은 그리스도와 교회 같은 관계라고 가르쳤다. 남편은 예수가 교회를 위하여 죽기까지 사랑한 마음으로 아내를 대하며, 아내는 교회가 예수 그리스도를 향하는 순전한 마음으로 남편에게 순종하는 것이 하나님이 정하신 관계적 질서라는 것이다.

이러한 종교 개혁 전통의 여성관은 페미니스트 이론가들이 소위 '온건한 가부장제'라고 부르는 근현대 가부장제와 친화성(affinity)을 드러낸다. 종교 사회학자 막스 베버(Maximilian C. E. Weber)가 『프로테스탄티즘의 윤리와 자본주의 정신(*Die protestantische Ethik und der 'Geist' des Kapitalismus*)』(1905)에서 분석한 바, 유럽에서 개신교가 발생하던 16세기 이후는 스스로의 생산 수단을 가지고 독자적인 생활이 가능했던 중산층 시민이 부상하던 시절이었다. 중산층 시민 남자의 아내들이 생산노동으로부터 자유로워지면서 등장한 '전업주부'라는 새로운 형태의 삶에 신앙적 근거를 제공해준 것이 개신교 윤리였다. 하여 개신교 신학자들은 시대의 필요에 부응하여 '신이 정하신 여성의 자리는 가정이요, 창조 질서로부터 유래한 여성의 소명은 내조와 육아'라고 강조했다. 개혁가들과의 식탁 토론을 모아 엮은 책 『탁상 담화(*Table Talk*)』(1566)에서 루터는 아내를 성적 타락의 길로 가지 않기 위해 필요한, 그리고 가정을 하나의 소명 공동체로 만들어가는 데 필요한 '보조자'로 묘사했다. '음행을 막아주는 방파제'요 '가정의 꽃과 장신구'로서 남편에게는 즐거움을, 집을 위해서는 편리함을 주는 존재로 말이다.

금욕을 '경건'으로 해석하고 성성을 억압하면서 뒤로는 퇴행적 성행위가 만연했던 중세 말기의 상황을 고려한다면, '결혼'을 하나의 소명으로 주장한 개혁 신앙인들의 맥락은 충분히 이해가 간다. 이를 자신의 신앙

선택으로 받아들인 여성들의 실천도 당시로서는 해방적이고 주체적일 수 있었다. 그러나 이것이 모든 여성의 길은 아님에도 개신교 여성 담론이 신적 권위를 힘입어 제한하고 고착화한 '여성의 소명'은, 오늘날 수많은 젊은 여신도들로 하여금 '내가 되는 길'과 '여성이 되는 길' 사이에서 분열을 경험하게 만들고 있다.

2. 기독교 경전과 전통의 페미니스트적 원천

문제가 되는 것은 기독교 경전과 전통에 대한 가부장제적 해석이지 신적 메시지(계시) 자체가 아니다. 유일신 하나님을 고백하는 기독교인들에 따르면 신은 결코 특수 집단의 유익만을 위해 계시하지 않는다. 세상 만물을 만드신 창조자가 어찌 배제하거나 혐오하는 생명이 있겠는가. 비록 가부장 사회에서 남성으로서의 유한성을 가진 자들이라고 해도 신적 체험과 신앙 고백을 통해 적어낸 본문이라면 시간과 공간을 '초월'하고 모든 생명을 '보편'적으로 품는 메시지가 있기 마련이다. 하여 기독교 경전과 전통 안에서 페미니스트적인 원천을 찾고 재해석 · 재구성하려는 노력이 있어왔다. 아니, 실은 경전 안에 기록된 여성들의 삶 자체가 '이미' 신앙에 근거한 주체적이고 해방적인 삶을 증거하고 있다.

기독교 페미니즘의 패러다임들

앞서 언급한 탈기독교 페미니즘은 '기독교'의 범주와 정체성을 어떻게 정의하느냐에 따라 이를 기독교 페미니즘 안에 포함시킬지의 여부가 결정될 수 있을 것이다. 지금까지의 제도화된 전통 안에 있어야만 기독교 페미니즘이라고 한다면 데일리를 비롯하여 캐롤 크리스트(Carol Christ)

등의 여성 신학자들은 기독교 페미니스트의 범주에 들 수 없을 것이다. 더구나 데일리는 1975년을 '여성들의 해(anno feminarum: AF)'라고 선포하면서 이전까지의 가부장제적 기독교 역사와 전통은 물론 남성들과 함께하는 교회와도 절연했다. 그러나 이들은 무신론자가 아니다. 여성들의 삶 가운데서 역사하는 '동사(verb)로서의 하나님', 즉 여전히 역동적으로 움직이는 신을 신앙 고백하면서 여성들의 언어와 상징으로 종교심을 이어가고 있다. 이 입장은 여성들의 종교 경험을 중심으로 하기 때문에 다른 종교 전통의 여성적 신(神) 체험을 존중하는 경향이 있다. 이런 까닭에 이 입장을 유일신 하나님을 고백하는 기독교 신앙의 연속성으로 볼 것인가는 신학적 입장에 따라 논쟁의 여지가 있을 수 있다.

이들을 제외하더라도 기독교 페미니즘은 크게 세 가지 패러다임으로 진행되고 있다고 본다. 첫 번째 입장은 로즈마리 류터, 레티 러셀(Letty M. Russell), 필리스 트리블(Phyllis Trible)로 대표되는 '재해석'의 입장이다. 이들은 기독교 경전의 권위를 인정하면서도 그동안 남성 중심으로 선별되고 선택되어온 해석에 문제를 제기하며 여성의 경험과 시각을 통해 성서 본문과 전통을 새롭게 해석하는 시도를 한다. 예를 들어 류터는 『가이아와 하느님(*Gaia & God: An Ecofeminist Theology of Earth Healing*)』(1992)에서 엄격한 통제의 근거로 작용했던 계약법 전통만을 강조한 남성 중심적 신학을 비판하고, 성서 안에 이미 존재하지만 강조되지 않았던 전통, 즉 자연 안에 존재하는 신성을 찬양하는 성례전(聖禮典) 전통을 살려내는 생태학적 여성 신학을 주장했다. 그러나 이 입장의 기독교 페미니스트들은 이미 주어진 성서 텍스트 자체의 권위에는 도전하지 않는다는 점에서 다른 여성 신학자들로부터 '신(新) 정통주의자'라는 비판을 받기도 한다.

두 번째 입장은 주어진 성서와 전통이 지난 2,000년 동안 기독 여성들의 삶의 실재를 제대로 반영하지 않았다는 비판적 의심에 근거하여, 왜곡되거나 가려진 여성 해방적 본문과 전통을 역사적 상상력을 동원하여 다시 살려내는, 또는 새로운 여성 경험에서 '재구성'하는 작업을 시도한다. 엘리자베스 피오렌자(Elizabeth S. Fiorenza), 카터 헤이워드(Carter Heyward), 엘리자베스 존슨(Elizabeth Johnson) 등의 학자가 대표적이다. 예를 들어 피오렌자는 『크리스찬 기원의 여성 신학적 재건(*In Memory of Her: A Feminist Theological Reconstruction of Christian Origins*)』(1983)이라는 책에서 가부장들이 감춘 예수의 여성 제자들의 실제적 삶과 초기 공동체 안에서의 영향력을 추론했다. 헤이워드는 그동안 남성 신학자들에 의해 혐오와 열등, 불경건의 지표로 여겨져온 성성의 신적 권위를 피력하면서 '에로틱한 힘으로서의 하나님(God as erotic power)'을 설파했다. 제도적으로 고착된 불평등을 극복하는 문제도 페미니스트들의 주요 의제인데, 사회주의적 비전과 기독교 신앙과의 접목 속에서 이 과제를 수행한 대표적인 학자로 도로테 죌레(Dorothee S. Sölle)와 비벌리 해리슨(Beverly W. Harrison)을 들 수 있다.

세 번째 입장은 과학 발전으로 인해 빠르게 변화하는 세계 안에서 포스트휴먼 담론과 조우하며 '정체성' 문제를 재고하는 페미니스트들이다. 가장 최근의 시도로서 대표적 신학자인 캐더린 캘러(Catherine E. Keller)는 그동안 기독교 전통에서 절대적이었던 초월자로서의 신 이해를 대체해 '심연(히브리어로 '테홈[Tehom]')'을 만물 창조의 근원으로 주장하면서, 포스트휴먼 시대의 인간, 신, 자연의 경계와 존재 방식에 대한 새로운 신학적 사유를 전개했다. 이는 여성적 경험과 상징을 강조하는 이전의 시도와는 구별이 되는 지점이다. "신만이 아니라 여신도 죽었다." 테크노(사이보그) 페미니즘을 주장하는 해러웨이의 유명한 선언이 이 입장과 만난다. 계속해서 형성되고 다른 존재와 얽히면서 만들어져가는 제3의 정체성에 대한 신학적 논의는 근대적인 남성/여성의 날카로운 이분법적 경계를 넘어서고 있다는 점에서 '여성'을 주요한 정체성의 주체이자 경계로 삼고 있는 두 번째 입장과 다르다.

"여자도 사람이다" 태초에 페미니즘이 있었다

이와 같이 기독교 페미니즘 안에도 다양한 패러다임이 있지만, 여기에서는 기독교적 정체성 면에서 비교적 광범위한 설득력을 가지는 '재해석'과 '재구성' 입장에 입각하여 기존의 성서 본문들을 살펴보려고 한다. 흔히 페미니즘을 정의하기를 '여자도 사람이라는 급진적인 주장'이라고 하는데, 이를 그대로 적용한다면 창세기 1장은 명백히 '페미니스트' 텍스트다.

> 하나님이 당신의 형상대로 사람을 창조하셨으니 곧 하나님의 형상대로 사람을 창조하셨다. 하나님이 그들을 남자와 여자로 창조하셨다(창세기 1:27).

그러니까 하나님은 처음부터 여자를 사람으로 지으셨다는 것이 유대-기독교인들의 신앙 고백이다. 고대 근동의 다른 창조 내러티브와 비교한다면, 사람이 하나님의 형상으로 지음 받았다는 것은 당시의 군주제와 신분제를 뛰어넘는 보편 계시의 특성을 지닌다. 고대 근동에서 왕은 자신을 '신'과 동일시하고 백성들을 '인간'이라고 칭하면서, 인간이 신을 위한 노역을 하도록 지음 받았다는 신화 내러티브를 통해 노동력 착취를 정당화했다. 그런데 창세기 내러티브에서 사람은 모두가 신의 형상으로 고백된다. 더구나 가부장제가 만연하던 전근대 사회에서 재생산 도구이자 재산으로 여겨지던 여성을 남성과 마찬가지로 사람인 동시에 '하나님의 형상'이라고 인정한 것은 당시의 시대적 전제를 뛰어넘는 보편 선언이라고 할 수 있다.

물론 창세기 2장에 연이어 나오는 남자와 여자의 '분리' 내러티브를 해석하면서 기독교 전통의 수많은 가부장들이 이를 여자의 종속성과 보조적 위치를 정당화하는 본문으로 삼아오기는 했다. 해당 장면에서는 하나님께서 아담이 혼자 있는 것을 좋지 못하다고 여기시면서 잠이 들게 하고 아담의 옆구리에서 꺼낸 질료로 여자를 만든다. 그런데 이 본문의 수많은 번역본이 히브리어 '아담(Adam)'을 '남자'라고 번역하고 있다. 그러나 이는 명백히 남성 중심적 해석의 오류다. 히브리어로 아담은 중성명사 '사람'을 뜻하기 때문이다. 그런데 이러한 남성 중심적 혼용은 비단 해석에만 제한되지 않는다. 창세기 2장 이후로는 성서 저자들 역시 아담과 남자를 혼용하여 사용한다. 영어로 '맨(Man)'이 '휴먼(Human)'을 대표해온 가부장 사회의 오랜 관행과 이유가 같다.

그러나 성서 본문에서 깊이 잠든 아담은 남자가 아니라 사람이다. 그러니까 '여자'가 사람(아담)으로부터 분리되어 나왔다면, '남자'는 여자가 분리되는 순간에야 비로소 존재하게 된 것이다. 더구나 여자는 아래도 아니고 위도 아니고 옆에서 분리되어 나왔다. '갈빗대'로 번역된 히브리어 '첼라(chella)'는 산비탈의 옆 부분이라는 의미로도 사용된다. 힌두교의 카스트 제도를 정당화하는 신화에서 브라만 계급이 신의 입에서, 크샤트리아 계급이 신의 팔, 바이샤는 신의 넓적다리, 수드라는 발에서 나왔다고 묘사한 것과 비교해본다면 '옆구리에서 빼내었다'는 것의 의미가 분명해진다. 비로소 남자와 여자로 평등하게 마주보게 된 둘은 서로에게 '상응하는 파트너'가 되었다. 이에 해당하는 히브리어 '에제르 케네그도(ezer kenegdo)'를 직역하여 풀면 '그의 마주봄 같은 도움'이라는 뜻이다. 페미니스트 구약성서학자인 트리블은 '도움(에제르)'이라는 단어가 언제나 관계 안에서 설정된다는 것을 강조했다. 목마른 사람을 마주보면 물을 주는 것이 도움이고 추워하는 사람을 마주보면 담요를 가져다주는 것이 적절한 도움이듯, 서로를 마주보고 줄 수 있는 도움은 미리 정해져 있는 것이 아니다. 또한 도움이 상호적이려면 피차 주체로 서 있는 단독자라야 가능하다. 두 존재는 관계적이나 결코 종속적이거나 보조적이지 않다.

물론 기독교 경전은 여자를 동등하게 사람으로 응시하는 시절에 텍스트화된 것이 아니다. 하여 그 안에는 자료들을 모으고 기록하고 최종 편집한 남자들의 가부장제적 언어와 의도가 촘촘히 엮여 있다. 어쩌면 기독교 경전 안에서 여성 해방적 자료를 찾는 것은 한 사람의 몸 전체에서 '갈빗대 하나'를 취하는 것만큼이나 적은 분량일지도 모른다. 그러나 편집자 전원이 남성으로 이루어진 집단이 자신들의 기호와 의미만을 반영하여 만들어낸 텍스트에서도 여전히 살아남은 여성 해방 전통이 있다면 이는 무엇을 의미하는 것일까? 신적 기원을 갖는 메시지(계시)라면 결코 특수 집단을 옹호하는 내용일 리 없다. 즉 여성을 집안의 재산이요 재생산 수단쯤으로 여기던 가부장제 시절 한가운데서도, 신적 메시지에 고무된 여성들은 '사람'으로서 주체적이고 창조적인 자기의 삶을 살아낼 수 있었다는 것이다.

카리스마적 리더십을 가진 여인, 드보라

이집트를 탈출해 팔레스타인 지역에서 대안적 살림을 시작했던 이스라엘에는 여자도 공동체의 지도자가 될 수 있다는 사회적 · 신앙적 합의가 존재했다. 약 200년간 지속되었던 사사 시대에 공동체를 통치하는 리더십의 근거는 '야웨의 영'이었기 때문이다. 존재론적으로 특별한 가문(귀족)을 전면 부정했던 이들에게 우러러야 할 존재는 오직 '왕 되신 야웨'였다. 하여 이들은 인간-왕이 없는 제도를 신앙적 삶으로 선택했다. 아무리 탁월한 능력을 타고난 자라도 그가 자신의 통치권을 항구적으로 소유하고 아들 · 손자에게 대물림하기 시작하면, 이들이 그렇게

나 끔찍하게 싫어했던 이집트의 위계 질서가 자신들의 공동체에도 생길 것이라고 우려했기 때문이었다. 그래서 초기 이스라엘 공동체는 야웨의 영이 함께하는 사람들, 즉 '하나님이 부여하신 재능'을 소유한 이들의 인도를 따라 살았다. 그들이 '사사(士師)'다. 그러니 원칙상 사사는 성별 제한을 가질 수 없었다.

> 그때에 이스라엘의 사사는 랍비돗의 아내인 예언자 드보라였다. 그가 에브라임 산간 지방인 라마와 베델 사이에 있는 '드보라의 종려나무' 아래에 앉아 있으면, 이스라엘 자손은 그에게 나아와 재판을 받곤 했다(사사기 4:4-5).

드보라(Deborah)는 이스라엘 초기 공동체의 사사였다. 나무 아래 앉아 공동체의 송사 문제를 치리했다 하니 그녀는 필시 지혜와 판단력을 가진 여인이었을 것이다. 그녀의 남편 랍비돗(Lappidoth)은 어떤 성품의 남자였을까. 요즘에도 아내의 공적 활동을 '돕는' 남편이 드물거니와 당시라면 공동체 안에서 놀림감이 되기 십상이었을 일이다. 그러나 드보라의 리더십은 한 남자의 포용력이나 인내심만으로 가능했던 것이 아니다. 성별이 아닌 '하나님으로부터 온 재능'이라는 통치 정당성이 공동체 안에서 널리 인정되었기에 이스라엘 자손은 자발적으로 드보라에게 나아와 재판을 받았다고 볼 수 있다.

또한 이스라엘을 방어하기 위하여 전장에 임해야 했을 때, 드보라는 장수 바락(Barak)의 요청에 즉각 응한다. "내가 반드시 너와 함께 가리라." 그녀는 이스라엘 공동체를 향한 야웨의 임재를 상징하는 존재였기 때문이다. "나를 위하여 그 어떤 형상도 만들지 말라" 하셨던 야웨 하나님께서 유일하게 자신의 형상으로 인정한 존재가 바로 '사람'이다. 그리고 드보라의 언행은 당시의 이스라엘에 하나님의 능력을 신뢰할 만한

'형상'으로 보였다고도 해석할 수 있다. 이것은 드보라가 '신적 존재'라는 의미가 아니다. 모든 인간은 하나님께서 주시는 선물, 즉 카리스마를 받을 수 있고 이를 자신의 삶 가운데서 행사할 수 있다는 말이다. 물론 군림하고 착취하는 힘이 아니라 살리고 지키는 힘이다. 초기 이스라엘에는 드보라처럼 카리스마를 가지고 이스라엘을 섬긴 여성 지도자들이 많았을 것이다. 다만 충분히 기록되고 전해지지 않았을 뿐이다.

좋은 것을 선택한 여인, 베다니의 마리아

예수 당시 유대의 선생(랍비)들 사이에서는 이런 말이 유행했다. "여자들에게 율법을 가르치느니 차라리 돼지에게 던져라." 돼지는 이스라엘 사람들 사이에서는 매우 부정하게 여겨지는 동물이었다. 당연히 신의 계시가 아니다. 경전의 내용을 독점하려는 가부장들의 말이다. 그러나 예수는 당시 이러한 가부장제적 전제를 훌쩍 뛰어넘은 '페미니스트'였다. 하나님의 영과 동행하는 사람으로서 결코 편협함이 없었기 때문이다. 하여 예수가 해석하는 율법 내용을 듣기 위해 그의 앞에 앉은 베다니의 마리아(Mary of Bethany)를 향해 "그녀가 좋은 것을 택했다"(누가복음 10:42)고 하셨다.

예수는 단 한 순간도 여자를 편견 어린 시선으로 보지 않으셨다. 여자도 사람인데, 하나님의 영을 받을 수 있는데, 자신이 하고 싶은 일을 선택하는 것은 그의 몫이 아니겠는가. 하여 베다니의 마리아는 늘 예수의 메시지를 들었을 것이다. 그리고 예수의 메시아됨을 가장 정확하게 이해했다. 다른 제자들이 예수께서 말씀하시는 '하나님 나라'를 마치 세상의 정치체로 오해하고 그 나라가 성립되면 한자리를 하려 자리다툼을 하는 와중에, 베다니의 마리아는 정확하게 그 나라의 통치 질서를 꿰뚫었다. 그리고 모두가 사람으로 존중받는 평등한 나라를 외치시는 예수의 메시지가 누구에게 위협이 될지 짐작했다. 예수는 끝까지 타협하지 않으실 것이다. 하여 결국은 종교적 기득권을 지키려는 제사장들과 율법학자들에 의해 희생당할 것이다. 이런 생각에 베다니의 마리아는 다른 제자들의 비난에도 불구하고 귀한 향유옥합을 깨서 예수의 죽음을 예비했을 것이다.

이 사건은 필시 당시뿐만 아니라 초대 교회 공동체에서도 매우 중요한 일화였을 것이다. 각자의 신학적 견해와 공동체적 요구 속에서 자료를 취사선택했던 4명의 복음서 기자들이 모두 이 사건을 기록한 것을 보면 말이다. 그러나 마태(Matthew)와 마가(Mark)는 이 여인의 이름을 가리고, 누가(Luke)는 자신의 신학적 이유 때문에 졸지에 그녀를 '죄 많은 여인'으로 둔갑시켰다. 반면 요한은 베다니의 마리아가 한 행동과 의미를 정확히 밝혔다.

> 유월절 엿새 전에, 예수께서 베다니에 가셨다. 그곳은 예수께서 죽은 사람 가운데에 살리신 나사로가 사는 곳이다. 거기서 예수를 위하여 잔치를 베풀었는데, 마르다는 시중을 들고 있었고, 나사로는 식탁에서 예수와 함께 음식을 먹고 있는 사람들 가운데 끼어 있었다. 그때에 마리아가 매우 값진 순 나드 향유 한 근을 가져다가 예수의 발에 붓고, 자기 머리털로 그 발을 닦았다. 온 집 안에 향유 냄새가 가득 찼다(요한복음 12:1-3).

다른 복음서 기자들은 왜 그녀의 이름을 가렸을까? 아니, 가장 늦게 쓰인 요한복음서 기자는 왜 기어이 그 이름을 밝혔던 것일까? 페미니스트 성서 읽기 방법론으로 '의심의 해석학'을 제시하는 피오렌자는 베다니의 마리아가 초기 기독교 공동체 안에서 가졌던 위상이 컸기 때문에 남자 제자들과의 알력과 견제가 있었을 것으로 추측한다. 그가 말씀을 전하는 권위 있는 전도자가 아니었다면 굳이 그의 이름을 가릴 필요가 없었을 테니까. 그러니까 베다니의 마리아는 얌전하게 앉아서 예수의 말씀을 '듣기만' 한 여성은 아니었다. 예수가 부재한 초기 기독교 공동체에서 어느 누구보다도 권위 있는 말씀 전도자였을 것이다. 피오렌자는 요한이 마리아와 같은 공동체의 일원이었을 것으로 보고 있다. 그래서 남성 지도력을 강조하는 다른 제자들이 애써 가린 이름을 소환해냈다는 것이다.

베다니의 마리아가 온전히 이해한 '고난받는 메시아'의 길을 다른 제자들은 깨닫지 못했다. 그러고 보면 예수의 수제자는 베드로가 아니라 마리아였을지도 모르겠다는 '합리적 의심'이 든다. 이 장면은 오늘날의 시선에서 여자가 남자의 발에 향유를 부었다고 발끈할 일화가 아니다. 예수는 마리아의 행동을 보며 이 일이야말로 복음이 전파되는 곳곳마다 전해져야 한다고 말했다. 마리아의 이름을 가렸던 마가와 마태마저도 예수의 이 당부는 본문에 남겨놓았다. 그만큼 중요했다는 의미다. 그렇다면 모두가 증거하는 예수님의 이 당부를 제자들은 왜 지키지 않았을까? 이러한 '제거'의 흔적은 역설적으로 초대 기독교 교회 공동체에서의 여성들의 위치와 활약을 엿볼 수 있게 한다. 베다니의 마리아만이 아니다. 예수의 십자가를 지켰고 부활의 첫 증인이 되었던 막달라 마리아(Mary the Magdalena)는 이후 어떤 삶을 살았을까? 실제로 초기 기독교 공동체의 성립과 확산 과정에서 여성 제자들의 역할은 혁혁했으리라 추정된다. 단지 가부장 제도를 통과하면서 축소 · 변형 · 탈락되었을 뿐이다. 페미니스트 신학은 기독교 신앙에 있어 가부장제적 왜곡을 비판적으로 성찰하면서 보편적 해방의 근거들을 찾아내고 (재)구성하는 시각이고 실천이다.

3. 여성과 관련된 주제들, 기독교 페미니스트의 윤리학적 응답

윤리 문제는 어떤 판단 양식에 근거하여 접근하는가에 따라 해답이 달라진다. 때문에 여성과 관련된 윤리적 이슈들을 다룸에 있어서 성차만이 관건이 되는 것은 아니다. 그러나 지금까지의 여성 관련 윤리 문제들에 대한 기독교적 해답은 여성의 목소리가 배제된 상태에서 형성되어 온 것이 사실이다. 따라서 기존의 기독교 윤리 원칙과 규범들에 대해서 페미니스트적 시각에서 재고하는 작업은 보다 포괄적이고 보편적인 윤리 원칙을 수립하기 위한 필수적인 과정이다.

윤리 판단의 양식들, '임신 중단'을 사례로

가장 대표적인 윤리 판단 양식으로 '목적론적(teleological)' 판단 양식과 '의무론적(deontological)' 판단 양식을 들 수 있다. 기독교의 경우 이 두 양식은 함께 적용되어왔다. 목적론이란 모든 생명은 존재 이유와 궁극적으로 도달해야 하는 목적이 있다는 것을 전제로 한다. 예를 들어 한 생명이 잉태되었다면 그것은 신이 그를 통해 이루실 특별한 사명이 있기 때문이라고 고백된다. 따라서 한번 생겨난 생명을 낙태하는 것은 신의 목적에 인간이 개입하는 것으로서 어떤 상황에서도 죄가 된다. 또한 유대-기독교 전통은 의무론적 판단 양식과도 관계가 깊다. '규범 윤리(normative ethics)'라고도 불리는 의무론은 십계명처럼 꼭 수행해야 하는 법적 의무 조항을 강조한다. "생육하고 번성하라"고 하셨던 신의 명령을 따르기 위한, 특히 신앙심 깊은 기독교 후손들을 만들기 위한 재생산(procreation)은 신자들의 의무로 여겨진다. 이때 여성으로 태어난 사람의 출산 수행은 목적론과 의무론이 결합된 상태로 강제된다. 이런 윤리에서는 비자발적 임신이나 여러 가지 이유에서 임신 상태를 유지하기 힘든 상황의 여성들이 자율적 판단을 하는 도덕적 주체로서 행동할 가능성이 아예 차단된다.

때문에 1970년대를 전후하여 소위 '새로운 도덕'이라고 일컬어지는 '상황 윤리(situation ethics)'가 등장했을 때 페미니스트들은 이 판단 양식을 반겼다. 조셉 플레처(Joseph Fletcher)로 대표되는 이 입장은 기존의 윤리 규범들을 모두 폐기하고 성서에서 오직 하나의 원칙, 즉 "서로 사랑하라"는 원칙만을 고수했기 때문이다. 사랑의 동기만 있다면 그가 처한 '상황(context/situation)'에 적합한 모든 행동이 윤리적이라는 것이다. 즉 우리가 물어야 할 것은 '무엇이 옳은가'가 아니라 '무엇이 지금 이 상황에 적합한가'라는 것이다. 일례로 2019년 4월 헌법 재판소가 '낙태죄'를 헌법 불합치라고 판결한 이후 사회적 논쟁거리가 된 '임신 중단(인공 유산[artificial abortion])' 문제를 적용해보자. 목적론이나 의무론적 판단 양식에서 답은 이미 정해져 있다. 상황에 대한 고려 없이 모든 임신 상태를 출산으로 이어지게 하는 판단을 지지한다. 기독교는 전통적으로 이런 입장이었다. 그러나 상황 윤리학자들은 달리 응답한다. 임신 당사자의 상황을 고려해야 한다는 것이다. 자발적 임신인가, 출산 이후의 삶을 책임질 수 있는 상황인가 등 임산부를 '사랑'하는 마음에서 그에게 가장 '적합한' 판단이 내려져야 한다는 것이다.

물론 페미니스트 시각에서는 세 번째 입장인 상황 윤리가 여성의 자율성을 보장하고 선택을 존중하는 윤리 판단 양식이라고 볼 수 있다. 그러나 '사랑의 동기'라는 것이 과연 언제나 '적합성'을 도출할 수 있는지에 대해서는 우려가 되는 것이 사실이다. 또한 당사자에게 적합하다는 것이 공동체나 이웃에게 해악을 끼치는 상황이라면 어떤 제제가 가능할지 상황 윤리는 답하기 어렵다. 실제로 우리가 사는 사회에서는 '사랑'이라는 이유로 반생명적이고 반인권적인 행동이 자행되는 사례가 적지 않다. 이렇게 지극히 주관적인 윤리 판단의 문제를 보완하기 위한 판단 양식이 소위 '공동체적(communal)' 윤리 판단 양식이라고 할 수 있다. '책임 윤리(ethics of responsibility)'가 대표적으로 이 판단 양식에 속한다. 이 판단 양식은 학자에 따라 각기 다른 개념어로 설명되지만, 최종 결정자로서의 개인에게 윤리 판단의 자율권을 보장한다는 점에서 기존의 목적론이나 의무론과 다르다. 또한 '관계적' 접근을 한다는 면에서 상황 윤리와 닮아 있지만, 상황 윤리가 문제에 직접 관계된 사적 개인들 사이의 관계를 강조한다면, 공동체적 윤리 판단 양식은 국가나 지역사회, 교회와 같은 보다 큰 사회제도가 한 개인의 최종 판단을 '돕는' 방식으로 작동해야 한다는 입장이다. 임신 중단을 예로 든다면, 임신 상태를 유지할 것인지 중단할 것인지의 최종 결정권은 임신 당사자의 자율적 결정에 일임해야 하나, 그 결정을 하기까지 정보적 매뉴얼, 인적 · 의료적 · 사회복지적 차원의 선택지들을 소개받고 제공받는 것이 시스템화되어 있어야 한다는 것이다.

여성의 성 인식과 성폭력

여성과 관련된 윤리적 주제로 또 하나 중요한 것은 성폭력 문제다. 대부분의 폭력은 힘을 가진 자가 약자를 향하여 행사되는 사례들이 많다. 그러나 성폭력의 경우는 단순히 물리적 힘만의 문제가 아니다. 여성에 대한 성 인식과 긴밀하게 연결되어 있는 문화적 힘의 불균형도 큰 요인이다. 지금 이 순간에도 남성들로만 이루어진 온 · 오프라인 커뮤니티에서는 여성을 먹거리나 정복 대상으로 묘사하고 성희롱부터 성폭행에 이르는 일화들을 자랑삼아 나누는 '문화'가 성행하고 있다. '실은 여자들도 거칠고 강압적인 성관계를 좋아한다'는 등의 왜곡되고 폭력적인 여성 이해가 남성들의 문화적 당연이 되어 있는 한, 그리고 이러한 여성 응시를 내면화하는 여성이 제도적으로 양산되는 한 성폭력의 문제는 법적 규제만으로 해결될 사안이 아니다.

권력과 성 인식이 왜곡되어 중첩된 성폭력의 문제는 기독교 공동체 안에서도 예외가 아니다. '아버지' 하나님과 남성, 그리고 성직자의 권위가 중첩된 자리인 목회자는 기독교 공동체 안에서 무소불위의 권위를 가진다. 사실 목적론적 윤리나 의무론적 윤리에서 묻지 않는 질문은 '누가 그렇게 말하고 누가 그렇게 전달하는가'라는 윤리 담론의 생산 주체와 전달자의 문제다. 이 질문이 빠졌을 때 성스러운 직책을 맡고 있는 교회 어른에 의한 권고나 명령은 그 자체로 신의 명령이라고 혼동하는 경우가 발생한다. 사회에서는 똑똑하고 주체적으로 자신의 일을 잘 감당하는 여성들조차 교회에서 만나는 관계 안에서는 판단을 제대로 하지 못하는 일들이 빈번하다. 페미니스트 개념어 중에 '거세된 여성'이라는 표현이 있다. 자기에 대한 자율적 판단과 주체적 행동의 권위를 '거세' 당한 여성을 의미한다. 여자는, 평신도는, 나이 어린 사람은 남자의, 목회자의, 어른의 말에 순종해야 한다고 믿는 여성을 의미한다. 이런 경우 남성 목회자의 가부장제적이고 나아가 병리적인 성 인식은 고스란히 전달될 수밖에 없다. 성폭력은 '그래서' 일어나는 것이다. 여성의 부적절한 옷차림이나 행동은 원인이 아니다.

예수는 여성이 재생산 도구인 동시에 성적 대상이었던 전근대 시대의 한중간에 엄중하게 경고했다. "여자를 보고 음욕을 품는 사람은 누구나 이미 마음으로 그 여자와 간음한 것이다"(마태복음 5:28). 이 구절은 마음으로조차 성적인 생각을 하지 않을 만큼 금욕적 삶을 살라는 권고가 아니다. 당시 성적 욕망을 품는 주체는 남자이고 그 대상은 여자라고 여겨지던 성 인식이 지배적이었음을 기억한다면, 예수의 이 말씀은 다음과 같이 번역되어야 한다. "어느 누구도 사람을 당신의 일방적인 욕구에 의한 성적 대상으로 응시하지 마십시오." 여기서 여자를 사람으로 바꾼 까

닮은 21세기 '육체 문화(somatic culture)' 속에서는 여성에 의한 남성 응시도 이와 같을 수 있기 때문이다. 문제는 권력이나 재력과 같은 제도적 힘을 이용하여 강제 혹은 위압에 의하여 타인의 몸을 성적 욕망의 도구로 사용하려는 것이다. 물론 가부장제의 동력이 반만 년이나 작동했던 우리 사회에서는 아직까지도 여성이 대상화되는 사례들이 압도적이다. 그러나 예수의 윤리는 남성과 여성, 그리고 어떤 성적 자기 정체성을 가지고 있든 모두에게 적용되는 보편적 권고다. 쌍방이 자율과 자유가 보장된 상황에서 성적 자기 결정권을 행사한 결과로서의 성행위가 아니라면, 그것은 모두 성폭력이다.

결혼과 비혼, 사랑과 제도

우리는 '성'이 더 이상 결혼, 재생산과 결부되지 않는 시절을 살고 있다. 전근대나 근대 사회와 달리 오늘날의 후기 근대 사회에서 결혼은 더 이상 모든 성인의 생애 주기에서 필수적인 통과 의례가 아니다. 이는 단지 호불호의 문제만이 아니다. 무한 경쟁의 실적주의 사회인 오늘날 여성이나 남성 모두 독신 상태를 유지하는 것이 '유리'한 삶의 선택이기 때문이다. 더구나 안정적인 직장을 확보하기 어려운 신자유주의적 시스템 안에 살면서 부양 의무를 가지는 가정을 꾸린다는 것은 청년층에게 매우 부담스러운 일로 여겨진다. 때문에 결혼하는 젊은이들이 날로 줄고 있고, 대한민국은 이제 여성 한 명당 생애 주기 동안 낳는 아이가 한 명이 채 되지 않는 초저출산 사회가 되었다.

상황이 이러하다 보니 "생육하고 번성하라"는 창세기의 말씀을 여전히 전/근대적으로 해석하여 후기 근대 사회에 적용하려는 교회에서는 엉뚱한 시도에 몰두하기도 한다. 결혼 예비 학교나 커플 매치 프로그램 같은 것들이 대표적인데, 최근에는 목사님이 사회를 보고 결혼 적령기의 교우들을 모아놓고 진행하는 짝짓기 행사까지 나왔다. 이렇게나 처절한 교회의 노력은 '성서적인 성 윤리'를 지키기 위함이다. 성서에 의하면 두 사람의 성행위는 미혼의 경우(혼전) 벌금을 물고 결혼을 하는 것으로 책임지고, 기혼의 경우(혼외)는 돌 맞아 죽을 일이었다. 루터, 칼뱅을 비롯하여 개신교 신학자들에게 역시 성은 언제나 결혼, 재생산과 결부된 문제였다. 때문에 결혼을 약속한 사이라고 해도 성례전에 해당하는 결혼 예식을 치르기 전까지는 약혼자 간에도 성행위를 금지하는 윤리 규범을 강조했다. 교회 안의 오랜 윤리 전통인 '혼전 순결'이라는 가치는 이렇게 확고하게 확립되었다. 그러나 가부장제가 종교적 신념과 결부된 다른 문화권에서 여전히 명예 살인이 자행되고 있는 것과 마찬가지로, 결혼과 성을 결부시켜 규제하는 것은 명백히 지나간 제도 안에서 여성의 성을 통제하는 것이다.

사실 문화 사회학적으로 혼전 순결에 대한 윤리적 가르침은 유달리 유대-기독교적이지 않다. '가부장제적'이라고 말하는 것이 정확하다. 다른 종교 전통과 문화 안에서도 남성 중심의 사회 질서를 유지하는 시스템에서는 언제나 여성의 성을 통제해왔기 때문이다. 그러나 가정을 갖는 것 자체가 '문화적 당연'이 아닌 세계에서 혼전 순결이라는 윤리적 가치는 더 이상 실효성을 갖지 못한다. 대형 교회에서는 이미 '50세 이상 청년부'를 만들어야 하는가를 놓고 고민하는 상황이다. 반백 년을 독신으로 살고 있으며 앞으로도 그럴 예정인 '청년'을 향하여 교회는 여전히 혼전 순결을 윤리 규범이라고 이야기해야 할까?

아니라면 기독교는 시대 적합성을 가지면서도 기독교적 메시지를 담은 성 윤리를 어떻게 제시할 수 있을까? 사랑하는 두 사람의 친밀한 연합에 대해 교회나 사회가 도덕적 잣대를 들이대는 것은 옳지 못하다. 그러나 한편으로 소비 자본주의의 한가운데를 살면서 타자화 · 대상화 · 상품화되는 성 문화의 실태를 간과할 수는 없는 일이다. 이는 국가나 가부장 사회를 지키기 위한 이데올로기적 차원의 우려가 아니라, 존엄하고 통전적인 인간성의 문제에 관한 것이다. 이에 한 여성 신학자는 원론이 되는 관계적 혁명을 페미니스트적이면서도 기독교적 원리를 담아 사랑의 윤리로서 제시한다. 앞서 기독교 전통을 재구성하는 여성 신학자로 소개했던 헤이워드의 글이다.

"너를 사랑해"라고 말하는 것은 "너는 내 거"라고 말하는 것이 아닙니다. 오히려 '너는 너의 것'이라고 말하는 것이지요. '널 사랑한다는 것'은 너의 권리를 옹호해주고, 너의 공간을 확보해주고, 너를 지지해주는 것이죠. 그리고 우리의 힘을 이 세상 안에서 주장하는 법을 배우는 과정에서 너와 함께 (손잡고) 싸워나가는 것입니다. 너랑 싸우는 게 아니지요. "너를 사랑해"라는 말의 의미는 그래서 "혁명이여, 시작되게 하라"는 뜻이에요(백소영, 2013: 155-156; Heyward, 1984: 43-45에서 재인용).

왜 혁명일까? 너를 사랑하기 이전의 나와 이후의 나는 달라질 것이기 때문이다. 사랑은 '너를 너 되게 하는 일에 기꺼이 자발적으로 참여하고 싶은 나의 마음이고 힘이고 실천'이다. 이것이 쌍방이라면 그야말로 축복이며 감사한 일이다. 세상 안에서 '우리'의 힘을 주장하는 법을 배우며 서로에게 도움(에제르)을 주는 공동체로 성장해갈 수 있기 때문이다. 이 원리가 지켜지는 관계라면 제도적 제한은 중요치 않다. 전인격적 사랑의 힘을 점점 잃어가는 후기 근대적 삶의 한가운데서 관계적 힘에 대한 신적 기원과 실천에 대한 선포는 기독교 신앙의 핵심이면서도 페미니스트적 주장을 배제하지 않는다.

제14장

기독교와 정치·경제

현재 한국 사회에서 기독교는 사회 변혁을 이끄는 동력으로 인식되기도 하고 사회 지체의 원인으로 지목되기도 한다. 2000년대 이후 우리 사회의 뜨거운 이슈로 등장한 사립학교법, 차별금지법, 미군 주둔과 전시 작전 통제권, 대북 관계, 탄핵 정국과 촛불 혁명과 같은 사안을 두고 기독교계의 목소리는 양분되고 있다. 한국 기독교는 민주화 운동의 선봉에 서서 하나님의 공의와 사랑을 외치며 시대의 예언자 역할을 감당해온 자랑스러운 역사를 지니고 있다. 다른 한편 한국 기독교는 장로 대통령 만들기와 같은 파당 정치나 정치적 우파의 지원군 역할을 해온 부끄러운 이력도 있다. 두 입장과는 달리 신앙인이라면 정치 문제에 관여하지 않고 영적 문제에 집중해야 한다고 외치는 기독교인들의 목소리도 들린다. 이처럼 정치 문제에 대한 한국 기독교의 입장과 태도는 다양하다.

한국 사회는 민주화 시대를 열었던 1987년과, 그로부터 10년 후인

1997년의 IMF 외환 위기, 또 그로부터 10여 년이 흐른 2008년의 세계 금융 위기, 이 세 변곡점을 거치면서 돈의 전능성과 무소불위의 힘을 경험했다. 거룩함과 성스러움을 표방하는 종교 공간도 돈의 논리에 침윤된 지 오래다. 교회에서도 믿음의 순도를 헌금이나 물질로 측정하는 듯한 발언이 난무하고 있다. 물론 돈이 지배하는 사회를 정당화하는 교회만 있는 것은 아니다. 돈의 논리에 침윤되지 않는 공동체성을 회복하기 위해 부단히 노력하는 신앙인과 교회도 많다.

이 장에서는 기독교가 정치와 경제 문제에 대해 어떤 인식과 태도를 보여왔는가를 살펴보면서 오늘날 한국 기독교가 지향해야 할 정치 · 경제 윤리를 모색한다.

1. 기독교 역사 속의 교회와 국가

예수 운동과 정치

로마 제국의 지배를 받은 1세기 팔레스타인에서 일어난 예수의 하나님 나라 운동은 유대교의 종교 권력과 로마의 정치 권력에 대한 정치적 도전으로 비쳤다. 결국 두 권력은 공모하여 예수를 정치범으로 처형했다. 예수의 하나님 나라 운동은 이처럼 지배 체제에 도전하는 정치적 함의를 지니고 시작되었다. 따라서 하나님 나라 운동의 계승자로 탄생한 교회는 정치에 무관심할 수 없으며, 예수 운동을 본받아 이 땅에 하나님 나라를 건설하는 것을 사명으로 한다.

예수는 로마 제국과 같은 정치 권력과 하나님 나라의 관계에 대하여 어떠한 생각과 태도를 가지고 있었을까? 예수의 행적을 기록한 복음서에는 "카이사르의 것은 카이사르에게 돌리고 하나님의 것은 하나님에게 돌려라"(마태복음 22:21; 마가복음 12:17; 누가복음 20:25)라는 대목이 있다. 문자 그대로 해석하면 예수는 로마의 황제가 지배하는 영역과 하나님이 통치하는 영역을 분명하게 구별하고 있다. 로마 총독 본디오 빌라도(Pontior Pilatos, 폰티우스 필라투스)의 심문을 받을 때 "내 왕국은 결코 이 세상 것이 아니다(My kingdom is not of this world)"(요한복음 18:36)라고 한 답변 역시 이 세상과 하나님의 나라의 구별을 전제하고 있음을 보여준다.

성서에 나타난 예수의 이러한 태도는 기독교의 역사 속에서 다양한 의미로 해석되어왔다. 어떤 기독교인들은 이 구절을 교회의 정치 참여 금지를 의미하는 것으로 해석한다. 1970-1980년대 한국 사회에서 군사정권에 의한 폭압적 통치가 행해질 때 대다수의 보수 기독교인은 침묵했는데, 이 구절을 성서적 근거로 제시하곤 했다. 한편 이와 반대로 해석하는 기독교인도 있다. 예수가 선포한 하나님 나라는 '이 세상에 속하지 않지만 이 세상에서 구현되어야 하는 나라(not of the world but in the world)'라는 것이다. 따라서 그들은 같은 구절에서 교회의 정치 참여의 근거를 찾는다.

이처럼 기독교의 역사에서 하나님 나라는 서로 다른 의미로 해석되어왔다. "하나님에 의해 세워진 권위에 복종하라"(로마서 13:1-7)는 바울의 말, "사람에게 복종하기보다도 하나님에게 복종하라"(사도행전 5:29)는 베드로의 말, 그리고 로마 제국을 '바다 밑에서 올라온 용'과 같은 악의 표상으로 묘사한 요한계시록(요한계시록 13장)에 이르기까지 세상 권력에 대한 성서의 입장은 매우 다양하다. 따라서 기독교의 정치관을 이해하기 위해서는 역사에 나타난 교회와 국가의 관계를 구체적으로 살펴볼 필요가 있다.

초대 교회의 저항과 타협

잘 알려져 있다시피 초대 교회는 로마 황제에 대한 숭배를 거부했기 때문에 박해를 받았다. 그런데 황제 숭배를 피하기 위해 카타콤(Catacomb, 지하묘지)에 은거하다 잡힌 기독교인은 대부분 배교의 길보다는 순교의 길을 택했다. 순교는 그리스도의 참 제자가 되는 가장 확실한 길로 받아들여졌기 때문이다. 당시 기독교인들 사이에서 널리 퍼진, 예수의 임박한 재림을 확신하는 종말론적 신앙은 순교 신앙을 확산시킨 주요 요인으로 보인다. 이러한 박해와 순교의 시기에 적극적인 정치 참여의 신학을 기대하기는 어렵다. 따라서 초대 교회의 정치에 대한 태도는 냉소적 무관심과 수난의 항거로 특징지을 수 있다.

로마 제국의 박해에도 불구하고 기독교는 지중해 전역으로 빠르게 확산되었다. 그러자 로마의 정치 권력은 기독교를 정치적으로 활용하고자 했다. 4세기 초 콘스탄티누스 황제는 기독교를 합법화했고 얼마 뒤 테오도시우스 황제는 국교로 선포했다. 이로 인해 기독교는 제국의 종교라는 영광을 얻었지만 그와 동시에 정치 권력에 복속되었다. 황제가 교회 회의를 주재하고 고위 성직자를 임명하는 등, 황제가 사실상 교회 위에 군림하는 황제교황주의(caesaro-papism)가 출현한 것이다. 물론 국가로부터 교회의 자유와 권리를 지키고자 하는 노력이 없었던 것은 아니다. 밀라노의 주교 암브로시우스(Ambrosius)는 교회와 신앙의 문제에서는 황제가 감독의 지시에 따라야 한다고 주장하면서 황제에 의한 교회 간섭을 막고자 했다. 교황 겔라시우스 1세(Gelasius I)도 공적 영역에서는 주교가 황제에게 복종해야 하지만 성례의 집행과 관련해서는 황제가 주교에게 복종해야 한다고 주장했다. 이처럼 교회의 자유를 수호하려는 노력이 있었지만 이 시기의 교회는 황제의 권력에 도전할 만한 정치적 힘을 키우지 못했다.

중세 기독교의 양검 이론

초대 교회와 중세 교회의 가교 역할을 했던 교부 아우구스티누스에 의하면 지상에서의 삶은 과도기적인 것이며 기독교인은 지상의 나그네이자 순례자다. 기독교인은 궁극적 관심을 지상의 삶이 아니라 영원한 하나님의 나라인 내세에 두어야 한다. 이러한 타계적 신앙으로 인해 당시 교회는 스스로를 정치적 · 법적 기구로 확립하는 데 별다른 관심을 기울이지 않았고, 그로 인해 교회는 정치 권력에 더욱 예속되었다.

그러나 중세의 전성기인 11세기에 이르면 교회가 정치 권력을 압도하게 된다. 앞서 8장에서 살펴본 카노사의 굴욕 사건은 속권(俗權)에 대한 교권의 우위를 보여준 상징적 사건이다. 이 사건을 통해 살펴볼 수 있는 바와 같은, 교황과 황제의 위계 관계를 정당화한 신학적 담론이 '양검 이론'이다. 원래 양검 이론은 황제의 권력으로부터 사제의 권위를 보호하기 위해 등장한 것이었지만 이 시기에 와서 새롭게 해석되었다. 새롭게 변형된 양검 이론에 의하면 교황은 사제의 권한을 의미하는 '영적 검'과 왕의 권한을 의미하는 '세속적 검'을 모두 소유한다. 그런데 교황이 대관식을 통해 황제에게 세속적 검을 위임한 것이기 때문에 제국의 지배권은 교황으로부터 유래한다. 비유하자면 교황은 스스로 빛을 발하는 '태양'이고 황제는 해의 빛을 받아서 반사하는 '달'에 지나지 않는다.

중세 스콜라 신학을 집대성한 신학자 토마스 아퀴나스(Thomas Aquinas)도 초자연과 자연의 이분법에 근거하여 이와 비슷한 논리를 제시했다. 그에 의하면 초자연적 은총의 세계와 관련된 교회는 자연의 세계와 관련된 국가 위에 존재한다. 따라서 국가와 황제는 교회와 교황의 지도를 받아야 한다. 이처럼 이 시기에는 교권이 속권을 압도했지만 구체적 현실에서는 서로 협조했다. 예를 들면 교회가 불신자 응징을 위한 십자군을 요청했을 때 세속 당국은 군대를 파견했고, 교회가 종교 재판

(Inquisition)을 통해 이단 선고를 내린 자들에 대해서도 국가가 사형을 집행했다. 또 교황과 주교는 왕과 영주의 군대를 축복했을 뿐만 아니라 세속법과 질서를 대체로 존중했다.

종교 개혁자 루터의 두 왕국설

근대 초기에는 교권과 속권의 관계가 재역전되어 세속 군주의 힘이 증대하고 교황권이 쇠퇴했다. 교황이 프랑스 아비뇽에 유폐되자 바티칸에서는 새 교황을 선출했다. 그 결과 아비뇽과 바티칸 등에서 여러 교황이 난립하게 되었는데, 이는 교황권의 쇠퇴를 보여주는 상징적 사건이다. 이러한 시대적 흐름 속에서 전례, 교의, 교회 조직 등의 문제에서도 평신도 군주가 우월성을 지닌다는 주장이 등장하고, 실제로 신성 로마 제국 황제가 일련의 교회 회의를 개최하는 등 황제가 교회 정치와 교회법에서 권위를 행사했다.

16세기에 일어난 종교 개혁은 로마 가톨릭 교회를 분열시킴으로써 교황의 위상을 더욱 추락시켰다. 이 과정에서 로마 가톨릭 교회의 가시적 · 위계적 · 실체적 교회 개념도 붕괴되었다. 루터는 교황권주의자들의 신학적 무기로 활용된 양검 이론을 '두 왕국설'로 대체했다. 이 이론에 의하면 교회는 천상의 비가시적 교회와 지상의 가시적 교회로 구분된다. 천상의 교회는 의인으로만 이루어진 참된 교회지만, 지상의 교회는 의인과 악인이 섞여 있는 타락한 교회다. 따라서 지상의 교회는 세속 군주의 통치에 따라야 한다. 이때 군주는 자신의 영토 안에서 교회를 보호할 뿐만 아니라 교리와 전례의 제정에 개입하고 사악한 가르침과 잘못된 성례를 규제할 수 있게 되는데, 이러한 교회가 '국가 교회'다.

근대 사회의 정교분리: 종교 관용에서 종교 자유로

국가 교회 체제가 확산되면서 유럽에서는 군주가 특정 교파를 선택하여 국교로 삼는 국가들이 난립하게 되었다. 루터교 국가, 가톨릭 국가, 그리고 개혁 교회를 국교로 하는 국가들이 탄생한 것이다. 이러한 국가 교회 체제에서는 군주들의 이해관계가 충돌하면 종교 갈등으로 비화하기 쉬운데, 실제로 유럽은 종교 전쟁에 휩싸이게 되었다.

30년 전쟁으로 대변되는 종교 전쟁은 전 유럽 사회를 초토화시켰고 그 참화는 베스트팔렌조약(1648)에 의해 수습되었다. 이 조약 이후에도 국가 교회 체제는 유지되었지만 국교 이외의 종교 집단에게도 집회와 예배의 자유, 정치적 · 시민적 권리가 부여되었다. 영국의 경우 성공회를 국교로 삼았지만 명예 혁명을 거치면서 모든 개신교 종파에 관용을 베풀었고, 점차 모든 국민에게 종교의 자유를 보장했다. 시민 혁명을 거친 프랑스에서는 정교분리령(1905)이 선포되면서 국가 교회 자체가 폐지되고 국가에 의한 교회 통제가 철회되었다. 이처럼 근대 유럽 사회에서는 '종교의 관용'을 넘어 '종교의 자유'로 패러다임이 점차 바뀌어갔다. 종교적 관용은 지배 종교의 기득권을 인정하는 토대 위에 타 종교들의 활동의 자유를 허용하는 것인 반면, 종교의 자유는 모든 종교의 동등성을 전제한다. 이와 함께 교회와 국가의 분리를 의미하는 정교분리 원칙도 널리 확산되었다. 정교분리 원칙은 종교 자유의 보장을 위한 제도적 장치의 성격을 갖고 있지만 다른 한편으로는 종교를 공적 영역에서 배제하고 사적 영역에 국한시키는 의미로 해석되기도 했다. 즉 정교분리 원칙은 교회의 탈사회화나 탈정치화의 근거로 역할했다.

다양한 정치 신학

서구 근대 기독교는 정교분리 원칙을 사회적 · 정치적 문제에 대한 관심을 철회하고 개인의 영혼 구원에 주력하는 근거로 받아들였다. 그 결과 국가 권력의 불의와 부패를 견제하지 못하는 무기력한 종교가 되었다. 이러한 한계를 돌파하며 등장한 것이 정치 신학(political theology)이다. 정치 신학은 신앙 양심에 근거한 사회 비판과 사회 정의의 실현을 중요한 과제로 삼는다. 사회적 차원의 불의와 비인간화된 국가 권력에 대해서는 성서의 예언자 전통에 근거하여 도전한다. 해방 신학, 여성 신학, 흑인 신학, 민중 신학이 대표적인 정치 신학이다. 1960년대 라틴아메리카에서 등장한 해방 신학은 독재 정권의 횡포에 침묵하거나 순응했던 기존의 가톨릭 교회에 대한 반성과 더불어 부당한 국가 권력에 도전하면서 억압된 자의 해방을 위해 싸웠다. 흑인 신학은 서구 신학이 인종차별의 문제에 침묵한 점을 비판하면서 흑인이 당하는 억압과 고통을 신학적 주제로 삼는다. 즉 기독교의 복음이 해방을 위한 흑인들의 투쟁과 어떤 관계가 있는지 질문하면서 흑인의 해방을 하나님의 구원과 연결시킨다. 성서와 교회사에 침윤된 가부장제적 이념과 질서에 도전하는 여성 신학, 민중을 역사의 주체로 세우는 신학 방법론을 모색하는 민중 신학, 그리고 성소수자의 인권 보호를 위해 투쟁하는 퀴어 신학 등은 모두 기독교의 사회적 · 정치적 참여를 통한 인간과 세상의 해방을 궁극적 목표로 삼는다.

2. 한국 기독교와 정치 참여

18세기 말 천주교, 19세기 말 개신교가 이 땅에 들어온 이후 기독교는 항상 정치 문제와 씨름하지 않을 수 없었다. 천주교이건 개신교이건, 해방 이전 선교사들은 정교분리 원칙을 내세우면서 교회의 비정치화를 강조했다. 교회가 정치에 개입할 경우 국가 권력의 탄압을 초래하여 선교 활동 자체가 어려워질 수 있다고 보았기 때문이다. 선교사들에게는 식민 통치의 부정의와 부당성보다는 교회의 보호와 유지가 중요했던 것이다. 반면 식민지하의 한국인에게는 민족의 독립이 지상 과제였기 때문에 한국 기독교인들은 다양한 방식으로 민족 운동에 참여했다. 3·1 독립 운동은 기독교인들이 대거 참여한 대표적인 정치적 민족 운동이었다. 그러나 3·1 독립 운동 이후 해방에 이르기까지 한국 기독교의 주류적 경향성은 계몽 운동이나 절제 운동과 같은 비정치적 형태의 민족 운동에 주력하거나 타계주의적 신앙으로 흘렀던 것이 사실이다.

미군정과 제1공화국

1945년 해방과 함께 북한에는 소군정, 남한에는 미군정이 실시되었다. 남한 지역의 기독교는 미군정 아래에서 큰 혜택을 누리면서 교세 확장에 유리한 기반을 확보했다. 미군정은 통치의 공백을 메우기 위해 선교사와 친분이 있는 기독교인들을 관리로 대거 고용했다. '적산'으로 분류된 일제의 종교 관련 재산을 기독교에 가장 많이 불하했으며, 기독교인의 숫자가 얼마 되지 않았음에도 불구하고 미국식 제도를 따라 크리스마스를 공휴일로 선포했다. 이로 인해 기독교는 인적·물적·제도적 차원에서 막강한 자원을 지닌 종교로 성장할 수 있었다.

1948년 정부 수립과 함께 초대 대통령으로 선출된 이승만도 독실한 기독교인으로서 교회에 많은 특혜를 제공했다. 군대나 감옥과 같은 국가 기구에 개신교와 천주교만 진출할 수 있는 군목 제도와 형목 제도를 실시하는가 하면 기독교계의 요구 사항을 적극적으로 수용했다. 국기배례가 우상 숭배의 성격을 지니고 있으므로 주목례로 바꿔달라는 기독교계의 요구에 즉각 조치한 것이 대표적인 예다. 이에 보답하듯이 기독교계는 선거에서 이승만과 자유당을 적극 지지했다. 이처럼 제1공화국 시절 이승만 정권과 기독교는 정교유착의 모습을 보였기 때문에 제1공화국은 '기독교 공화국'으로 불리기도 한다.

군사 정권과 정교유착

1960년 4·19 혁명으로 자유당 독재 정권은 무너졌지만 곧이어 일어난 5·16 군사 정변으로 인해 군사 정권의 시대로 진입했다. 군부 독재 시기의 기독교는 진보 진영과 보수 진영으로 분열되었다. 진보 진영은 개인의 영혼 구원에 치중하는 기존의 선교 개념 대신 '하나님의 선교(Missio Dei)'라는 새로운 선교 개념을 수용하여 선교 활동에 나섰다. 하나님의 선교는 개인의 영혼 구원을 넘어 사회적 차원의 구원을 강조한다. 즉 사회악을 죄로 보고 구조적 차원의 억압으로부터의 인간 해방을 구원으로 간주한다. 이러한 선교관에 근거하여 진보 진영은 산업 선교에 나섰고 노동자의 생존권과 인권 보호에 주력했다. 하지만 군사 독재 정권은 이러한 산업 선교를 정교분리 원칙을 위반한 교회의 정치 개입으로 간주하고 탄압했다. 그러자 NCCK[1]로 대변되는 진보 진영은 이를 선교 자유의 탄압으로 간주하고 종교 자유 투쟁을 전개했다. 이 투쟁은 한국 사회의 민주화에 큰 기여를 한 것으로 평가된다.

한편 한국 기독교의 다수파를 차지하는 보수 진영은 복음 전도와 교세 확장에 주력했다. 그리고 진보 진영의 사회 참여와 민주화 운동을 복

1 NCCK(The National Council of Churches in Korea)란 '한국기독교교회협의회'의 영문 약자다. 이는 한국 교회와 그리스도인들이 일치 협력하여, 대립과 차별을 해소하며 평화 통일에 힘쓰고 인권을 증진하며 이웃 사랑을 실천하되 우선적으로 가난한 자와 억눌린 자, 차별받는 자의 입장에 서는 예언자적 전통을 계승하려는 선교 단체다.

음의 순수성 및 정교분리 위배라고 주장하면서 비판했다. "세상의 권세에 복종하라"는 로마서 13장의 구절은 국가 권력에 대한 보수 진영의 신성한 규범이었다. 집권 세력이 교회의 고유한 영역에 개입하지 않는 한 정부에 충성을 바치는 것이 올바른 신앙인의 행위라고 굳게 믿었다. 경우에 따라서는 국가 권력에 대하여 적극적 지지를 보냈는데, 군사 정권 시절에 등장한 조찬 기도회가 그 대표적인 예다. 이 기도회는 '나라를 위한 기도회'라는 명분을 지니고 있었지만 실제로는 정권과 교회 사이의 연결고리로 작용했다.

민주화 시대의 정치 참여

1987년 6월 시민 항쟁으로 군부 정권은 퇴각하고 한국 사회는 민주화 시대로 접어들었다. 이와 함께 군사적 권위주의 문화를 청산하려는 시민 사회 담론이 확산되고 여러 시민 단체들이 우후죽순으로 설립되었다. 종교 NGO로 불리는 종교계 시민 단체들도 등장했는데, 종교 NGO들은 권력 감시를 본령으로 하는 시민 운동의 정신에 따라 정치 권력과 긴장 관계를 유지하면서 시민 운동을 전개했다.

반면 보수 개신교 진영에서는 2000년대 초반부터 '정치적 행동주의'가 출현했다. 이는 민주 정부에 대한 보수 개신교 진영의 대반격이었다. 한국기독교총연합회, 기독교사회책임, 기독교뉴라이트연합, 기독당 등으로 대변되는 보수 개신교 세력은 국민에 의해 선출된 민주 정부를 좌파 정권으로 규정하고 사립학교법 개정과 같은 민주적 개혁 과제를 공격했다. 이와 동시에 우파 정권의 창출을 위한 정치 세력화를 추진했다. 보수 개신교 진영의 이러한 정치적 행동주의는 반공 친미주의와 같은 특정 이데올로기와 기독교 신앙을 동일시함으로써 나타난 결과다.

기독교의 정치 참여나 정치 세력화는 그 자체로 선도 악도 아니다. 동기와 목표에 따라 선이 될 수도 있고 악이 될 수도 있다. 만일 교회의 제도적 이익과 같은 집단 이기주의적 목표를 달성하기 위해 정치 세력화한다면 '파당 정치'로 전락할 것이고, 기독교의 핵심 덕목이자 보편적 가치인 정의, 평화, 사랑의 실현을 위한 정치 참여를 한다면 '예수의 정치'가 될 것이다.

3. 기독교 역사와 경제 문제

기독교 신앙의 핵심이 하나님 사랑과 이웃 사랑이라면, 경제 문제는 기독교 신앙의 핵심에 속한다. 이 절에서는 부의 분배를 포함한 경제 문제에 대한 기독교의 입장을 살펴보고, 오늘날 기독교 신앙인으로서 어떠한 경제관을 가져야 하는지 성찰해본다.

성서와 교회의 역사가 보여주는 부와 물질에 관한 가르침은 일관적이지 않다. 재물을 하나님의 축복의 선물로 보는 관점이 있는가 하면 하나님과 대립하는 악의 세력으로 보는 관점도 나타난다. 구약성서는 대체로 물질적 풍요를 하나님과의 관계를 풍성하게 하는 표지로 보는 반면, 신약성서는 물질적 풍요를 하나님과의 관계를 가로막는 장애물로 보는 경향이 강하다. 교회사에서도 자발적 나눔을 강조하는 공동체가 등장하는 반면, 자발적 가난을 추구하는 공동체도 보인다. 가난하다는 이유만으로 윤리적 삶을 사는 사람으로 평가하는 경우가 있는가 하면, 가난을 불신앙의 징후로 여기는 경우도 있다. 예수를 닮으려면 부자여서는 안 된다는 주장과 예수를 믿으면 부자가 될 수밖에 없다는 주장이 대립하기도 한다. 이처럼 재물에 대한 기독교의 태도는 역사적으로 매우 다양한 모습을 보여왔지만 하나님과 '돈(맘몬[mammon])'[2]을 동시에 섬길 수 없다는 예수의 가르침이 주류를 형성해온 것은 부인할 수 없다.

구약성서와 부

믿음의 조상 아브라함과 그의 아들 이삭은 하나님의 축복을 받아 큰 부자가 되었고(창세기 24:35, 26:12-14), 솔로몬 왕도 막대한 부를 선물로 받았다. 의인 중의 의인으로 간주되는 욥도 하나님에 대한 굳건한 믿음의 열매로 많은 재물과 풍요로운 삶을 얻었다. 이처럼 구약성서에서는 부를 축복의 선물로 보는 경우가 많지만, 부와 재물의 소유에 대해서는 일정한 한계를 노정하고 있다. 광야 시절의 '만나(manna)'가 대표적인 사례다. 히브리 노예들이 이집트에서 탈출하여 가나안으로 들어가기 전, 하나님께서 주신 일용할 양식인 만나는 각자 하루 먹을 만큼만 거두어야 했는데, 만약 다음날 먹을 몫까지 거두면 썩었다(출애굽기 16:14-36). 성서 본문에 따르면 제각기 먹을 만큼만 거두어들였기 때문에 남거나 모자라지 않았다. 이 이야기는 일용할 양식만을 구하라는 뜻으로 그 이상의 것을 축적하면 욕심이라는 교훈을 준다. 그렇다고 해서 구약성서가 재물에 대한 사적 소유를 부정한 것은 아니다. "도둑질하지 말라"는 십계명의 조항이나 다른 사람의 재산에 피해를 입히면 보상하도록 한 규정은 사적 소유의 긍정을 의미한다.

그럼에도 불구하고 구약성서는 가난한 자에 대한 사회적 관심을 우선적으로 강조한다. 토지 문제와 관련하여 보면, 토지의 공평한 분배(민수기 26:52-56), 토지의 영구 매매 금지(레위기 25:23), 토지 사용권의 한시적 매매 허용(레위기 25:15), 토지 무르기(레위기 25:24), 희년에 만민의 평등한 토지권 회복(레위기 25:10, 28) 조항이 발견된다. 이외에도 추수법, 십일조법, 임금 지불법, 이자 금지법, 담보 제한법, 안식일법, 안식년법, 희

---

2 맘몬(mammon)이란 재물, 돈, 이익, 재물의 신을 뜻한다. 예수는 "하나님과 재물을 아울러 섬길 수 없습니다"(마태복음 6:24)라고 말씀하셨다.

년법 등과 같은 사회적 약자 보호법들이 있다. 이처럼 구약성서의 종교는 땅의 회복, 노예 해방, 채무 면제가 포함된 율법을 통해 주기적으로 부를 분배하는 등 사회 개혁을 제도화했다. 이는 부의 집중을 창조주 하나님의 법에 위반되는 행위로 간주하는 한편, 더 많은 부를 축적하려는 인간의 탐욕을 경계함으로써 정의로운 공동체를 추구하려는 강력한 의지를 보여준다.

신약성서와 부

신약성서에서는 부에 대한 경고와 부정적 관점이 많이 나타나고 있다. "부자가 하나님 나라에 들어가는 것보다 낙타가 바늘귀로 지나가는 것이 더 쉽다"(마태복음 19:24). "너희, 부요한 사람들은 화가 있다. 너희가 너희의 위안을 받고 있기 때문이다"(누가복음 6:24). "너희는 자기를 위하여 보물을 땅에다가 쌓아두지 말아라. 땅에서는 좀이 먹고 녹이 슬어서 망가지며, 도둑들이 뚫고 들어와서 훔쳐간다"(마태복음 6:19). "너희는 조심하여, 온갖 탐욕을 멀리하여라. 재산이 차고 넘치더라도, 사람의 생명은 거기에 달려 있지 않다"(누가복음 12:15). "아무도 두 주인을 섬기지 못한다. 한쪽을 미워하고 다른 쪽을 사랑하거나, 한쪽을 중히 여기고 다른 쪽을 업신여길 것이다. 너희는 하나님과 재물을 아울러 섬길 수 없다"(마태복음 6:24)와 같은 여러 구문에서 볼 수 있듯이 부에 대한 예수의 가르침은 매우 신랄하다.

또한 신약성서에서는 재물이 가지고 있는 악마적 힘을 강조하기도 한다. 재물은 타락하여 하나님과 대립하고 있는 정사들과 권세들(principalities and powers)에 의해 지배되고 있다고 보며 하나님과 인간 사이의 관계를 위협한다고 보기도 한다. 마태복음서의 기자가 재물을 지칭할 때 사용한 아람어 '맘몬'은 비인격적 사물이 아니라 하나님과 대립하는 인격적이고 영적인 존재다. 영적 존재로서의 맘몬은 우리에게 안일함을 주고 죄의식을 유발시킬 수 있다. 맘몬은 우리가 가치 있다고 여기는 것들을 밀쳐내면서 지고의 위치를 점유하려고 한다. 따라서 맘몬은 우상이다. 누가복음서의 기자가 재물을 '불의의 재물'로 표현한 것은 소유자의 태도와 관계없이 재물이 영적으로 악한 것임을 보여준 것이다.

초대 교회와 부

초대 교회 공동체의 삶은 사도행전에 잘 나타나 있다. 사도행전에 의하면 교인들은 재산과 소유물을 팔아서 필요한 사람에게 나누며 모든 것을 공동으로 소유했다. 재림을 기다리며 함께 모여 예배드리고, 집집이 돌아가면서 빵을 떼며, 순전한 마음으로 기쁘게 음식을 나누고 하나님을 찬양했다(사도행전 2:44-47). 요컨대 초대 교회 교인들은 필요할 때마다 땅과 집을 팔아 나누는 자발적인 경제적 코이노니아(Koinonia)[3]를 통해 희년 사상을 실천한 것이다.

기독교의 공인 이후 교회가 땅과 권력을 소유하게 되면서 경제적 코이노니아의 공동체는 점점 사라졌다. 그렇지만 교회의 제도화로 인한 신앙의 형식화와 타락을 극복하기 위해 등장한 수도원 운동은 금욕과 청빈의 삶을 강조하면서 부에 대한 욕망을 통제했다. 초기 교부들도 교회가 물질을 탐하는 유혹에 빠지지 않도록 부와 가난에 대한 가르침을 설파했으며, 자발적으로 가난한 삶을 추구함으로써 신앙인의 모범을 보였다.

---

3 코이노니아(Koinonia)란 공유, 참여, 공동체 등을 뜻하는 말로, 특히 그리스도 교회에서 신앙을 통해 친교를 나누는 공동체의 형태를 가리킨다.

초대 교부 암브로시우스는 부 자체는 나쁜 것은 아니지만 부를 어떻게 사용할지 모른다면 죄라고 가르쳤다. 콘스탄티노플의 감독 요하네스 크리소스토무스(John Chrysostom)도 모든 창조물의 선함을 인정했지만 인간이 재물에 사로잡히는 것은 물신 숭배라고 지적했다. 나아가 땅은 모든 사람이 공기처럼 누구나 사용할 수 있는 것이라고 하면서 토지에 대한 만민의 평등한 권리를 주장했다. 아우구스티누스는 '사용(uti)'과 '향유(frui)'를 구별하면서 부에 대한 입장을 표명했다. 향유되어야 할 것을 사용하거나 사용되어야 할 것을 향유하면 '악'이 된다. 그런데 부의 목적은 소유와 축적이 아닌 '사용'이다. 즉 재물과 물질의 목적은 사용하는 데 있지 향유하는 것이 아니라는 것이다. 따라서 인간은 오직 하나님께만 즐거움을 가져야 한다고 가르쳤다.

중세 교회와 경제

중세 기독교는 청빈을 내세웠지만, 귀족의 기부나 후원으로 막대한 봉토를 소유하게 되면서 교회는 점차 기독교 정신과 멀어졌다. 중세 후기에는 면죄부의 판매를 통해 부를 축적하는 사태까지 일어났다. 중세 교회의 현실은 물질에 탐욕적이었으나 신학적으로는 성서적 가난과 구제를 강조했다.

아퀴나스는 법을 영원법(永遠法), 자연법(自然法), 인정법(人定法)의 셋으로 나누었다. 물질의 소유와 관련해서 보면 세상 물질이 하나님의 소유라는 명제는 영원법이고, 세상 물질이 인간 공동체 모두의 것이라는 명제는 자연법이며, 어떤 개인이 어떤 재화를 자기 소유라고 말하는 것은 인정법이다. 세 법 사이의 위계 질서에 의해 인정법은 자연법에 어긋나면 안 되고 자연법은 영원법에 어긋나면 효력을 잃는다. 따라서 개인 소유권의 주요 내용이 되는 취득과 관리, 처분의 권리는 인정되지만 모든 것은 하나님의 것이라는 영원법과 모든 것은 공동 소유라는 자연법의 제약을 받는다. 그러므로 자기의 소유를 남과 나눌 생각을 하지 않는 것은 죄를 짓는 것이고, 자기 것이라고 너무 많이 소비하는 것도 강도짓에 해당한다. 이처럼 부자에게는 도둑질의 의미가 폭넓게 적용되지만 가난한 사람에게는 좁게 해석된다. 먹을 것이 없는 가난한 사람이 존재하는 순간, 부자의 잉여물은 인정법의 사슬을 풀고 상위법인 자연법의 구속을 받아 가난한 사람을 구제하는 데 쓰여야 한다. 이러한 논리는 가난한 사람이 생존의 위기에 처했을 때 남의 것을 가져오는 것은 도둑질이 아니라는 결론으로 이어진다. 원래 모든 것은 하나님의 것이기 때문에 가난한 사람의 도둑질은 도둑질이 아니라 자기의 것을 찾는 행위가 되는 것이다.

종교 개혁과 부

종교 개혁이 일어난 16세기는 유럽 사회가 중세 봉건제에서 근대 상업·산업 사회로 이행하는 전환기였다. 칼뱅은 상업·산업 사회에 부합하는 종교 개혁을 시도했다. 그는 성속 이원론과 사제주의로 특징지어지는 중세 교회를 개혁하면서 경제 문제에 대해서도 관심을 가졌다.

칼뱅의 경제 윤리는 구원론에 기초해 있다. 그에 의하면 구원받은 그리스도인은 삶의 모든 영역에서 하나님의 말씀에 따라야 하며 경제적 영역에서도 순종의 삶을 살아야 한다. 세상 만물의 주인은 창조주 하나님이기 때문에 사람은 청지기 역할에 충실해야 한다. 욕심껏 물질적 풍요를 누리며 사는 삶은 청지기의 태도가 아니라는 것이다. 그러면서도 사도행전 2장에서 예루살렘 교회가 시도한 물질의 유무상통은 재산의 공동 소유를 의미하는 것이 아니라고 해석하면서 교인들의 사유 재산을 인정했다. 마치 예루살렘 교회에서 성도들이 자신의 재산을 팔아 구제에 힘썼듯이, 기독교인들은 사유 재산을 사회의 공공선을 위해 사용해야 한다고 주장했다. 빈부 격차를 인정했지만 빈곤을 일으키는 잘못된 법과 구조를 방치해서는 안 되며 하나님의 말씀으로 개혁해야 한다고 가르쳤다. 칼뱅은 깨끗한 부에 대해선 하나님의 은총으로 이해했지만 토지를 사유하여 부를 얻은 부자들에 대해서는 비판했다. 그리고 일정한 연한이 되면 땅을 회복하고 빚을 탕감해 재산이 사회적 억압의 수단으로 탈바꿈하지 않도록 했던 희년법의 사상을 강조했다.

개신교 윤리와 자본주의

베버는 『프로테스탄티즘의 윤리와 자본주의 정신』에서 칼뱅주의가 자본주의의 태동에 중대한 영향을 미쳤다고 주장했다. 칼뱅주의는 각자의 소명에 충실함으로써 신의 영광을 드러낸다는 직업 소명설과 함께, 이미 구원받았다는 확고부동한 믿음에 근거한 윤리적 생활을 강조했다. 독일어로 직업은 '베루프(Beruf, 영어의 calling)'인데, 이것은 '부른다'는 뜻의 '베루펜(berufen)'의 명사형이다. 곧 '직업'과 '하나님의 부르심'은 같은 어원에서 나온 것임을 알 수 있다.

프로테스탄트 윤리에서는 하나님이 주신 소명인 각자의 직업에 충실해야 하고 이를 통해 번 돈은 함부로 낭비해서는 안 된다. 그 결과 프로테스탄티즘이 확산된 나라에서는 본원적 자본이 축적되었으며, 이것이 자본주의 태동의 기반이 되었다는 것이 베버의 주장이다. 또한 베버에 의하면 칼뱅주의는 부(富)를 하나님의 축복의 징표로 해석함으로써 이윤 추구라는 경제적 동기를 허용했는데, 이것이 자본주의 발전에 긍정적 영향을 미쳤다. 나아가 자본 축적을 위해서는 성실, 근면, 절제, 시간 엄수 같은 노동 윤리가 필요한데, 개신교의 소명 의식과 금욕적 훈육이 이러한 윤리를 정당화하고 고무하는 역할을 했다. 요컨대 개신교 윤리와 자본주의 정신 사이의 선택적 친화성이 자본주의의 출현에 커다란 동력이 되었다는 것이다.

그러나 자본주의는 일정한 궤도에 오른 이후에는 초기 자본주의 단계의 현세적 금욕주의를 필요로 하지 않게 되었다. 20세기의 자본주의는 과학 기술의 발달과 효과적인 경영 기법을 통해 생산성을 비약적으로 향상시켰다. 이제 수요가 공급을 따라갈 수 없게 되면서 소비가 미덕이 되는 반면, 근면, 성실, 인내, 근검 절약 등과 같은 초기 자본주의의 미덕은 약화되었다. 20세기에 들어서면서 기독교의 가르침에서도 금욕주의는 약화되었다. 이에 따라 대신 물질적 번영과 돈에 대한 욕망이 신앙의 장애물로 간주되지 않는 경향이 나타났는데, 이는 사회 변동에 대한 개신교의 놀라운 적응력을 보여주는 사례라고 할 수 있다.

자본주의의 발전으로 산업화와 도시화가 급격히 진전되자 심각한 사회 문제가 발생했다. 열악한 노동 조건, 소득의 양극화, 심각한 주거 문제, 범죄의 증가와 같은 사회악이 광범위하게 퍼졌다. 이러한 비인간적인 삶의 조건에 대한 신학적 응답이 사회 복음(Social Gospel)이다. 19세기 후반 미국에서 등장한 사회 복음은 월터 라우센부쉬(Walter Rauschenbusch)의 '사회 질서의 기독교화'로 요약할 수 있다. 당시 미국 사회의 교육 · 정치 · 가족 제도는 대부분 기독교화되어 있었지만, 경제 제도만은 아직 산업 자본주의의 논리 아래 놓여 있다고 보았다. 그리하여 사회 복음주의자들은 노동 조합의 조직화, 건강 보증과 부의 평등화를 위한 사회적 법률 제정, 산업 관계의 민주화, 소비 조합의 확장 등의 경제 개혁 방안을 제시했다. 이처럼 경제 질서를 기독교화함으로써 빈부 격차를 없애고 분배의 질서를 세울 수 있다고 믿은 사회 복음은 경제 체제에 복음을 적용시킨 과업으로 평가받는다.

4. 한국 기독교와 경제

한국 기독교는 근현대사의 변곡점마다 돈에 대한 새로운 감각을 자극해왔다. 초기부터 개신교인들은 물질적 풍요를 백안시하지 않았다. 서구 선교사들의 노동관과 물질관의 영향을 받은 개신교인들은 노동에 대해 긍정적 태도를 보였을 뿐만 아니라 근면·성실로 얻은 재물에 대해서도 긍정적으로 생각했다. 1960년대 이후 개발 독재의 성장주의와 공명하면서 등장한 교회 성장주의는 '삼박자 구원'으로 대표되는 '번영 신학'의 주요한 확산 통로가 되었다. 군부 독재가 추진한 새마을 운동의 '잘 살아보세' 구호는 교회 공간에서 '예수 믿고 잘 살자'는 신앙 언어로 번안되면서 물질적 풍요와 기독교 신앙은 친연성을 띠게 되었다.

민주화와 동시적으로 진행된 신자유주의화는 한국 교회에도 지대한 영향을 끼쳤다. 1990년대 한국 사회를 강타한 신자유주의는 시장화, 자유화, 구조 조정, 노동 유연화, 세계화를 추진하면서 경제 영역뿐 아니라 학교나 가족과 같은 친밀성의 영역에까지 심대한 변화를 초래했다. 2014년의 세월호 사태로 드러난 사회적 안전망의 총체적 부실이 보여주듯, 자본과 결탁한 국가는 더 이상 사회 구성원에 대한 제도적 보호와 안전을 책임지지 못하고 있다. 국가를 대신하여 그동안 사회 안전망 역할을 해오던 평생 직장과 가족 공동체마저 무한 경쟁의 원리에 의해 와해되면서 '승자 독식', '대박', '쪽박', '우울증', '자살' 등이 최근 한국 사회를 진단하는 키워드로 등장했다.

신자유주의의 시장 지상주의가 우리의 일상을 근본적으로 재편하면서 돈은 예측 불가능한 앞날의 불안감을 막아줄 유일한 무기로 부상했다. 불확실한 미래에 대한 공포감이 커질수록 돈에 기대려는 성향은 강해지고, 무소불위의 권력을 행사하는 돈을 얻기 위해서라면 무엇이든 할 수 있다는 심리가 확산되었다. 이러한 시대 추이를 반영하면서 학교나 가정은 물론이고 돈과 거리 두기를 해온 종교 공간마저도 돈의 논리에 빠르게 침윤되었다. 그 결과 한국 기독교에서는 새로운 버전의 '부의 복음'이 등장했다.

신자유주의 시대의 기독교 경제 윤리

1997년의 IMF 금융 위기를 전후해서 한국 기독교에서는 부에 대한 신앙인의 올바른 인식과 태도에 대한 논쟁이 있었다. 이른바 청부론과 청빈론 논쟁이다. 청빈론은 기독교를 금욕적 종교로 이해하면서 청빈의 삶, 즉 자발적 가난의 구현을 제안한다. 가난은 신앙인에게 겸손과 같은 많은 유익을 제공해준다는 것이다. 그렇지만 청빈론에 대한 비판도 제기된다. 비판의 논리에 의하면 청빈론의 목표는 고상하지만 소수의 사람에게만 가능하며, 극도의 종교적 엘리트주의다. 가족 구성원의 의식주 문제를 해결해야 하고 자녀 교육과 부모 봉양을 해야 하는 보통의 기독교 가정에 자발적 가난을 강조하는 것은 윤리적으로 과도한 요구다. 또 예수는 금욕주의자가 아니다. 요컨대 가난은 기독교가 추구해야 할 목표가 아니라 극복 대상이며, 과도한 부가 영적으로 위험하듯이 가난도 건전한 신앙에 위협적이라는 것이다.

한편 청부론은 '하나님의 방식과 법대로 살았을 때 그에 대한 은혜와 상급으로 주신 부'를 강조한다. 글자 그대로 청부론은 돈을 버는 과정은 물론이고 돈을 쓰는 과정에서의 깨끗함을 강조한다. 도둑질한 돈, 정당하지 못한 직업으로 번 돈, 불로 소득(도박, 투기, 복권)과 같은 부정 축재는 비판의 대상이다. 또한 '정직하게' 돈을 쓰는 것도 강조한다. 이 논리에 의하면 번 돈을 하나님의 몫, 이웃의 몫, 자신의 몫으로 나눈 다음, 하나님과 이웃의 몫에 욕심을 부리지 않고 올바로 사용한 후 남은 돈이라면 아무리 많아도 깨끗한 부다.

한국 교회의 청부론은 중산층 교인의 적극적 응답과 열렬한 지지를 끌어냈다. 신앙과 돈 사이에서 갈등 없이 풍요와 자유를 '당당하게' 누리고 싶은 중산층의 욕망에 정당한 신앙적 근거를 제공했기 때문이다. 이렇듯 청부론은 산업화 시대 한국 교회의 삼박자 구원론과는 구별되는, 중산층의 '부의 윤리학'이 되었다. 그 결과 청부론을 차용한 교회들은 여타 교회 공동체나 이웃 종교 집단보다 높은 경쟁력을 얻을 수 있게 되었다.

한국 교회의 청부론은 신자유주의 원리와 조응하고 있다. 받은 그대로 땅에 묻어 보관했던 하인의 달란트를 빼앗아 열심히 돈을 불린 다른 하인에게 몰아준 달란트 비유(마태복음 25:14-30)는 문자적 해석을 거쳐 '배제하기'와 '몰아주기'라는 신자유주의의 무한 경쟁과 승자 독식의 에토스(ethos)를 제공했다. 또한 청부론의 이상적 인간상은 자기 계발적 주체와 친화적이다. 지난 30년간 글로벌 정치 · 경제 질서의 중심이 된 신자유주의는 어떤 조건에도 구애받지 않고 스스로가 설정한 목표를 추구할 개인의 자유를 강조해왔다. 그 결과 성공과 실패의 책임은 자유롭게 경쟁하는 개인의 몫이 되었다. 국내외적 경제 위기 속에서 출현한 한국 교회의 청부론은 '예수 믿는 우리가 궁극적으로 욕심내고 도전해야 할 것은 우리가 부자가 되고 강한 자가 되어서 예수 믿는 사람답게 사는 일'이라고 하면서 신자유주의와 조응한다.

오늘날 한국 사회에서 과연 청부론은 신앙인이 추구해야 할 올바른 경제 윤리일까? 출발부터 실패한 자들에게 '기쁜 소식'이었던 예수 운동을 모체로 한 기독교가 무한 경쟁과 승자 독식의 신자유주의와 조응한다는 것은 모순적이다. 경제적 불평등의 문제는 개인이 노력해서 해결될 수 있는 문제가 아니다. 구제 행위도 근본적 해결책이 될 수 없다. 오랫동안 기독교는 나눔과 구제 활동으로 경제적 불평등이나 빈곤의 문제에 관여해왔다. 그런데 구제 행위는 아무리 선의로 행한다고 하더라도 시혜자와 수혜자 간의 암묵적 위계 관계가 작동할 수밖에 없다. 따라서 생계와 직결된 절대 빈곤의 경우에는 사회 구조의 개혁으로 보장되어야 한다. 최소 생계비는 시혜의 대상이 아니라 당연한 권리이기 때문이다.

예수 운동이 보여준 하나님의 나라는 하나님이 예비하시고 은혜로 주신 축복을 누구나 값 없이 누리는 나라다. 하나님의 형상을 지닌 인간으로서 그 존엄성을 유지하는 데 필요한 기본적인 재화는 사회권으로 보장되어야 한다. 후생 경제학자 아마르티아 센(Amartya K. Sen)은 "악마는 항상 꼴찌부터 잡아먹는다"는 말로 경제적 위기 때 가난한 자들이 제일 먼저 겪게 되는 극단적 고통을 상기시킨다. 이에 기독교 경제 윤리는 잔혹한 경제 논리에 침윤되지 않고 빛과 소금의 역할을 모색한다. 이는 하나님의 형상인 인간이 삶의 권리를 동등하게 누리고, 인간과 자연이 상호 배려와 관용 속에서 생명의 풍요로운 가치를 더불어 누리는 것과 연결되어 있다.

기독교는 예수의 하나님 나라 운동에서 시작된 종교다. 예수가 선포한 하나님 나라의 비전을 이 땅에 구현하는 것은 예수의 제자로 자처하는 기독교인의 의무이자 교회의 사명이다. 하나님 나라에서 제외되는 영역은 없다. 개인의 삶부터 가족, 이웃, 사회와 같은 모든 영역을 아우른다. 먹고 사는 문제와 관련된 경제 영역이나 공동체와 관련된 정치 영역도 물론 포함한다. 따라서 정치는 정치가에게 맡기고 경제는 경제학자에게 맡기고 기독교인은 오로지 영혼 구원이나 내세의 구원과 같은 영적 문제에만 충실하면 된다고 하는 논리는 기독교의 정신에 어긋나는 셈이다. 또한 기독교를 특정 이념이나 이데올로기와 동일시하거나 그것에 무조건 영합하는 것도 기독교의 정신에 배치된다. 이러한 양극단의 태도를 지양하고 하나님의 뜻이 실현되는 하나님의 정치, 하나님의 뜻이 실현되는 하나님의 경제를 실현하려고 힘쓰는 일이 기독교인의 사명이자 기독교의 과제일 것이다.

제4부에서 인용된 책들과 더 읽을 책들

강남순(2017). 『페미니즘과 기독교』. 동녘.

권진관 · 김동규 · 김명희 · 김태완 · 김혜경 · 류제동 · 신익상 · 이숙진 · 최현종(2016). 『종교는 돈을 어떻게 가르치는가』. 동연.

김동호(2001). 『깨끗한 부자』. 규장문화사.

김영봉(2003). 『바늘귀를 통과한 부자』. IVP.

백소영(2013). 『세상을 욕망하는 경건한 신자들』. 그린비.

______(2018). 『페미니즘과 기독교의 맥락들: 젊은 페미니스트 크리스천을 위한 길라잡이』. 뉴스앤조이.

서광선(1996). 『한국 기독교 정치신학의 전개』. 이화여자대학교출판문화원.

손호현(2008). 『인문학으로 읽는 기독교 이야기』. 한들출판사.

신상규(2014). 『호모 사피엔스의 미래: 포스트휴먼과 트랜스휴머니즘』. 아카넷.

양낙홍(2012). 『깨끗한 부자 가난한 성자: 성경에서 찾은 자족 향유 나눔의 원리』. IVP.

양명수(2018). 『아무도 내게 명령할 수 없다: 마르틴 루터의 정치사상과 근대』. 이화여자대학교출판문화원.

이혁배(2010). 『한국 기독교윤리 쟁점』. 동연.

장윤재(2009). 『세계화 시대의 기독교 신학: 편견을 넘어서 소통으로』. 이화여자대학교출판문화원.

______(2017). 『포스트휴먼 신학: 아담아, 네가 어디 있느냐?』. 신앙과지성사.

최재천(2018). 『생명 알면 사랑하게 되지요: 최재천 선생님이 들려주는 생명 이야기』. 더큰아이.

한국교회환경연구소 · 한국교회사학회 엮음(2010). 『기독교 역사를 통해 본 창조신앙 생태영성』. 대한기독교서회.

宮田光雄(2004). 『국가와 종교: 유럽 정신사에서의 로마서 13장(聖書の信仰第IX卷. 國家と宗教: ヨ-ロッパ精神史におけるロ-マ書十三章)』. 양현혜 옮김. 삼인. (원저는 1996년에 출판).

Barbour, Ian G. (2002). 『과학이 종교를 만날 때(*When Science Meets Religion: Enemies, Strangers or Partners?*)』. 임철우 옮김. 김영사. (원저는 2000년에 출판).

Bechtel, Guy (2004). 『신의 네 여자: 그리스도교 기원 이래 가톨릭교회 여성의 잔혹사(*Les Quatre Femmes de Dieu*)』. 전혜정 옮김. 여성신문사. (원저는 2000년에 출판).

Borg, Marcus J. (2009). 『기독교의 심장(*The Heart of Christianity: Rediscovering a Life of Faith*)』. 김준우 옮김. 한국기독교연구소. (원저는 2004년에 출판).

Braidotti, R. (2016). 『포스트휴먼(*The Posthuman*)』. 이경란 옮김. 아카넷. (원저는 2013년에 출판).

Cobb, John B., & David R. Griffin (2002). 『캅과 그리핀의 과정신학: 입문적 해설(*Process Theology: An Introductory Exposition*)』. 이경호 옮김. 이문출판사. (원저는 1976년에 출판).

Daly, Mary (1994). 『교회와 제2의 성(*The Church and the Second Sex*)』. 황혜숙 옮김. 여성신문사. (원저는 1986년에 출판).

Dixon, Thomas (2017). 『과학과 종교(*Science and Religion: A Very Short Introduction*)』. 김명주 옮김. 교유서가. (원저는 2008년에 출판).

Fiorenza, Elisabeth S. (1993). 『크리스찬 기원의 여성신학적 재건(*In Memory of Her: A Feminist Theological Reconstruction of Christian Origins*)』. 김애영 옮김. 태초. (원저는 1983년에 출판).

Giberson, Karl W., & Francis S. Collins (2019). 『과학과 하나님의 존재:

난처한 질문과 솔직한 대답(*The Language of Science and Faith: Straight answers to Genuine Questions*)』. 김정우 옮김. 새물결플러스. (원저는 2013년에 출판).

Heyward, Carter (1984). *Our Passion for Justice: Image of Power, Sexuality, and Liberation*. The Pilgrim Press.

McFague, Sallie (2008). 『풍성한 생명: 지구의 위기 앞에 다시 생각하는 신학과 경제(*Life Abundant: Searching for a New Framework*)』. 장윤재 · 장양미 옮김. 이화여자대학교출판문화원. (원저는 2000년에 출판).

McGrath, Alister E. (2013). 『우주의 의미를 찾아서: 맥그래스, 과학과 종교, 삶의 의미에 대해 말하다(*Surprised by Meaning: Science, Faith, and How We Make Sense of Things*)』. 박규태 옮김. 새물결플러스. (원저는 2011년에 출판).

Polkinghorne, John C. (2009). 『과학으로 신학하기(*Theology in the Context of Science*)』. 신익상 옮김. 모시는사람들. (원저는 2008년에 출판).

Redekops, John H. (2011). 『기독교 정치학: 교회와 국가의 관계에 답하다(*Politics Under God*)』. 배덕만 옮김. 대장간. (원저는 2007년에 출판).

Ruether, Rosemary R. (2000). 『가이아와 하느님: 생태 여성학적 신학(*Gia and God: An Ecofeminist Theology of Earth Healing*)』. 전현식 옮김. 이화여자대학교출판문화원. (원저는 1992년에 출판).

Stjerna, Kirsi I. (2013). 『여성과 종교개혁(*Women and the Reformation*)』. 박경수 · 김경란 옮김. 대한기독교서회. (원저는 2009년에 출판).

Trible, Phyllis (1989). 『성서에 나타난 여성의 희생(*Texts of Terror: Literary-Feminist Readings of Biblical Narratives*)』. 최만자 옮김. 전망사. (원저는 1984년에 출판).

찾아보기

기독교와 세계(전면개정판)

펴낸날 1판 1쇄 1996년 1월 25일
6판 1쇄 2020년 2월 28일
2쇄 2023년 2월 17일
지은이 기독교와세계 편찬위원회
펴낸이 주소현
펴낸곳 이화여자대학교출판문화원
주소 서울특별시 서대문구 이화여대길 52 (우03760)
등록 1954년 7월 6일 제9-61호
전화 02) 3277-2965 (편집), 362-6076 (마케팅)
팩스 02) 312-4312
전자우편 press@ewha.ac.kr
홈페이지 www.ewhapress.com
책임편집 이지예
디자인 정혜진

ISBN 979-11-5890-344-2 93230
값 18,000원

이 도서의 국립중앙도서관 출판예정도서목록(CIP)은 서지정보유통지원시스템 홈페이지 (http://seoji.nl.go.kr)와 국가자료공동목록시스템(http://www.nl.go.kr/kolisnet)에서 이용하실 수 있습니다. (CIP제어번호: CIP2019048574)